考古学中的区域聚落人口

［美］ Robert D. Drennan
［美］ C. Adam Berrey　　　著
［加拿大］ Christian E. Peterson
李涛　译

感谢武汉大学"双一流"建设专项人才启动经费
（项目号：413000104）对本书出版的支持

武汉大学出版社

图书在版编目(CIP)数据

考古学中的区域聚落人口/(美)周南,(美)查尔斯·贝里,(加)柯睿思著;李涛译.—武汉:武汉大学出版社,2021.12(2023.2 重印)

书名原文:Regional Settlement Demography in Archaeology

ISBN 978-7-307-22678-4

Ⅰ.考… Ⅱ.①周… ②查… ③柯… ④李… Ⅲ.人口地理学—研究 Ⅳ.C922

中国版本图书馆 CIP 数据核字(2021)第 224454 号

This Chinese edition is a translation of Regional Settlement Demography in Archaeology© 2015 Eliot Werner Publications.

All rights reserved.

No part of this book may be reproduced, stored in a retrieval system, or transmitted in any form or by any means - electronic, mechanical, recording or otherwise - without the prior written consent of the publisher.

本书原名为 Regional Settlement Demography in Archaeology,作者 Robert D. Drennan、C. Adam Berrey 和 Christian E. Peterson,2015 年由 Eliot Werner Publications 公司出版。本书中文简体版由 Eliot Werner Publications 公司授权武汉大学出版社出版。

版权所有,盗印必究。未经出版者授权,不得以任何形式、任何途径,生产、传播和复制本书的任何部分。

责任编辑:陈 帆　　责任校对:汪欣怡　　版式设计:马 佳

出版发行:武汉大学出版社　　(430072　武昌　珞珈山)
　　　　　(电子邮箱:cbs22@whu.edu.cn　网址:www.wdp.com.cn)
印刷:湖北恒泰印务有限公司
开本:720×1000　1/16　印张:14.25　字数:203 千字　插页:3
版次:2021 年 12 月第 1 版　　2023 年 2 月第 2 次印刷
ISBN 978-7-307-22678-4　　定价:65.00 元

版权所有,不得翻印;凡购我社的图书,如有质量问题,请与当地图书销售部门联系调换。

·作·者·简·介·

Robert D. Drennan（周南） 1975年在密西根大学获得哲学博士学位，1977年起在匹兹堡大学人类学系就职，2004年当选美国科学院院士，匹兹堡大学人类学系杰出教授，匹兹堡大学比较考古学中心主任。主要研究领域：早期复杂社会、考古学数据分析、区域调查、家户考古。

C. Adam Berrey 2014年在匹兹堡大学获得哲学博士学位，加州州立大学萨克拉门托分校人类学系助理教授。主要研究领域：早期复杂社会、史前人口研究。

Christian E. Peterson（柯睿思） 2006年在匹兹堡大学获得哲学博士学位，美国夏威夷大学（马诺阿分校）人类学系教授、系主任（2015—2020年）。主要研究领域：早期复杂社会、区域调查和史前人口学、家户考古。

·译·者·简·介·

李涛 2010年在中国科学院研究生院（今中国科学院大学）获得理学博士学位，2016年在匹兹堡大学获得哲学博士学位，武汉大学历史学院副教授，武汉大学长江文明考古研究院副院长。主要研究领域：早期复杂社会、陶器手工业、家户考古。

中文版序言

Robert D. Drennan(周南)

C. Adam Berrey

Christian E. Peterson(柯睿思)

  考古学研究囊括了各种不同类型的工作。发掘一直是田野工作的核心，研究者需要在开展发掘工作之前，借助调查确认发掘地点。而在实验室中，研究者按照类型、形制和其他特征，将陶瓷、石器、金属等遗物分类、断代，研究它们的制作技术和使用模式，明确原料的来源，鉴别动物遗存和植物遗存的种属，对人骨进行形态学、骨化学、基因组学以及其他分析。上述考古学研究主要在小的空间尺度上描述遗址，或者是在更大的空间尺度上描述考古学文化，它们以两种完全不同的分析尺度为基础，对应着研究者所设想的两种主要分析单位。在这一点上，中国与世界其他地方都是一样的。

  区域聚落人口学无法取代上述任何一种研究，但是它将人们的注意力引向一个新的分析尺度即区域尺度(也就是介于遗址和考古学文化所代表的两种尺度之间)，从而提供补充性信息。这里所说的"区域"至少是几十平方千米，但通常不会超过几千平方千米。区域聚落人口学可以帮助我们明确聚落位置和生计资源之间的关系，从而揭示出资源利用的历时性变化。在有关复杂社会产生和发展的研究中，区域聚落人口学尤其重要，这是因为超越自治型地方性社群的政治一体化(political integration beyond autonomous local communities)最早体现在这一尺度上，而这正是我们必须研究的。在考古学文化的尺度上，我们无法观察到早期复杂社会，因为复杂社会的规模远远小于考古学文化的空间范围(至少在中国是这样)。同样地，我们也无法从某一个遗址中观察到早期复杂社会，因为复杂社会的规模比一个遗址要大得多。这不是我们要研究多少遗址的问题，而是人类社群之间的互动和联系唯有通过区域尺度上的分析才能被呈现的问题。正因如此，区域尺度上的分析不是取代，而是补充、夯实和增进了我们基于遗址尺度和文化尺度所得出的认识。

考古学家在讨论区域聚落的时候，有时候会忽视或有意否认其拥有的人口基础，但人口其实是一个根本要素。人群在一个景观中的分布模式会揭示相应社会的诸多方面，这是区域聚落分析的基本理念。而这在本质上是与人口有关的，因此也是人口学研究的内容。考古学中的区域人口学研究要求采用系统性的田野工作方法获取相关信息，它的目的不是研究一个区域内的某些考古遗址，而是覆盖所有出现人类活动的地点。因此，用于进行区域聚落人口研究的田野调查方法，完全不同于为了文化遗产保护而开展的考古遗址调查，并且比后者更加耗费时间。这两种调查方式都很有价值，但目的完全不同。

从本质上来说，区域聚落人口学所要回答的是人类学问题，所以这一方法最早出现在考古学与人类学渊源颇深的北美洲和南美洲，并在那里得到应用。尽管人类学问题具有普遍性，但欧洲、非洲和亚洲的考古学研究并不怎么强调这些问题，因为在这些地区，考古学和人类学是两个独立的学科。区域聚落人口学的研究方法仍然在不断地发展，从20世纪60年代区域聚落人口学出现开始，墨西哥、秘鲁和美国的相关研究对这一方法的发展作出了重要贡献。20世纪90年代，伴随国际性考古合作研究的出现，中国境内的研究对区域聚落人口学在研究方法上的进一步发展起到了关键作用。今天的区域聚落人口学是真正意义上的国际性合作成果。

本书作者非常感谢李涛博士、武汉大学出版社、武汉大学历史学院以及武汉大学长江文明考古研究院，没有他们的共同努力，*Regional Settlement Demography in Archaeology* 一书的中文版本恐难以快速出版。

序

余西云

(武汉大学历史学院
武汉大学长江文明考古研究院)

聚落考古指通过遗存共时性联系揭示社会组织及其变迁的研究。聚落考古根据涉及的空间规模可分为三级：以单个遗址代表的中观聚落；遗址内部单个遗迹或者遗迹组为微观聚落；遗址之上的区域或考古学文化为宏观聚落。微观聚落研究中与居址有关的部分往往纳入家户考古(household archaeology)的研究范畴，宏观聚落研究中强调人类与环境关系的部分往往纳入景观考古(landscape archaeology)的研究范畴。聚落考古是透物见人、见社会的主要路径。中、美两国的考古学界对聚落考古都进行了大量探索，聚落考古也是中美考古合作的主要内容。在这里我谈点我个人的理解。

1999年，在张忠培先生和许倬云先生的共同推进以及匹兹堡大学建筑与艺术史系林嘉琳(Katheryn M. Linduff)教授的邀请下，匹兹堡大学人类学系周南(Robert D. Drennan)教授来到中国赤峰，开始参与、指导这一地区的全覆盖式区域调查(full-coverage survey，也称系统性区域调查)。有很多年轻人参与其中，也有一些学生到匹兹堡大学跟随周南教授攻读学位或者联合培养，其中就有毕业于武汉大学考古专业的李冬冬。周南教授希望李冬冬能在长江中游地区进行区域调查。在此背景下，湖北省文物考古研究所和武汉大学历史学院考古系于2013年冬季在应城陶家湖和天门笑城合作开展了面积约58平方千米的全覆盖式区域调查。李冬冬在此次调查的基础上完成了他的博士学位论文。正是这一次的全覆盖式区域调查，让武汉大学考古学科与匹兹堡大学考古学科建立了学术联系，周南教授随后多次应邀来武汉大学交流、讲学。

我在2001年春完成的博士学位论文《西阴文化研究》中，发现西阴文化早期均为单间房，晚期以后开始出现多间房，以人类学概念理解，单间房适合核心家庭居住，从单间房到双间房、多间房、排房的变化，反映了从核心家庭到主干家庭、扩展式家庭、家族生成的过程。用房址、灰坑等家户考古资料揭示了分布在中原地区的西阴文化扩展式家庭、私有观念和文明的起源。① 肯特·弗兰纳里（Kent V. Flannery）先生在1972年和2002年先后发表了《作为一种聚落形态的村落的起源：中美洲和近东地区比较研究》②和《再论村落的起源：从核心家庭到扩展式家庭》③。在这两篇文章中，他论证了中美洲和近东早期村落的房屋从一系列小的圆形或椭圆形房子到核心家庭方形房屋，再到扩展式家庭方形多间房的过程。最初的圆形或椭圆形房子，带有公共的或者共享的储藏遗迹；核心家庭居住的方形房子中带私有性质的储藏室；而最终核心家庭让位于扩展式家庭，这其中的主要原因包括：（1）扩展式家庭拥有更多的劳动力，可以广泛开展不同方面的经济生产（例如农牧混合经济和集约式灌溉农业）；（2）聚落形式的转变是为了应对分散的农田系统；（3）扩展式家庭的出现与精英家户在规模上的扩大有关，后者往往寻求支持和调动专业化生产者。弗兰纳里师承路易斯·宾福德（Lewis R. Binford）教授，而他本人又是周南院士的导师，在学术界享有崇高地位。我们根据各自研究区域的聚落考古资料，就村落里家户形态反映的家庭形态做出研究，隔空对话，也算有缘。

---

① 余西云：《西阴文化：中国文明的滥觞》，科学出版社，2006年。

② Kent V. Flannery. The origins of the village as a settlement type in Mesoamerica and the Near East: A comparative study. In: *Man, Settlement and Urbanism*. Peter. J. Ucko, Ruth Tringham, and G. W. Dimbleby (eds.). Cambridge, MA: Schenkman Publishing Company, 1972, pp. 23-53.

③ Kent V. Flannery. The origins of the village revisited: From nuclear to extended households, *American Antiquity*, 2002, 67(3): 417-433.

中国考古学界对单个遗址所代表的中观聚落进行过大量研究，比较有代表性的遗址包括半坡、元君庙、横阵、姜寨等。白音长汗兴隆洼文化遗存就是一个非常明确的具有两分结构的聚落，包括两个相邻的环壕各自围起来的房子形成的两个居住区，以及各自拥有的一片墓地。通过与人类学材料类比，我提出白音长汗兴隆洼文化聚落反映的就是南美洲土著的偶族、北美土著的胞族，澳大利亚土著的婚级组织。这些亲族组织，应该是中国古代文献中提到的姓所代表的姓族。① 姓族是早于氏族的亲族组织，在新石器时代早期普遍存在，基本特征是具有稳定的两分结构。相比姓族，氏族则具有不断分裂的特征，中国古代的宗族是氏族分裂的结果，也具有不断分裂的属性。氏族出现以后，姓族并没有完全消失，而是以昭穆制度的形式反映在葬制、庙制及各类仪式中，在婚制上也仍然有所体现。② 姓族和氏族是理解亲族组织及其演化的关键，是中观聚落比较容易观察到的现象。

我的两位博士研究生宋海超和李默然先后到匹兹堡大学人类学系联合培养一年，2014年我应周南先生的邀请，申请国家留学基金委的短期资助计划，赴匹兹堡大学访学一个月。当时两位博士生都已经回国，周南先生和正在那边的李冬冬等留学生为我做了非常周到的安排，给了很好的照顾。周南先生安排了多次餐叙，为我接风、送行。他还安排我旁听了考古专业正在开设的研究生课程，并请我给人类学系师生做了一个学术报告。我选择的报告内容正是关于白音长汗遗址兴隆洼文化时期聚落形态的研究成果。

在宏观聚落研究方面，中国学术界的探索可以概括为两个方面，一个是借助遗址群这个概念对社会组织进行解读，一个是利用考古学文化这个概念进行研究。前者强调的是，在社会复杂化过程中，一些小型聚落形成

---

① 余西云：《两分结构聚落反映的亲族组织》，《东北亚古代聚落与城市考古国际学术研讨会论文集》，科学出版社，2014年，第157~166页。
② 武汉大学历史学院考古系、河北省文物考古研究院：《元氏南白楼墓地》，科学出版社，2020年。

较大的城邑，若干这样的城邑聚合形成都城，持这种观点的学者往往认为，即使是最大的中心城，有效管理的空间也未必大。而从考古学文化研究出发的学者，则往往认为一个考古学文化的中心聚落有可能辐射或管控整个考古学文化，例如良渚城有可能控制或者影响整个良渚文化。这些认识更多停留在推测或者猜测层面，如何利用考古资料实证这些认识，是一个有待探索的大课题。

美国同行比较早地放弃了考古学文化概念下的聚落形态探索，转而推进区域聚落研究。通过系统性区域调查，寻找人口指标信息，进而估算区域内的相对人口和绝对人口数量，并借助空间分析技术复原社会组织及其演进。有多位美国学者在中国境内开展了全覆盖式区域调查，周南先生虽然不是最早进入中国开展此类研究的学者，但他对统计学原理、方法与技术运用娴熟，在区域调查基础上对考古资料进行了许多开创性的分析和解读，并及时地推出了一系列前沿性成果。

区域聚落研究与人类学有密切关联，用考古学研究成果回答人类学问题，在很大程度上是美国或美洲地区的一个学术特色（见作者《中文版序言》）。美国考古学界对区域调查及其相关的研究方法、技术做了大量的探索，这正好是中国考古学缺少的一个环节，或者说是一个与中国考古学不同的研究路径。这类研究与旧大陆传统的考古发掘获取资料并不矛盾，区域聚落研究提供了较为广阔的视野，而遗址发掘获得的时间刻度和聚落信息，无疑会为区域尺度上的聚落考古提供更为细致可靠的参照和验证，从而提升区域尺度上人口估算的精度，为区域聚落研究提供关于社会组织推论的锚点。将区域聚落研究与遗址发掘相结合的一个重要方面是我们在开展考古发掘之前，对遗址进行考古调查，确定其表面遗存（主要是陶瓷片、石器等遗物）的分布情况，然后通过发掘来验证调查结果。这样的工作既有利于提升区域调查的可靠性与精度，也有利于拓展遗址发掘揭示的聚落形态的代表性。特别是一些类似三峡或南水北调等大型工程考古，本身就涉及较大区域，如果能够先进行区域调查，再进行大面积发掘，将两者的结果进行比较和验证，应该是非常具有学术意义的。

李冬冬刚刚翻译出版了周南教授的《给考古学家的统计学：一种常识性方法》一书，现在李涛又把周南教授的《考古学中的区域聚落人口》翻译成中文出版，特别值得祝贺！我们希望通过周南教授系列著作的翻译，把美国考古学界深耕几十年的区域考古理念及相关的研究方法与技术，全面系统地介绍到中国，在中国的考古实践中运用起来，与中国考古学原有的理论方法相结合，取得创新性成果，成为中国考古学的有机组成部分，推进考古学的发展。这本书虽然讨论的是学术前沿的理论、方法与技术，但内容深入浅出，语言生动活泼，译文准确、流利，可读性强。在此，我毫无保留地推荐大家阅读这本书。

余西云

2021年11月23日

译者序

李涛

(武汉大学历史学院

武汉大学长江文明考古研究院)

2021年12月，我的导师Robert D. Drennan(周南)教授将从匹兹堡大学人类学系荣休，告别他工作了45年的地方。2021年8月，我收到两位同门师兄(本书英文版的另外两位作者)——Christian E. Peterson(柯睿思)和C. Adam Berrey——联名发出的邀请，希望我能参加2022年4月在美洲考古学年会上为周南教授筹备的荣休晚宴。从目前情况看，我大概率是不能成行了，因此心中不免有遗憾，希望可以做点什么作为弥补。于是，我提前完成了本书的翻译和校对工作，希望借着这本书的出版，表达自己对周南教授曾经给予我鼓励、信任和帮助的诚挚谢意。

翻译 Regional Settlement Demography in Archaeology (《考古学中的区域聚落人口》) 这本书的念头，萌发于2020年平安夜我写给周南教授的问候邮件。两周后，我们就翻译此书达成了共识，认为这本书的中文版将对在中国开展考古学区域聚落人口研究产生积极的意义和价值。于是，2021年春节期间，我利用因为疫情封闭在家的时间，完成了这本书的翻译初稿。

本书的主要内容与周南教授在匹兹堡大学人类学系开设的两门重要的研究生课程——Regional Settlement Patterns("区域聚落形态")和Archaeological Data Analysis("考古学数据分析")——关系密切。因此，翻译这本书的过程，同样是我不断回想起在匹兹堡大学五年半求学生活的过程。我一遍遍翻看当年的课程笔记，温故而知新。许多当年的似懂非懂，变成了今天的恍然大悟和拍手叫绝。

在我看来，《考古学中的区域聚落人口》是一本有着强烈个人写作风格的书，它延续了作者一贯独特的诙谐和幽默，将复杂、抽象以及令人生畏的话题转化成通俗易懂的语言。对任何想要了解或者研究区域聚落人口的考古学家来说，读懂这本书，既不需要翻看令人头晕的工具书，也不需要自学晦涩难懂的统计学。书中对所有概念、方法和技术的描述，读起来都让人觉得无比友好和亲切，而且自成体系。这是一本真正意义上的零基础读物！

而与此形成鲜明对比的是本书呈现出的学术前沿性、研究深入性以及视野开阔性，其中的理论思考都借由举例或案例研究给出了清晰、准确的解释。举例来说，作者用距离-互动原则这个浅显易懂但又往往被忽视的概念，将人群互动与区域聚落模式的形成关联起来（第一章）；逐一分析了各种人口指标（包括碳十四测年数据、房屋数量、遗址数量、遗址面积、居住密度和面积-密度指数）的工作原理及其优缺点（第二章）；用基本的数学知识，讲解了抽样设计、相关性分析、卡方检验等概念或技术在复原区域聚落人口方面的应用，并尤其介绍了估算绝对人口数量的原理和应用过程（第三章和第四章）；提出以复原区域聚落人口为目标的田野工作和数据采集方法（第五章）。本书介绍的方法具有很强的可操作性，同时全球化的视野为将来推广这些工作方法和理念指明了道路。

此外，本书对不少概念的阐述突破了以往的认知，对设计和实施研究的构思则超越了许多已有研究。例如，作者将研究问题放在第一位，强调以问题为导向，灵活地选择分析技术和设计工作方法；深度剖析了相对人口和绝对人口的概念及其在探究社群形成和发展中所起的作用，将人口问题作为研究复杂社会形成与发展的基础；指出单一人口指标的不确定性，以及聚落层级划分中的主观性和随意性；创造性地提出了居址密度面，并探讨了它在揭示区域聚落形态变迁方面的作用；改进了等级-规模曲线，提出了量化集中化和一体化程度的方法；指出大众对空间分析以及 GIS 数据的误解和误用；从抽样设计和数据采集角度，提出和改进了绳圈、面积-密度指数、一般性采集、系统性采集等概念和方法。

口语化是本书的写作风格，也延续了周南教授一贯的写作特点。书中的许多表达方式，带有很强的个人色彩，尤其是语言中的妙思和智慧，有待读者去品味和发现。由于本人的翻译和写作水平有限，精妙处常常笔下无力，错误在所难免，还请各位读者不吝赐教、指正。这本书中涉及的统计学知识大多是一些数学常识，如有读者希望进一步了解相关知识，推荐阅读周南教授独著的 *Statistics for Archaeologists：A Common Sense Approach* 一书，书中第七章、第九至十二章、第十四和十八章所介绍的抽样和抽样方法、样本量和置信度、显著性、线性相关、基于点和样带的抽样，正是本书相关概念和方法的源头。该书的中文版《给考古学家的统计学：一种常识性方法》由中央民族大学人类学和社会学学院李冬冬博士组织翻译并已出版。

最后，感谢埃利奥特沃纳出版公司(Eliot Werner Publications)以及埃利奥特·沃纳先生授权我将本书翻译成中文版，并感谢武汉大学出版社陈帆女士为本书的顺利出版提供的帮助。武汉大学历史学院和武汉大学长江文明考古研究院为本书的翻译工作提供了良好的工作环境，在此一并致以谢意。感谢研究生贺黎民、姚帅、李鹏飞、吴剑芳、奥欣悦帮助核对文字。2021年是我回国到武汉大学工作的第三个年头，也是到目前为止最值得纪念和庆祝的一年，借着这本书的出版，我想再次感谢周南教授一直以来对我的培养、关心、肯定和爱护。

2021年11月11日于武汉大学

目　　录

前言 …………………………………………………………… 001

第一章　区域聚落人口学：为何重要？ ……………………… 003
　　置身景观之中的人 …………………………………………… 005
　　最好的实践 …………………………………………………… 008
　　近似值 ………………………………………………………… 011
　　推荐读物 ……………………………………………………… 012

第二章　用什么作为人口指标？ ……………………………… 014
　　碳十四测年数据 ……………………………………………… 016
　　房屋的数量 …………………………………………………… 017
　　遗址的数量 …………………………………………………… 020
　　遗址的面积 …………………………………………………… 025
　　居住的密度 …………………………………………………… 030
　　　居住密度 …………………………………………………… 031
　　　居住密度和地表遗物密度 ………………………………… 033
　　　地表遗物密度和其他居住密度指标 ……………………… 035
　　密度与面积的综合考量 ……………………………………… 040

目录

年代和共时性 ········· 044
非居住行为 ········· 048
"在其他条件不变的前提下" ········· 049
结论 ········· 050
问题和答案 ········· 051
推荐读物 ········· 056

第三章 人口指标可以做些什么？ ········· 059
区域人口的增长和衰减 ········· 059
地方性社群 ········· 061
  遗址和社群 ········· 062
  散落且不形成集群的遗迹分布 ········· 067
超地方性社群 ········· 071
集中化和一体化 ········· 078
  等级-规模曲线 ········· 078
  集中化 ········· 085
  聚落等级 ········· 089
  互动的类型 ········· 092
  对功能的"复写" ········· 096
人口分布与景观 ········· 100
问题和答案 ········· 107
推荐读物 ········· 111

第四章 如何估算居住人口的绝对数值？ ········· 115
房屋数量 ········· 116
地方性社群的面积 ········· 122
将密度与面积相结合 ········· 126
  面积-密度指数 ········· 128

"神奇数字" ………………………………………………… 130
　　　回溯研究 …………………………………………………… 135
　　　流动性、季节性、共时性及其解释 …………………… 137
　近似值、精确度和比较 ……………………………………… 142
　问题和答案 …………………………………………………… 144
　推荐读物 ……………………………………………………… 148

第五章　如何采集人口分析所需要的区域聚落数据？ …… 150
　找到要发掘的遗址 …………………………………………… 150
　大空间尺度上的文化遗产登记 ……………………………… 153
　用于人口学研究的调查数据 ………………………………… 156
　确定调查区域 ………………………………………………… 157
　　　一些区域案例 …………………………………………… 158
　　　开展区域调查 …………………………………………… 160
　在田野中测量居住面积 ……………………………………… 161
　　　遗址大小与单个遗物分布图 …………………………… 162
　　　根据采集单位多边形确定遗址面积 …………………… 164
　　　点思维及其带来的隐患 ………………………………… 168
　在田野中测量遗物的密度 …………………………………… 173
　　　系统性采集 ……………………………………………… 173
　　　一般性采集 ……………………………………………… 178
　田野中可见度很差的应对措施 ……………………………… 180
　在田野中开展抽样工作 ……………………………………… 182
　　　什么时候进行抽样比较好？ …………………………… 187
　　　在沉积物之下抽样 ……………………………………… 190
　问题和答案 …………………………………………………… 194
　推荐读物 ……………………………………………………… 201

第六章　结论 …… 205
认真思考结果 …… 205
做出更有说服力的解释 …… 206
数据的存储和共享 …… 207

案例的数据来源 …… 208

前　　言

　　本书的写作灵感来自一些观点的融合。第一，正如我们会在第一章里讲到的那样，所有的区域聚落分析都建立在人口学的基础之上，人口研究让我们得以认识古代社会，例如在哪些地点生活过多少人，除定居外这些人还从事过哪些活动。人口学最基本的研究内容就是揭示人群居住以及其他活动的行为模式(patterns)。第二，如果我们不能明确人口这一基础信息（这种情况十分常见），则无法开展区域聚落分析。第三，考古调查中的田野工作方法往往导致采集到的数据不够理想，不足以为区域聚落分析建立人口基础。第四，在考古学中，人口学这一话题常常遭受学者们的质疑甚至是公开的反对。第五，上述对人口学研究的消极态度，很大程度上归因于人们对这一领域以及考古学区域人口研究最佳分析方法的无知或误解（我们得感谢期刊论文以及基金申请书的评审人，这么多年过去了，他们一直在反复表达着这种无知和误解）。第六，上述现状也部分归因于对基本方法的碎片化讨论，这些讨论散见于世界各地的田野报告中，某一区域的专家们极少了解其他区域的研究情况，更不太会去阅读其他区域的研究成果。

　　因此，本书的写作目的是从头开始，对区域聚落人口学的基本方法进行一个一致、统一的论述。本书不是一个文献综述，因此文中将不会插入引用文献。书中所举案例的数据来源都在书末的参考文献中，并且我们还在主要章节的结尾处列出了一些延伸阅读材料（其顺序与它们出现在章节相关主题的顺序一致）。我们特别强调了我们自己在区域聚落调查和人口分析方面的经验，这并非因为我们的工作比其他人的重要，而是因为我们在自身的研究经历中形成了自己的观点。在解释原理的时候，我们可以将这些经历当作现成案例加以解释，并且本书中全面、详细的数据集就直接来自我们自己的研究。感谢为本研究提供经费支持的机构（主要是美国国家自然科学基金会），以及与我们一起开展这项工作的数百名同行和学生，他们来自三个大陆（北美洲、南美洲和亚洲）的十几个国家，没有他们的辛苦工作以及提出的问题，这本书恐怕无从谈起。

在本书中，我们试图梳理出我们认为最好的区域聚落人口学研究。我们清楚并非所有人都认可所谓的"最好的研究"，因此将尽力为自己的论断提供依据，并借助案例说明为什么有些研究比其他研究更好。讨论那些未实现预期设想的案例，可以帮助我们从失败和错误中汲取经验（包括从我们自己所犯的错误中）。我们的期望是能够帮助每一个研究项目更清楚地意识到如何在下一次做得更好。

研究方法及其解读有时候比较复杂，这对研究古代人口的区域聚落人口学而言，尤其是一个挑战。只有避免简单化的假设，并探讨复杂、强大的方法论，才能最终克服这一挑战。在考古学研究中开展令人信服的人口学分析，需要掌握这些方法并透彻地理解其原理。我们所期望的是，通过将故事中的重要元素整合成一个紧凑、融合、一致、清晰的解释模型，让大家理解这些方法及其原理。我们认为田野方法并不是故事的开始，因此将首先介绍区域聚落人口学带给我们的启发，并思考如何从考古材料中获取这类信息。对于田野工作中那些错综复杂的数据采集方法，我们将留到最后进行介绍。我们认为，只有先厘清要对采集数据做些什么，才能最终有望区分出方法学上的好坏。

第一章　区域聚落人口学：为何重要？

考古学家通常认为，估算史前时期的人口即便能够实现，也会是一项风险很高的尝试。确实，想知道特定的考古遗存由多少人活动而产生，是一个非常复杂的工作，而且几乎不可避免地只能得出一个大概的数值。那么我们就该好好想想，既然如此麻烦，为什么还要尝试估算人口呢？

一个简单的回答是：我们无法回避这个问题。如果我们的研究目的不只是对古代事物进行描述，而是要考虑到生产这些事物(things)的人及其生活的社群(communities)，我们就不能回避人口估算这个话题。事实上，大多数的人类行为是与其他人的互动(interaction)，而各种互动所产生的网络在不同空间尺度上形成了单位(units)，进而组成社会。在这个背景下，人群就是人口，而人口的数量就是人口学的研究内容。

从根本上来说，当不同性质和规模的人群产生互动时，人的行为和互动会受到不同程度的推动或阻碍。这不是什么新的认识，有一些玩笑话充分地体现了这个道理，例如生活在小镇里的每个人清楚地知道其他人从事的工作，而大城市中的人则对他人的生活一无所知。人口分析不只是计算某一地点的人群数量，也包括判断人群的其他特点。就考古学中的区域聚落人口而言，人群及其活动的空间分布是亟待解决的问题，但是要理解人类社会的组织，则必须认识到组成人群的人口规模以及其他特征。

考古学中的区域聚落研究始于20世纪中叶,发展至今,人口学始终是这一研究的核心,并且明确强调人群的规模及空间分布。通常认为,戈登·威利(Gordon Willey)是区域聚落考古的奠基人,但是他在长达450页、里程碑式的维鲁河谷(Virú Valley)项目报告中,只用了5页纸的篇幅去讨论与人口有关的问题,而讨论社会—政治组织的篇幅甚至更少。该报告的最后一章长达22页,但作者没有把重点放在比较维鲁河谷与秘鲁其他地区的人口或社会,而是去比较考古材料本身。

区域聚落考古的概念和方法在更大程度上归功于威廉·桑德斯(William Sanders)和杰弗里·帕森斯(Jeffrey Parsons)20世纪60至70年代在墨西哥盆地(Basin of Mexico)的工作,因为他们充分地意识到了人口学的核心作用和重要性。威廉·桑德斯将墨西哥盆地项目视作对戈登·威利方法学的一次应用尝试,他花了四年的时间对方法进行实验和革新,才最终确定了墨西哥盆地项目的研究方法,而此时他的方法已几乎与戈登·威利全然不同。威廉·桑德斯、杰弗里·帕森斯及其同事在墨西哥盆地的工作,才是本书所讨论的方法学的真正源头。

威廉·桑德斯及其同事竭力主张人口增长以及人口压力是造成经济、社会和政治长久变化的主要推动力,墨西哥盆地聚落项目的核心目标之一就是收集支持这一观点的证据。但是,这也造成了一个普遍的误解,即认为研究古代人口都是出于相似的研究动机。尽管威廉·桑德斯及其同事认为,他们在墨西哥盆地的研究结果支持了人口压力是上述变化的一个主要诱因,但许多其他研究者(包括本书的作者们)恰恰持相反的观点。反对观点不在于威廉·桑德斯及其同事错误地估算了墨西哥盆地生活过多少人口,也不在于这些人口发生过怎样的历时性变化,而在于如何理解人口研究对社会动态变迁的启示。

有些研究者认为人口压力是导致社会变化的一个重要动因,他们对古代人口产生研究兴趣也就合乎情理。同样的道理,也有学者试图寻找实物材料反驳人口压力说,他们当然也会对古代人口学产生兴趣。这确实是我们研究区域聚落人口学的一个原因。但一般来说,考古学家研究人口问题,并不是为了验证人口压力的重要性或存在与否。我们之所以研究区域人口,还有着更深层和更根本的原因。

置身景观之中的人

某一人群在景观之中如何分布,显然与物质因素(例如资源利用)有很大关系。定居农业人口可能居住在农田附近,如果要在不同的地点种植农作物,他们可能会季节性地迁移定居点。狩猎、采集和放牧的人群为减少每天的往返时间(有时往返时间完全难以把握),可能会在不同的定居点短期居住几天、几星期或者几个月。手工业生产者在选择居住地点的时候,会将获取生产原料所需的距离作为一个考量因素。长期以来,研究资源区位和居住位置之间的关联性是区域聚落分析中的一个重要组成部分。对这种关联性的解读,需要考虑运输成本最小化原则(least-effort transportation principle),并假设某一景观中的居住者需要居住在接近资源的地点,以便获取生存所需要的资源。

研究者将以上认识应用到分析时,有时候会认定是经济因素决定了居住地点,然而事实并非如此。运输成本最小化原则只是单纯地暗示了居住地点可能接近人们出于某种原因必须频繁接近(或者想要频繁接近)的地点。对任何个人或者家户(household)而言,总有一些因素会影响他们对居住地点的选择,其中肯定包括资源区位和其他具有经济价值的物品,但同样也有非物质的因素,例如参与在特定地点举行的宗教仪式以及享受邻里间社交活动产生的愉悦感(又或者是避免与邻居发生冲突)。有时人们并不会因为生计需要而按照最经济和最理性的方式分散在景观中,这意味着其他因素会超越简单直接的生存因素,这样的观察视角为我们调查人类生活的其他方面(尤其是很难通过考古学证据去认识和了解的部分)打开了思路。在这样的案例中,区域聚落人口为探讨宗教或政治组织的话题提供了信息。

在21世纪之初,"能动性(agency)"成为考古学的时髦用语之一。这个词有许多含义，但通常被看作个体的行为自由度，与区域聚落研究中的宏观分析相对立。然而不管怎样，社群的人口规模和组织形式都是个体（agents）追求其目标的基本情境之所在。人的行为受人口因素（当然还有其他因素）的推动、协助或制约。相同的行为策略，可能在一个500人的村落（village）中取得成功，但换成是一个5000人的集镇（town），或许不会产生任何作用。

人口不只是直白的数字，它的空间特性也十分重要。相同的行为策略，可能在一个500人的村落中取得成功，但换成是一个松散的社群（例如将500人分散到100个单独的农庄中），这样的策略可能会失效。因此，人口因素的基本特征（如规模和空间分布）以及个体对这些特征的感知和认识，会决定人的行为及其结果（这些行为和结果可能在人的预料之中，也可能出乎意料）。

对能动性的另一个极端理解，反映在基于个体的计算模型（agent-based modelling）中，作为行为个体的人，不再以一种怪异的但是被能动论爱好者所追捧的方式活动。基于个体的计算模型为我们展示了人口在景观中的分布变化轨迹。要评估这种模型的有效性，需要将它产生的变化轨迹与考古学证据所揭示的真实情况相比较。那么，区域聚落人口研究为我们检验基于个体的计算模型提供了关键的实证材料。

从考古学上研究人口的规模和空间特征，有时候被认为是支持"重唯物、轻唯心"的做法。人们有时候将景观考古学（landscape archaeology）与区域聚落人口学看成是相互冲突的研究。而我们认为，这只是观察者未意识到只要区域聚落考古学运用得当，它永远是对人和景观的调查研究（那些未对考古遗址进行过系统性调查同时也很少考虑景观或者人的研究，无论研究本身是否开展得当，都不能称之为区域聚落考古学）。景观考古学所强调的景观并不是纯粹的自然现象，而是人和自然环境互动的产物，并且在研究中通常会使用权力景观（landscapes of power）、记忆景观（landscapes of memory）等概念。

最极端的情形下，景观考古学可以关注诸如一个新石器时代的人及其所处的特定景观。这种研究与人口学相去甚远，但它显然有助于我们认识在这个景观中由生到死，参与耕作、祈祷与集体活动，或者制作过精美石斧的"人"，而这种认识将在很大程度上转化为我们对新石器时代生长在该地的那个人的认识。同样地，如果我们认识到人们会因为恐惧森林里的邪恶力量，而不敢居住在山头或者爬过山头向西北方向前行，这样的感知也会转化为我们对某一个新石器时代人群的认识。正是通过区域聚落人口研究，我们才可以对人群和人口分布的这些特征进行判断。如果景观考古学研究缺少这些元素，则忽视了人类—自然互动产生的景观中属于人的那一部分（更严重的是，用现代考古学家的主观意识取代了古代人群的主观意识）。毕竟，权力景观和记忆景观所涉及的内容远远不止纪念碑和考古学家这两个因素。

所以说，有许多理由促使我们去研究区域聚落人口学。事实上，当考古学家从田野中带回关于某个大型遗址的信息时，他们就已经在进行聚落人口研究了。一个拥有超高密度且多样化的遗物、各种大型建筑遗存清晰可辨的超大型遗址，是很值得我们去发掘的。我们对于生活在这个大型区域性中心的重要且有权势的人物，有着太多想要去了解的问题。

以上关于为什么要发掘大型遗址的想法仍然存在于你我之间，而区域聚落人口学可以从理论和方法两个方面帮助我们厘清一些设想。理论方面，很多人习惯认为复杂社会可能有一个或多个拥有大量人口的聚落，那些最为重要的人就居住在这些聚落中，并且在这里举行各种各样的活动。居住在稍小聚落中的人们，会被这些"中心地点（central places）"或它们的特殊设施和活动所吸引。方法方面，上述思路认为在考古学证据中，此类中心地点对应着广阔的区域、数量很多的各类遗物以及保存着纪念性的建筑遗存。这些认识都有人口学意义，都反映了人群及其活动的规模和空间组织。即使考古学家没有明确提出这些认识，但它们长久以来深入于考古学家的思想中，引导考古学家们寻找发掘区域。

最好的实践

即便是那些坚决抵制人口估算的考古学家，也可能对他们所调查的聚落中生活过的人口数量（哪怕只是近似值）有着深信不疑的判断。如果你告诉一个中美洲研究者（Mesoamericanist），他/她正在发掘的形成期初期（initial Formative）的村落可能有 5000 个村民，又或者对一个发掘龙山时期城址的考古学家说城内居民人数少于 1000 人，这些人会马上质疑你的说法。所以，我们要做出的选择并非是要不要进行聚落人口学研究，关于这个讨论我们已经听了几十年了。我们需要做出抉择的是，究竟是按照含蓄和主观的方式去研究人口学问题而无需考虑方法学的内容，还是说要特别关注人口并且将相关的方法学打磨成锋利的武器。

本书的写作对象是那些做出第二个选择的人。同时，这本书所关注的也正是我们所认为的考古学区域聚落人口研究的最佳实践。对我们来说，区域聚落人口研究的目标是评估在某个区域中曾经居住以及从事其他活动的人口数量。考虑到研究背景是考古学，则自然也包括人口在长时段中的变迁。

人口分析可以在各种不同的尺度中完成，不同的考古学家对"区域"有不同的理解（图 1.1）。对我们来说，"区域（region）"一词指的是 100 平方千米以上的空间范围，有时候甚至达到几千平方千米。一个"区域"比一个"地点（locality）"要大得多，很可能包括一些独立的地方性社群（local communities）或聚落（settlements）。但通常一个"区域"不会跟一个国家一样大，甚至不会比一个省份的面积大。当然，我们一般也不会在省或者国家这样的空间尺度上采集考古数据并进行人口分析。区域尺度上的聚落人口研究一般是基于更小尺度的空间，例如某些独立的聚落、地方性社群甚至单个家户。我们所讨论的人口分析就发生在这些更小的空间尺度上，但同时我们也会关注一些元素，并将其分析放大到整个区域。

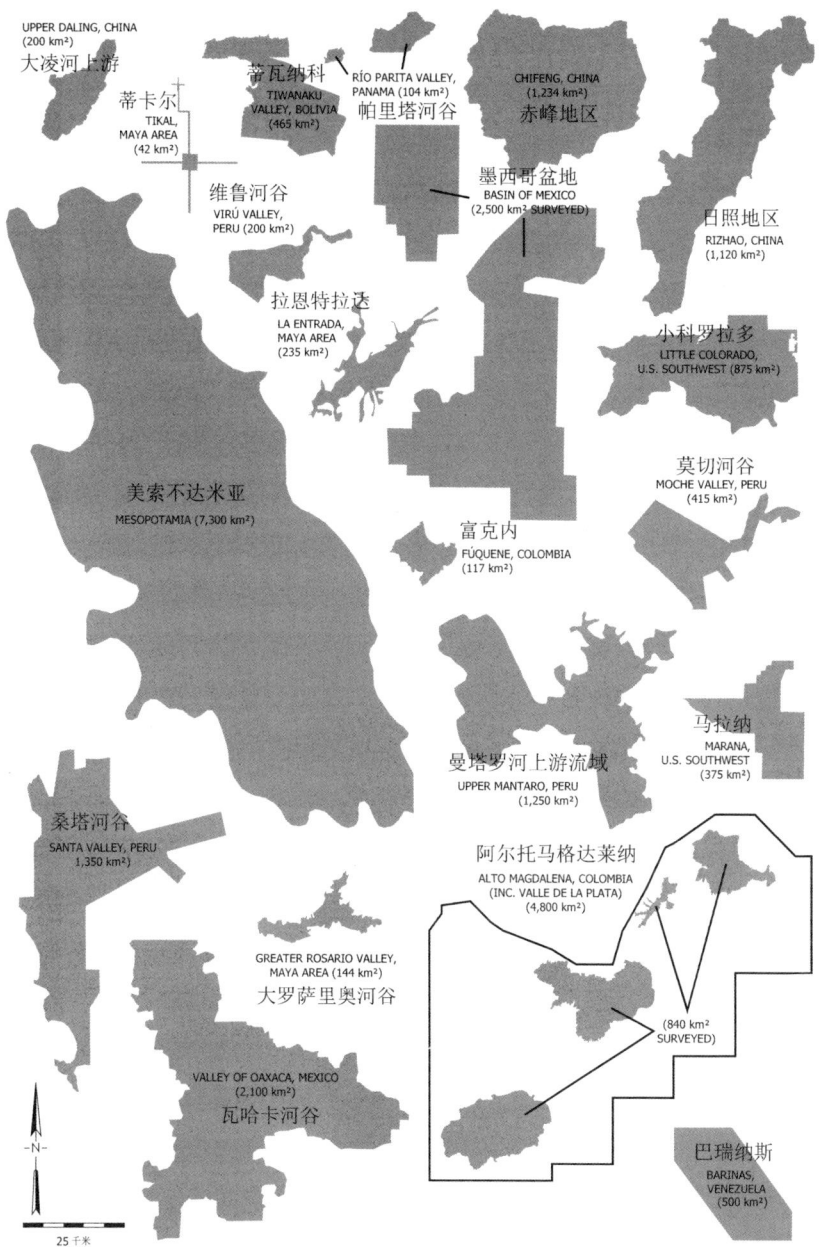

图 1.1 一些广为人知的区域聚落研究及其调查范围
（图中调查区域按相同比例尺绘制）。

本书不涉及利用生物考古学方法研究墓葬人群的人口分析，而这些方法是考古学家在使用"史前人口学（paleodemography）"一词时通常在脑海中所浮现的内容。生物考古学方法尤其适合于检测墓地中人口增加或衰减的时段，可以认为它反映了墓地所属时期或地区的人口情况。生物考古学意义上的史前人口学研究是对区域聚落人口研究的一个重要补充，但是区域聚落人口学是一种更加直接的方法，可以回答诸如有多少人口曾经生活在某个区域、他们的定居点以及其他活动在景观中的分布情况等问题。

区域聚落人口学也为比较研究提供了强有力的工具。有了人口数量和人口分布模式，我们可以用同等抽象程度的语言，去识别和讨论不同时期、不同地区的相似性和差异，由此得出与社会、政治、经济和宗教组织有关的模式（pattern），有助于我们更敏锐地观察不同地区人群以何种相似或不同的方式生活。如果我们将这些模式放在历时性中去观察，就有可能从不同地区社会变迁的完整轨迹中找出他们的相似性和差异。在这本小书中，我们无意涉足区域聚落人口学的方方面面，而是特别倾向于能够实现比较研究的方法。

我们要实现比较研究的目的，是希望将完全相同的方法应用于不同的区域。然而现实情况是，与其死板地追求方法上的一致，倒不如重视方法学上的严密性和灵活性，后者会更加有用。在任何情况下，我们对结果的可比较性给予关注都不为过。但是，考古记录因地区而不同，有时候不同区域的差异相当大。为实现结果之间的可比较性，我们经常将不同的方法应用于不同地区，这样的话，矛盾就出现了。假设我们计算出了某一地区的可靠人口数量，并且将相应的计算方法严格地应用于其他地区，我们肯定会得出不可靠甚至完全无法比较的结果，因为这些"其他"区域有着不同的环境、生活方式以及考古记录。

因此，开展基于考古学的区域聚落人口研究，并没有一个需要严格遵守的"正确"的工作方式。但这并非说没有错误的方式。区域聚落人口学研究和其他工作一样，可以很好，也可以很糟。采用好的区域聚落人口研究方法，可以清晰、明确地回答研究问题，这些研究方法经过学者们的深思熟虑，逻辑严密，也能够得到实证材料的支持。在一定程度上，只要我们认真、谨慎地考虑研究方法的逻辑性以及与实际情况的贴切程度，那么研究问题的表达方式、研究方法的逻辑性以及实证材料对研究方法的支持就不会受研究区域的限制。

这些复杂的方法学问题将是本书后续章节讨论的内容。在这些章节中，我们将介绍区域聚落人口学中标准化的研究方法以及比较新颖、大家相对不太熟悉的方法。我们对未来区域聚落人口学在方法上的持续改进将保持开放的态度。虽然数据采集显然先于数据分析，但我们仍然将田野数据的采集留到最后一章去讨论，因为数据的采集方式完全取决于后续分析中这些数据能够支持什么样的分析。在设计一个研究的时候，对分析方法的考虑必须优先于数据采集技术，这正是本书所采用的策略。

近 似 值

在进入其他章节之前，我们要明确最后一点，同时也是最根本的一点：考古学中的区域人口"估值"正如字面意思那样，只是近似值（approximation）。考古学家在谈到某个地方的居住人数时，要么用绝对数值（例如"500人"），要么用相对数值（例如"两倍多的人"），但无论哪一种，都只是近似的判断。这一看法同样适用于以下情况，例如一个人群的空间分布、人群的内部分布、各种活动在空间上的分布以及其他关于人口的概括性结论。

在这一点上，从事区域人口学分析的考古学家与人口分析员的处境相同，而且与后者有着很多方面的共性。当代人口的统计似乎要比考古学人口的统计简单得多，但两者毫无例外都只能得出近似值。之所以这么说，一个原因是我们对大量事物的计算总是存在小的误差。每一个竞争激烈的选举都向我们表明一个事实，即当重新统计选票的时候，总会得到一个不一样的数字。世界上的每一次人口统计，都让我们意识到除上述随机误差

(random errors)外，还存在人口统计的偏差(bias)。出于各种原因，对任何一个人群而言，总有一部分人比另一部分人更容易被统计到。本书后面要探讨的一些方法，就是如何评估考古人口估算的精确程度以及如何让考古人口估算更加精确，而这些探讨就受到了现代人口调查中一些常规操作的启发。

最后要说的是，我们需要意识到区域人口学(无论当代还是古代)不同于银行业务。我们在办理银行业务时，期望从银行职员那里获知账户的精确信息，而不是粗略的估计。然而，人口调查员和考古人口学家最多也只能得到粗略的估算值。有时候，这些估算值可能不够精确，不足以在较高的置信度上回答我们提出的问题。遇到这种情形，我们一定要意识到与其得出模棱两可的结论，不如去尝试获得更精确的数值。不过，大多数情况下，我们得到的粗略值为回答我们的问题奠定了良好的基础。例如，我们只需粗略地估算一下芝加哥(Chicago，位于伊利诺伊州)和塔尔萨(Tulsa，位于俄克拉荷马州)以及这两个城市周边地区的人口，就很容易知道哪一个城市更可能养活一整支专业的足球队伍。

推 荐 读 物

1. Gordon R. Willey. *Prehistoric Settlement Patterns in the Virú Valley, Perú*. Bureau of American Ethnology Bulletin No. 155, Smithsonian Institution, Washington, DC, 1953. 该报告(《秘鲁维鲁河谷的史前聚落形态》)基于戈登·威利(Gordon R. Willey)1946年夏天开展的田野工作，大多数考古学史的研究者把这项田野工作看作区域聚落研究的奠基性工作。该报告非常清晰地为我们呈现了这样一个观点，即研究聚落在区域尺度上的分布模式可以揭示出古代社会组织。不过，该项工作只是非常表面地涉及了"人类如何分布在景观中"这个话题，并没有深入探讨这个话题背后的人口学本质。

2. William T. Sanders, Jeffrey R. Parsons, and Robert S. Santley. *The Basin of Mexico: Ecological Processes in the Evolution of a Civilization*. New

York: Academic Press, 1979. 当下最好的区域考古学调查所使用的田野工作方法,大多直接源自这项开创性的工作。该书是对这项工作的综合性解释和说明,包括关注考古学中区域尺度上的人口复原,呼吁开展区域性考古调查、基于遗址的深入性地表调查、遗址尺度上的广泛发掘、墓葬人口的生物考古学分析以及当代人口和历史人口的数据采集。这种将多条线索交织在一起的研究方法为复原区域人口奠定了基础,并且在随后的几十年中被学者们持续不断地探索、发展并推动。

3. Brian R. Billman, and Gary M. Feinman (eds.). *Settlement Pattern Studies in the Americas: Fifty Years Since Virú.* Washing, DC: Smithsonian Institution Press, 1999; distributed by Eliot Werner Publications (Clinton Corners, New York). 该书收集了一些北美、美洲中部和南美地区的区域聚落考古案例,被认为是对戈登·威利及其在维鲁河谷工作的致敬。

4. Wendy Ashmore, and A. Bernard Knapp (eds.). *Archaeologies of Landscape: Contemporary Perspectives.* Malden, MA: Blackwell, 1999. 该书收录的文章以不同甚至是相互矛盾的方式,论证了"景观"这一概念如何拓展、丰富以及重新表现了旧有的区域聚落研究方法。这本书呈现了非常精彩的思考过程,但这些思考并没有体现在人口学方面。

5. Stephen A. Kowalewski. Regional Settlement Pattern Studies. *Journal of Archaeological Research*, 2008, 16: 225-285. 该文回顾了世界范围内相对近期的研究,这些研究以景观中的人以及他们的社会群体作为基础概念。该文对景观概念中的唯心主义持一种非常怀疑的态度。

第二章　用什么作为人口指标？

当下的人口调查员需要四处走访以及清点人口，同时也会调查部分人口的生计、收入、籍贯、饮食、宗教信仰和民族等情况。考古学家显然不可能开展这样的工作，因为所研究的"人"已经死去很久了。我们可以计算墓葬中的人数，事实上，考古学中的墓葬分析是以某些创造性的方式询问那些死去的人：你们靠什么养活自己，收入如何，从哪里来，以什么为食，又有哪些宗教信仰或者属于什么民族，等等。家户考古学（household archaeology）通过研究居住遗存以及细致地分析不同家户垃圾堆中的人工制品和自然遗存，同样可以提供关于这些问题的答案。墓地人口分析可以提供死者生前所属人群的年龄结构信息，并帮助我们识别出当地人口增加或衰减的时段。

然而，无论家户考古还是墓地人口分析，都必须以古代区域人口的抽样为基础，这些抽样就来自我们要发掘的遗址或准备进行地表采集的高密度遗物分布区。就墓地或者家户的分析而言，数据采集是一项非常耗费时间的工作，并且墓地和房屋还存在保存不完整的问题。因此，我们不能简单地将相同的方法推广到整个研究区域。我们从墓地和家户中获取信息，就如同人口调查员通过抽样了解更大人口数量的情况一样，这两者所得到的是相同性质的事物。人口调查员之所以使用抽样结果，一方面因为获取全部人口的信息太过耗费时间，而且工作成本极高；另一方面则因为通过研究抽样就可以得到足够准确的信息来回答他们的问题。

然而，只有在人口调查员基本掌握了整体人口的规模、结构和空间分布后，他们的抽样策略才会奏效。同样的道理，在考古学中，除非我们充分了解了区域景观中的整体人口规模、结构和空间分布，否则很难充分地解释墓地和家户的分析结果。本书关注的核心话题，就是区域人口的整体特征。墓葬考古、家户考古、区域聚落人口学的无数研究方法彼此互为补充，从不同方面为我们提供了古代人口的信息，这就好比经济学家、社会学家、政治学家（更不用说人口学家）必须通过人口调查才能从不同方面了解当代人口。

对区域聚落人口研究来说，如果考古记录与人口的联系在区域尺度上保持一致性，那么一开始的挑战就在于如何观察并量化考古记录中的事物（things）。这种所谓的"事物"，经常被称为人口指标（population proxies），因为我们用它们指代无法直接统计的人口数量。人口指标等同于相对人口的估算，我们更多地利用了某一地点或时段的人口指标，去指示该地点或该时段实际存在过的更多人口。研究者们通常认为，人口指标与实际人口成正比例关系，我们也如此假设，若某一地点的人口指标是另一地点人口指标的两倍，则认为前者人口是后者人口的两倍。

与"更多"相比，"两倍"是一种更加强烈、更加具体的人口复原，但这两者都是相对描述，都没有提到实际的人口数量。"更多"可能指5000人与5个人的对比，或者是10个人与5个人的比较。"两倍"可以是5000人与2500人的比较，又或者是10个人与5个人的比较，但绝对不是5000人与5个人的对比。我们在本章以及下一章中，只关注区域尺度上、具有相对指示意义的人口指标。在第四章中，我们将介绍实际人口数量，也就是对绝对人口数量的估算。小尺度（例如单个遗址或者遗址的某些部分）上的考古学研究中使用了相当多的人口指标，虽然一些指标确实与我们的讨论内容相关，甚至可以作为区域性的人口指标，但我们不会对所有人口指标进行讨论。

碳十四测年数据

我们选择的人口指标，主要与新石器时代及其之后的定居人群有关，一方面因为我们以往的研究都与此有关，另一方面则因为在这本小书中，我们没有足够的篇幅去关注更早的时段或高流动性人群，要研究这些时段或人群，需要完全不同的研究方法。不过，在开始之前，我们必须针对高流动性人群或早期人群，简要地介绍一些广泛应用的方法。

有些定居人群的聚落规模十分庞大，要研究它们的区域人口，大多数都采取一种类似人口调查的方式，并认为只要研究区域和分析方法选择得当，研究者就可以识别并且量化考古遗存（也就是过去定居人群所遗留下的主要生活痕迹）。然而，对高流动性人群（例如澳大利亚的狩猎采集者）来说，居住遗存很难长久地留存下来（对旧石器时代遗存而言尤其如此），但凡发现能用于复原和研究的考古遗存，都只能说是侥幸。在这样的背景下，研究者可以把一个区域中考古文献所积累的碳十四测年数据作为人口指标。其中的道理在于，在特定的区域和时段，如果生活过更多的人，则这些人会在景观中遗留下更多的物质遗存，从而意味着研究人员会发现和发掘更多的考古遗存，并且收集、获得更多的测年样本。那么，碳十四测年的数量，就可以作为一个人口指标。如果制作一张碳十四测年结果数量的历时性变化图，研究者就可以观察整体人口数量的转变点。由于碳十四测年数据本身带有置信度（以及误差区间），这样的图表可以呈现为累积概率分布（summed probability distribution）。当然，如果是校正过的碳十四测年结果，将额外增加统计分析的复杂性（如果校正曲线表现出非均匀性，此时将累积概率分布看作人口指标，就会产生复合效应）。

上述方法引出了两方面的顾虑，即抽样偏差（sampling bias）以及用于抽样的整体人口的性质。考虑到这一方法主要用于居住遗存稀少且时间起点很早的情况，这些遗存很可能随时间的流逝而逐渐减少。时间跨度越大，被破坏掉的遗存也就越多，这意味着如果对考古遗存所指示的人口进行抽样，那么所得到的结果可能低估了早期的人口数量。居住遗存随时间流逝而不断被毁坏，这本身会导致年代更近的碳十四测年数据不断富集，由此给人产生一个错误的印象，即人口随时间递进而增多。

考古学家也可能在抽样过程中引入偏差，由于他们对某些时期特别感兴趣，会更倾向于选择这些时期的遗址进行发掘，人为地增加了这些时期的碳十四测年数据的数量。另外，考古学家经常试图通过碳十四测年数据确定一个居住遗存在年代上的上限和下限，这也会造成一种偏差。如果想要把碳十四测年结果当作可靠的人口指标，需要非常大量的测年结果（好几百个）。因此，在统计碳十四测年数据时，可能需要覆盖很大的区域，甚至大到我们会怀疑能否解决本书所关注的问题。

尽管有以上所说的这些挑战，碳十四测年数据的累积概率分布仍然是大区域研究所普遍采用的一个人口指标（尤其对旧石器时代以及新石器时代早期而言）。另外，考古学家特别关注高流动性的狩猎采集人群，对相关遗存的发掘获取了大量的碳十四测年数据，因此同样可以用碳十四测年数据的累积概率作为人口指标。遗存的极度稀少确实给人口分析带来了很大的挑战，不过对更近的时期以及定居性更强的人群，我们有更好的人口指标可以使用。

房屋的数量

居住遗存的数量是最为简单并且最常见的人口指标。如果房屋设施保存完好（例如安第斯山高地地区以及太平洋沿海的干燥沙漠环境中），可以直接从地面进行统计。在植被密集的玛雅文化低地地区，可以清点带房子的土堆（house mounds）的数量。而在美国西南部的普韦布洛人（the Puebloan）遗址，研究者可以统计单个房间的数量。长期以来，大多数考古学家愿意相信，如果遗址上的房屋数量更多，则相应地会有更多的人口居住于此。因此，研究者会认为图2.1中秘鲁的瓦查马卡（Huaychamarca）遗址比普库斯马卡（Pucusmarca）遗址居住了更多的人口。事实上确实如此，研究者在瓦查马卡遗址地表发现了约 80 个圆形小房子，而在普库斯马卡遗址只发现了 25 个左右的房子，许多研究者据此认为，前者的居民数量是后者的 3 倍左右。

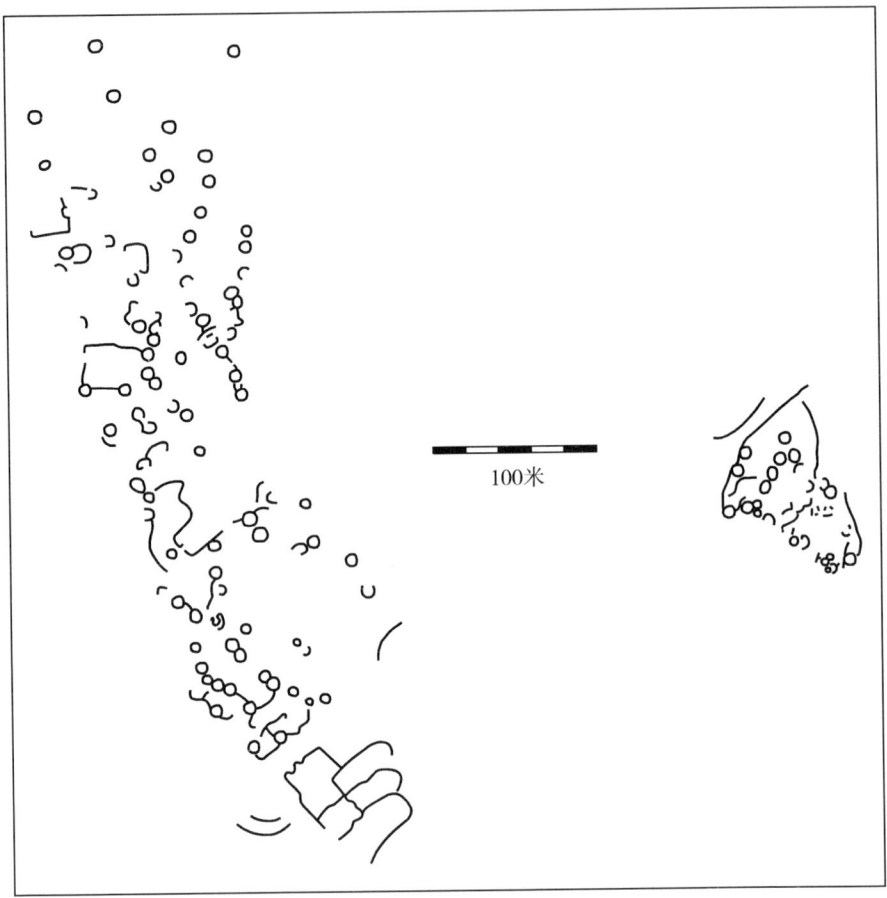

图 2.1　秘鲁高地曼塔罗-塔尔马（Upper Mantaro-Tarma）地区的瓦查马卡（Huaychamarca）遗址（左）和普库斯马卡（Pucusmarca）遗址（右）的地表建筑遗存。（数据来源于 Parsons, Hastings, and Matos 2000：242, 246。）

以上对比来自一个异常简单、直观的例子，我们有必要对这些人口结论的内在假设作更详细的解释。上述相对性的论述是基于两个遗址的比较,那么假设就与遗址数据的可比较性有关系。遗存在记录和保存状况方面的相似性显然是很重要的,这无需多言。我们需要讨论的一些更有意思的假设包括:(1)两个遗址中的圆形结构有相似的居住功能;(2)两个遗址中的圆形小房子应该居住着相似数量的人;(3)两个遗址的房屋在使用上有一定程度的共时性;(4)两个遗址的房屋在居住的季节性或者长期性上是相似的。由于两个遗址的建造和设置高度相似,故它们的使用时间应当是同一时期。此外,两个遗址仅间隔一千米多。因此,上述假设似乎是很可靠的,可靠到我们都无需浪费时间进行解释。

但是,我们之所以解释,是希望说明两点问题。首先,我们在估算这两个遗址中地方性社群(local communities)的人口时,无需说清楚每一个房屋中具体生活过多少人,也无需解释每个遗址中有多大比例的房子是同时期使用过的,更不需要说清楚哪些房子是永久性的或者临时性的。这些问题对估算绝对人口(参见第四章)确实重要,但就相对人口的估算来说,无论上述问题的答案是什么,我们都只能认为这两个遗址的居住情况是相似的。

其次,我们做出的这类相对人口估算经常涉及不同时期聚落的对比,这会让可比较性的问题变得复杂。例如,家庭人口的平均值或许随时间而变化,并因此改变房屋数量和人口的关系,同时降低了将房屋数量作为人口指标的准确性。这样的话不仅绝对人口数量的估算会出问题,甚至不同时期的相对人口估算也会出问题。此外,不同时期居住行为的季节性变化也会产生相似的影响。

上述情况并非总会出现在我们所研究的时段中,但只要它们有存在的可能性,我们就不能视而不见(况且对我们来说,这个可能性是很重要的)。即便我们只是把房屋数量作为一个简单、直观的人口指标,也需要慎重、小心。我们可以寻求其他证据,用来评估不同时期之间的变化及变化程度,这样的证据包括房屋平均规模的历时性变化,或者墓地数据指示的人口年龄结构的历时性变化。这两种证据能帮助我们了解家庭平均规模的变化。如果某个时期中家庭的平均规模增加了15%,为了和此前时期在人口指标上保持可比较性。那么该时期房屋数量的统计结果可能需要相应地增加15%，从家户中出土的自然物品可能有指示季节的作用，能够提供关于该家户季节性居住模式的信息。如果某个时期的平均居住时长是4个月，而下一个时期增加到6个月，那么下一个时期的房屋统计数量可能需要增加50%，以便和前一个时期在人口指标上保持一致。

在实践中，我们可能不会获得上述调整所需要的所有信息。在这种情况下，我们必须使用能够利用的相关信息，对分析结果中的不确定性或者不准确性做出评估。生计活动有可能在不同时期保持着很高的一致性，那样的话，我们就不用考虑季节性居住的变化。又或者，我们通过地层序列揭示出完全定居的现象。我们从这些情况中可以总结出一点，即定居行为的季节性变化很少影响到人口指标在历时性方面的稳定性。

如果换一种表达方式，那就是所有的人口指标（包括数房屋数量这种最简单和最显而易见的方法）在"其他条件保持不变"的前提下，都可以提供比较性的结论。为了确保这些比较的有效性，我们需要思考到底哪些条件必须保持不变以及需要评估某些条件发生变化时所产生的风险以及后果，从而采取相应的补偿措施。关于这一点，我们后面将再做讨论。

遗址的数量

在区域尺度上，要清点房屋的数量并不总是可行的。以中国东北红山时期（前4500—前3000年）的房屋设施为例，研究者有时候凭借地表的灰色圆圈（ashy circles）就可以判断房址的位置，但绝大多数红山时期的房屋都不是以这种形式存在的。事实上，大多数红山时期的房屋都被耕地活动破坏了，在地表只能看到遗物的堆积。我们后面会再来讨论这个例子，但这明显意味着在整个区域景观中，我们无法系统、全面地计算红山时期的房屋数量。

即使单个房屋遗存在地表保存极其完整且数量丰富，也不代表我们能够完整地统计出房屋的数量。考古学家在秘鲁进行区域调查时，用保存良好的遗址的面积以及遗址中每公顷范围内的房屋数量，赋值给那些地表建筑保存很差的遗址。考古学家在玛雅文化区进行区域调查时，一直担心有些房屋设施因为不起眼而未在地表留下任何痕迹（例如那些建造了房屋的土丘，house mounds），从而导致在计算土丘数量时遗漏掉这些不起眼的房子。在世界上的大多数地区，单个房屋很少能够保存下来，或者很少能够保存在地表，因此，想要在一个区域中系统地统计房屋的数量是不现实的。

然而，长期以来，绝大多数的考古学家都习惯于在区域尺度的地图上观察和标注遗址。这些遗址的数量因此成为一个常用的人口指标，秘鲁维鲁河谷（Virú Valley）报告中就采用了这个指标进行人口估算。根据图2.2中的两张卫星地图，我们很容易想象未来的考古学家将会针对这两个地区制作出何等详细的遗址分布图。根据这两张图中的聚落以及房屋、遗迹、遗物等遗存，可以绘制出如图2.3那样的考古地图，我们可以清点每一个地区的遗址数量。虽然我们可能会认为墨西哥瓦哈卡河谷（Valley of Oaxaca）南部有3个遗址，英国剑桥郡（Cambrigeshire）北部有12个遗址，但这两个地区的遗址数量也可能分别是6和16个。

考古学家经常下意识地认为一个遗址（site）等同于一个古代聚落（settlement），那么问题就来了，我们应该把某个地点看作一个遗址还是两个遗址呢？这是考古人员在田野调查中最常讨论的话题。在世界上的许多地区，考古人员进行调查时，往往会根据经验法则，用100米作为区别遗址的依据。如果两堆遗物之间的距离小于100米，就认为它们同属于一个遗址。按照这个标准，瓦哈卡河谷地图中有3个遗址，而剑桥郡地图中有13个遗址。不过，统计遗址的数量并不像看起来的那么简单。

剑桥郡地区有一些特别小的聚落，很容易从打印出的卫星地图中漏掉，但大多数考古调查都会把这些小聚落识别出来。如果我们再仔细观察这两个地区的卫星地图就会发现一些零散的居住遗迹，它们很可能被许多调查遗漏，因此，我们也没有把这些遗迹放在地图上。它们只是区域人口

图 2.2 瓦哈卡河谷(Valley of Oaxaca)南部(上)和剑桥郡(Cambridgeshire)北部(下)包含了村落的卫星地图。图片使用了相同的比例尺,11.5 千米(长),7.5 千米(宽),面积约 86 平方千米。(图片来源于谷歌,Digital Globe,Getmapping pic。)

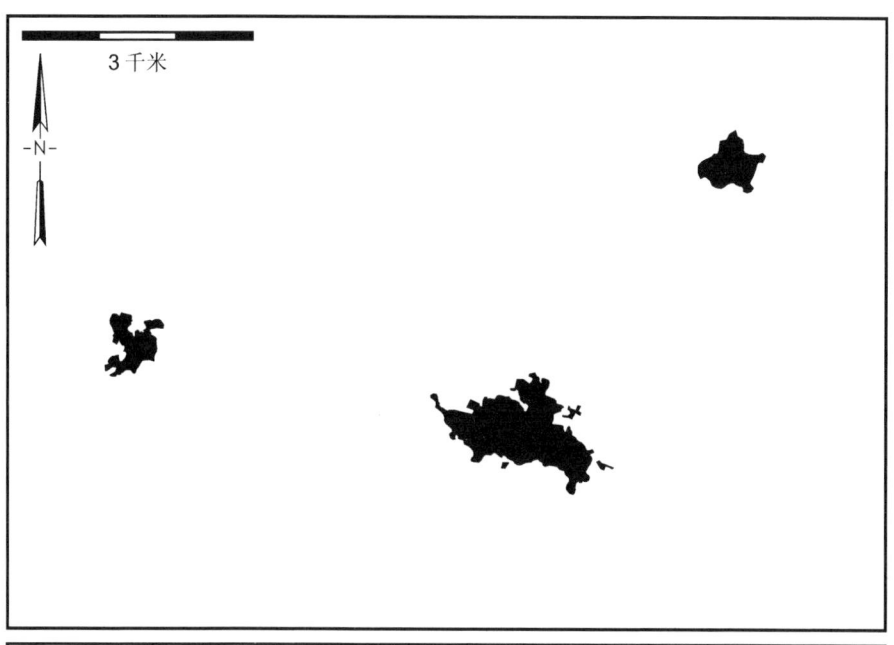

图 2.3　图 2.2 中的聚落成为考古遗址后的样子(假设到公元 3000 年时)。

全貌中很小的一部分，遗漏这些微小的聚落，完全不会对我们的结论产生什么影响。当然，这并非说遗漏小的聚落不会给其他地区和时段的人口估算带来影响（这是我们后面会讨论的一个要点）。

不过，统计肉眼可见的考古遗址的数量，确实能够让我们对两个地区的人口情况做出比较。根据对遗址数量的统计，我们可能会认为上述两个调查地区中剑桥郡比瓦哈卡河谷居住了更多的人口。因为这两个地区的调查面积基本相同（大约86平方千米），但是剑桥郡地图中显示出更高密度的区域人口。这些结论完全正确。人口调查数据表明，剑桥郡地区的12个聚落中，大约有12205个居住者，而瓦哈卡河谷的3个聚落则有5867个居住者。但如果我们把相对人口数量作进一步的解读，例如认为剑桥郡的区域人口密度是瓦哈卡河谷的四倍，那就错得离谱了。尽管剑桥郡的聚落数量是瓦哈卡河谷聚落数量的四倍，但它的实际居住人口数量只是瓦哈卡河谷的两倍多一点。

当然，剑桥郡和瓦哈卡河谷之间还存在文化、环境、经济以及其他方面的差异，正是这些差异影响了聚落数量与人口数量之间的关系。从这个角度看，统计遗址的数量能够达到比较人口的目的（事实上确实做到了这一点），这是令人意外的。当我们计算遗址数量并用于比较人口时，更可能比较的是同一个地区的两个时期，或者是同时期、同地区中的不同亚区域。但即便在这种相对均质的文化背景下，统计遗址的数量最多也只能算是一种非常粗糙的人口指标。如果我们把剑桥郡切割成两半，西半部分有6.5个聚落，东半部分有5.5个聚落（有一个聚落正好落在了分割线上）。如此，人口分布就更加不均匀了，换算下来，西半部分有1299人，而东半部分有10906人（这里的聚落数量虽然少，但聚落规模要大得多）。这还不是一个非常糟糕的例子。就区域聚落人口学的基本工作内容来说，我们需要知道的是一个区域的某些地点生活过多少人，或者某些亚区域生活过多少人，而遗址的数量根本无法回答这个问题。

遗址的面积

聚落规模(settlement size)是我们考察的最后一项内容,它清楚地说明了一个我们习以为常的认识,即聚落的分布范围越大,说明聚落的居住人口越多。对世界上绝大多数地区以及绝大部分人类历史而言,即使在相同的区域内,我们都会看到聚落规模有非常显著的变化。相比其他任何一个因素,聚落规模的变化让遗址数量变成了一个非常差的人口指标,故研究人员转而将遗址面积作为人口指标,而且这已经成为一个非常普遍的操作。

我们先暂时放下对瓦哈卡河谷和剑桥郡的比较,进一步放大我们对聚落的观察尺度。图 2.4 是哈密尔特佩克(Jamiltepec)社区当代聚落的分布

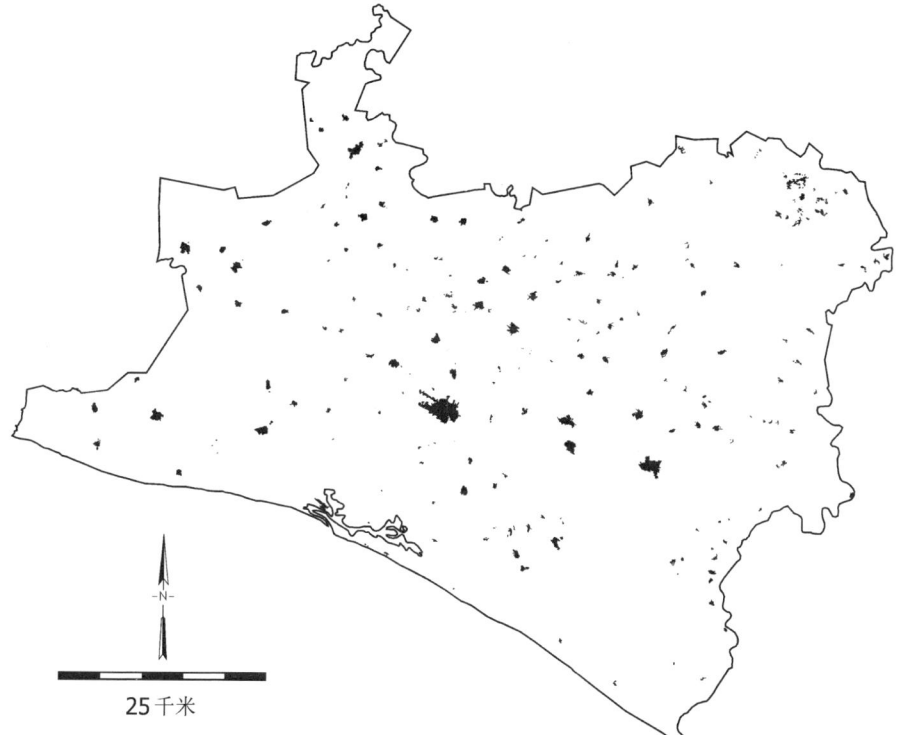

图 2.4 瓦哈长河谷南部哈密尔特佩克(Jamiltepec)社区当代聚落在未来成为考古遗址的分布图,地图南部边界是太平洋沿岸。

图，该社区位于瓦哈卡河谷南部，隶属于一个面积达4200平方千米的行政区。哈密尔特佩克社区有184266个居民，主要商业中心位于皮诺特帕纳雄耐尔（Pinotepa Nacional），也就是地图上最大的聚落，位置大约在社区的中心。但是哈密尔特佩克社区的政治中心位于圣地亚哥哈密尔特佩克（Santiago Jamiltepec），在皮诺特帕以东至东南方向25千米处，且周围没有邻近的聚落。

图2.5是剑桥郡北部，包括彼得伯勒（Peterborough）和林肯郡（Lincolnshire）、北汉普敦什尔（Norththamptonshire）和拉特兰（Rutland）三个

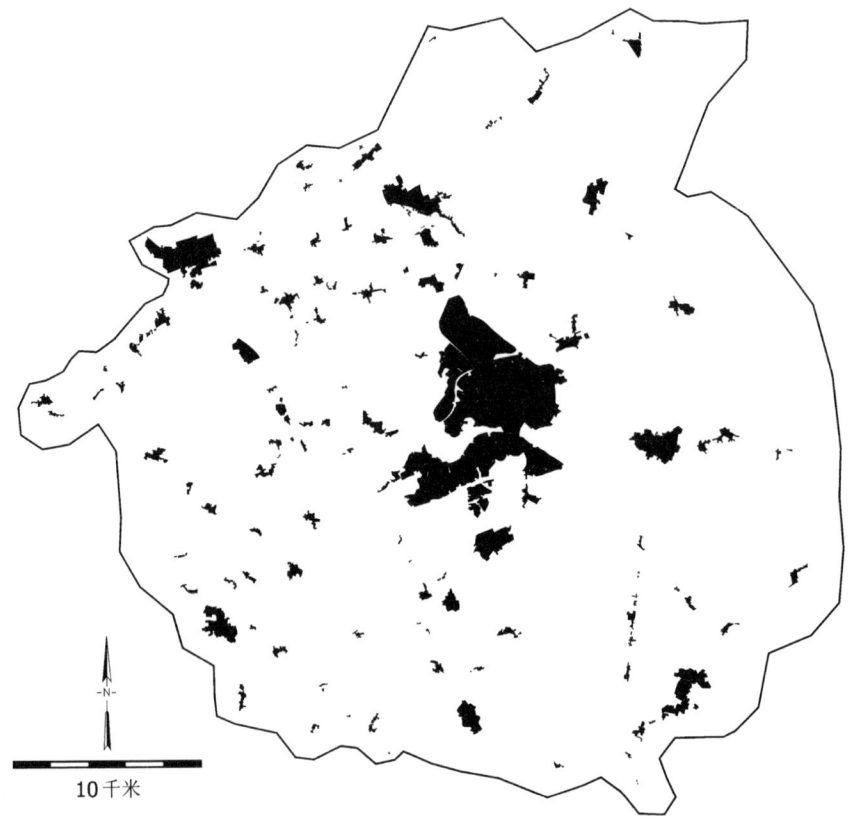

图2.5 彼得伯勒（Peterborough）周边区域的现代聚落在未来成为考古遗址后的分布图。

郡县的部分区域，面积大约 1200 平方千米。这个区域并不对应行政体系中的任何一个单位，而是一个以彼得伯勒商业中心为中心原点、直径 40 千米的近圆形区域。它的规模比哈密尔特佩克社区小一些，但是居住人口为 270845 人。因此，我们所举的两个例子在区域人口密度上差别显著，彼得伯勒为 230 人/平方千米，哈密尔特佩克为 45 人/平方千米（请注意，此处地图的比例尺是不同的）。上述地图数据（例如图 2.3）来自当代卫星地图，但它们反映了未来考古学家可能绘制的公元三千纪早期的遗址分布。我们将利用这些地图与人口调查数据做进一步的比较。

在彼得伯勒地区，有些聚落人口在人口普查时被合并了，在同一个人口普查区内部，有时候几个小聚落的人口必须被合并在一起。不过，我们可以研究人口数据和聚落面积之间的关系，通过分析发现，聚落面积和人口之间有很强的相关性（$r=0.996$，$p<0.0005$，$n=80$）。如图 2.6 中左图所示，彼得伯勒市本身是一个极端的异常值，它的存在可能严重影响到聚落面积和人口数量的相关性。我们将彼得伯勒市去掉，发现聚落面积和人口数量之间仍然有非常强的相关性，且显著性很高（$r=0.956$，$p<0.005$，$n=79$）。对这个区域而言，聚落面积可以解释约 92%（$r^2 = 0.956 \times 0.956 = 0.914$）的聚落人口变化。换种说法就是，彼得伯勒地区的聚落居住人口密

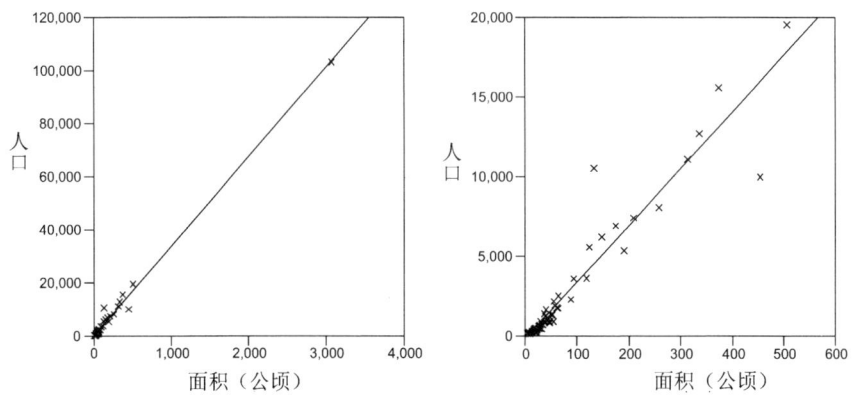

图 2.6　彼得伯勒（Peterborough）地区聚落面积和人口数量的散点图
（左：包含彼得伯勒市，右：去掉彼得伯勒市）

度(每公顷面积中的居民数量)非常稳定。未来的考古学家们在研究公元三千纪早期的彼得伯勒地区时,如果用聚落面积作为人口指标,其结果将非常准确。

在哈密尔特佩克地区,人口调查数据主要来自市区,通常包含几个聚落,因此在分析时需要将更多的聚落面积进行合并。同样地,聚落面积和人口数量之间有着很强的相关性($r=0.974$,$p<0.005$,$n=24$)。如图2.7中左侧散点图所示,哈密尔特佩克地区也包含了一个大型聚落(皮诺特帕),这个聚落是一个极端的异常值,如果要进行更有意义的相关性分析,必须把它从分析数据中去掉。去掉这个异常值后,我们发现,相比彼得伯勒地区,哈密尔特佩克地区的聚落面积和人口数量的相关性降低了很多($r=0.866$,$p<0.0005$,$n=23$)。聚落面积可以解释哈密尔特佩克地区大约75%($r^2=0.866\times0.866=0.749$)的人口变化。因此,我们可以把聚落面积作为一个大致的人口指标(从精度上来说低于彼得伯勒地区,但仍然可以使用)。

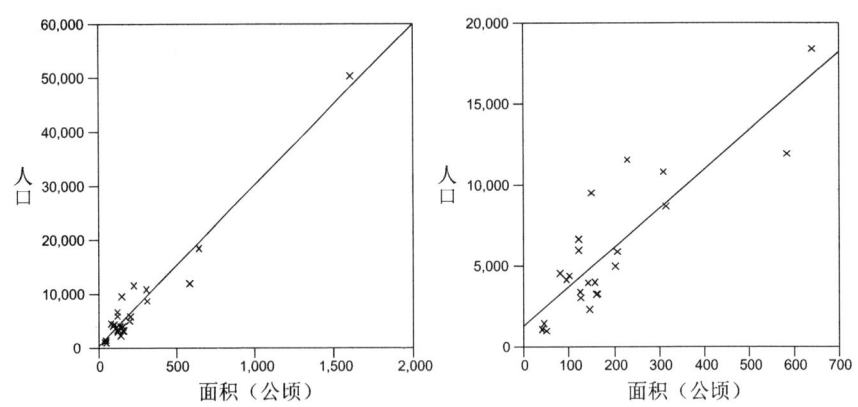

图2.7 哈密尔特佩克(Jamiltepec)地区聚落面积和人口数量的散点图
(左:包含哈密尔特佩克市,右:去掉哈密尔特佩克市)

对中国内蒙古东部的赤峰地区来说(图2.8),我们可以获取到城镇人

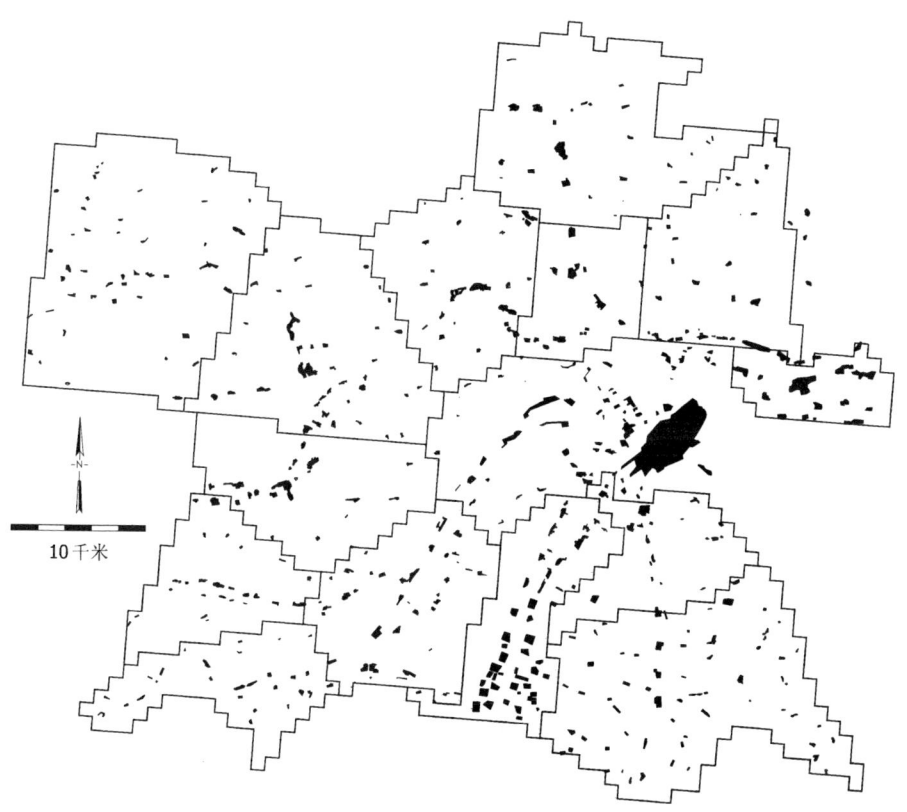

图 2.8 赤峰地区的现代聚落在未来成为考古遗址后的分布图(根据类似图 2.4 和图 2.5 中的卫星地图绘制而成)。图中标识出了人口数据所属行政区划。地图中心是现在的赤峰市,是一块人口密度很高的区域,我们在后续的分析中去掉了这个区域。(数据来源于 Chifeng 2011a：57-59, 2011b。)

口的数据,这些数据中同样包括多个聚落。我们需要对更多的聚落面积进行合并处理,以便于研究聚落面积和统计人口之间的相关性。根据这一地区的数据,我们计算出聚落面积和人口数量之间的相关性($r=0.794$, $p=0.001$, $n=14$)要弱于彼得伯勒地区或哈密尔特佩克地区。图 2.9 中左侧的散点图再次指出存在一个异常值,这个值的异常程度不像之前两个案例中那么强,但它对分析产生了很大的影响。去掉这个异常值后,我们发现聚落面积和人口数量之间的相关性非常弱($r=0.351$, $p=0.040$, $n=13$)。就研究的 13 个镇来说，聚落面积只能解释大约 12%（$r^2 = 0.351 \times 0.351 = 0.123$）的聚落人口变化。因此，聚落面积根本不能作为人口指标。

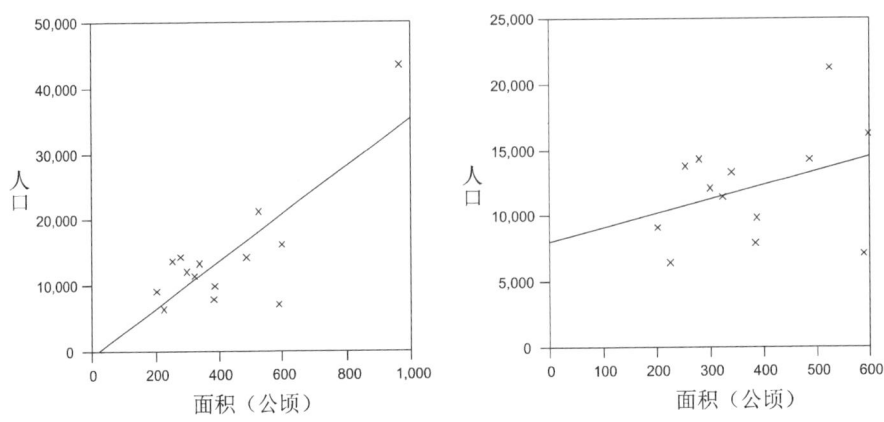

图 2.9　赤峰地区的聚落面积和人口数据的散点图

（左：包括赤峰市在内；右：去掉了赤峰市）

（数据来源于 Chifeng 2011a：57-59，2011b。）

我们把现代聚落数据当作考古数据进行分析后，发现将遗址面积作为人口指标得到的结果不够明确。上述分析所反映的结果及其变化，与我们用中美洲、秘鲁、中国以及世界其他地区的当代数据进行分析的结果一致。在一些区域中，聚落面积与实际人口数量有很好的相关性，而其他地区则完全不是这样的。有时候聚落面积和实际人口数量的相关性很强，但却是非线性关系。对不同类型的聚落而言，他们的聚落面积和人口数量的相关性可能互有差异，但都很强。

居住的密度

幸运的是，我们通常可以将聚落面积改进成一个更好的人口指标，改进的方法就是估算聚落居住人口的密度变化。

居住密度

如果聚落面积和人口数量的相关性很弱，意味着从一个聚落到另一个聚落，居住密度（即居住区每公顷面积上的居民数量）的变化相当大。居住密度和区域人口密度不是一回事，前者是居住总人口除以居住总面积，而后者是居住总人口除以区域总面积（包括居住面积以及农田、森林、沼泽以及其他未居住区域的面积）。从当下的情况看，在区域中，聚落的居住密度远高于其他聚落的居住密度，对这些区域来说聚落面积就是很差的人口指标。这样的情况同样会出现在史前时期，因此，我们要将遗址面积作为人口指标的话，就必须把遗址面积的变化考虑在内，并且在可能的情形下对遗址面积进行修正。

造成居住密度发生变化的一个最简单的原因，就是房子之间的距离要么太近，要么太远。图2.10中上部和中间的卫星地图分别对应高居住密度（125人/公顷）和低居住密度（35人/公顷），这种差异来自聚落中房屋间距的差别。如果房屋间距持续增加，最终我们会看到与图2.10下图相似的散落式农庄（dispersed farmsteads）。这张卫星地图中的房屋，正是在这片土地上生活和耕种的农民所居住的房子，而且这种散落式农庄几乎在各个方向上都可以看到。从一个景观中的某个农耕区域到另外一个非农耕区域，农庄之间的平均间距变化很大，后者难以聚集人口且容易被看作单独的聚落。这样的人口分布如果反映在考古记录中，可能就不存在我们通常所说的"遗址（site）"（至少找不到一个有意义的、可以被定义的人类聚落）。这体现了居住密度这个尺度的下限：如果房屋的分布非常分散，就无法谈论居住密度。看不到边界，也无法找到分析单位，那么就无法辨别出聚落。

换一种更抽象的方式来表达上述内容就是：卫星图片中的聚落是可见的，在空间上表现为一个个房屋群，房屋群之间是无人居住的空白区域。同理，我们习惯于将考古遗址看作空间上聚集的考古遗存，各个遗存之间是没有考古遗物的空白区域。这正是我们习以为常的假设之一，也就是一个考古遗址代表着一个人群聚落。这个策略在很多区域和时期是适用的，但绝非所有情况下都适用。有些人口分布（例如图2.10的下图）根本不会

图 2.10 距离很近的房屋形成了很高的居住密度(瓦哈卡地区的某处聚落,图上);房屋间距很大并因此形成较低的居住密度(瓦哈卡地区的另一处聚落,图中);哥伦比亚乌伊拉(Huila)地区的散落式农庄,没有形成任何聚落(图下)。三张图片使用了相同的比例尺。每张图片对应的空间大小为长 500 米,宽 300 米。(图片来源于谷歌地图,Digital Globe。)

在空间上形成集群(spatial clusters),如果人口分布无法形成能够清楚界定的集群,那么就不能把它们当作聚落看待,而相对应的考古遗存也不能被看作遗址。因为在这个例子中,遗址和聚落根本就不存在。关于这个话题,我们后面会做更多的讨论,但目前我们先把注意力放到更简单、更常规的情境中,也就是考古遗存确实在空间上形成了很容易界定的集群,我们也因此可以鉴别出遗址,而且每一个遗址都代表着一个明确的人类聚落。

居住密度和地表遗物密度

如果我们可以界定并且勾勒出考古遗物在空间上的集群(也就是所谓的"遗址"),就可以测量它们的面积。如果聚落中的居住密度基本保持不变,那么这个面积就可以作为人口指标。当然,如果聚落之间的居住密度变化很大,我们必须对聚落面积进行改进,才可以将其用作人口指标。为达到这个目的,学者们经常使用的一个策略是假设其他条件不变,更多的人口会产生更多的垃圾。如果一个聚落的面积是1公顷,居住了50个人,那么聚落及其周边产生垃圾的速度将是同等大小但居住了25人的聚落的2倍。除非我们研究的是相对晚的时期,并且已经出现了高效的运输技术,否则垃圾通常不会远离它最初产生的地点。

在区域聚落人口学中,考古学家经常根据考古遗存的密度,给一些遗址赋予更多的人口权重,而给另一些遗址赋予更少的人口权重。对许多地点或时期来说,陶瓷或石器是最丰富和保存最好的人类垃圾。例如,研究人员对哥伦比亚哥巴里亚(Cobaria)的图拿博(Tunebo)地区进行过民族学调查,发现这些生活在技术落后地区的人大约每人每年生产超过6公斤重的破碎陶片。如果是500人的社群,在这个地方生活两百年,那么将会产生超过700吨的陶片。在这个聚落的分布区域,平均每公顷范围中会产生约60公斤的陶片。

聚落中每公顷面积上居住人数越多,则每公顷面积上累积的遗物数量也就更多(当然,这是在其他条件保持不变的前提下)。但如果把这个认识当作考古学观察的结论,则很少有人会表示同意。想象一下,我们与一位考古同行到达一处未发现过的遗址,这个遗址的面积约1公顷,尽管地表可见度很高,但遗物极其稀疏,只有仔细检查才能发现遗物并识别出这是一处遗址。如果这位同行说"这儿没什么居住痕迹",我们完全不意外。第二天,在另外一处同等大小的遗址上,地表遗物非常密集,每走一步就能踩碎一些陶片,那么这位同行可能会说:"这儿的居住痕迹真令人印象深刻呀。"如果让我们的这位同行把对地表遗物密度的观察当作对人口的解读,他/她或许会有所迟疑。但对于第二个遗址,我们这位同行所要表达的正是更多的人生活在这个地点,并且制造了更多的垃圾。如果不是这样,那他/她就等于什么有用的都没说。

居住地点的地表遗物密度高表示有更多的垃圾堆积,并且对应更密集或者更长时段的居住行为,这并不是什么新观点。我们还可以将这个观点变成更精准的表达,例如可以明确指出,"更密集或更长时段"在这里指的是类似人年数(人数同生存年数的乘积)这样的度量单位。大量人口聚集在一个地点,并生活一段时间后,会产生高密度的遗物。而数量更少的人群,如果相对稀疏地居住在一起,但是生活了更长的时间,同样会产生高密度的遗物。甚至上述变量通过其他组合方式,也会产生相同的结果。

我们还习惯于一个思维方式,即认为在某个地点生活时间更长、居住更加密集,一定会产生更深、更厚的地层堆积。如果确实是这样,那么持续产生的垃圾不是应该把更早的垃圾掩埋了吗?为什么随着居住时间延长,地表遗物密度一直增加呢?这个问题的答案部分地归因于自然过程,例如冰冻和霜降会把之前埋藏的遗物带回到地表。而最重要的因素则很可能是挖土的人,比如居住者挖掘储藏坑、水井、灶、房基,在缓坡上搭建棚屋,从坑穴中挖土来修建堤岸或者台地以及其他的挖土行为。人类聚落中还有狗、啮齿类以及其他生物会挖土和挖洞。如果人们只是在某个地点居住很短的时间,那么这些洞里的东西大多数是土。但如果人们在一个地点居住很长时间,那么从洞里挖出来并且散落在地面的就包括早期居住留下的遗物,这些遗物会与当下活动散落和遗弃的物品混合在一起。人们在一个地点居住的时间越长，地层堆积越厚，从地下不同深度带出来的早期堆积的遗物数量也就越多。因此，我们有理由相信，地层堆积的厚度和更高的地表遗物指示了更多的人年数（person-years of occupation）。

地表遗物密度和其他居住密度指标

以上的讨论，不过是对埋藏过程中一些可能性的随意假想，没有什么实证材料，但有时候确实会发生这样的过程。研究人员对墨西哥盆地聚落研究的初期观察中就遇到了这些情况。威廉·桑德斯（William Sanders）和同事想当然地将数量更多、规模更大的遗址与更多的人口画等号。他们和其他考古学家一样，也认为高密度的地表遗物意味着更多的居住人口，而低密度的地表遗物意味着更少的居住人口。

后来，威廉·桑德斯和同事注意到很多阿兹台克时期的遗址（阿兹台克时期是他们研究的前西班牙时期文化序列中最晚的时期）地表有保存完好的居住建筑，可以直接计算房屋数量。有些遗址只有很少的居住遗迹，大概每公顷范围内只有1~2个房屋，而有些遗址的房址密度则达到20个/公顷。他们发现那些房址密度很低、居住遗迹很稀疏的遗址，相应地只有很稀疏的地表遗物；而单位面积上房址数量很高的遗址，地表遗物分布更加密集。威廉·桑德斯和同事在田野工作中注意到当地的现代村落也有完全相同的现象。在房屋密集的村落里，地表有很多丢弃的破碎玻璃、塑料制品和陶瓷碎片，而在房屋比较稀疏的村落中，这些遗物明显不那么密集。其他考古学家也在他们工作区域的现代村落中观察到了相同的现象。

我们以赤峰地区编号342和编号674的两个遗址为例，系统地比较它们的地表遗物密度以及地层发掘情况，为判断地表遗物密度和地层发掘的对应关系提供一个新的经验性案例。这两个遗址的使用时间都比较长，最早的居住遗迹可以追溯到距今6000多年前，并且延续了好几个不同的时期，因此相关的地表遗物密度就是不同时期陶器的地表密度（分时期计算，这个问题我们后面会更详细地加以解释）。在进行小范围的地层发掘之前，我们对两处遗址上的多处地点进行了系统性的地表采集。在很小的空间尺度上,不同时期的地表陶片密度与相应时期的地层堆积厚度之间的相关性很弱。也就是说,通过系统性地表采集点出土的不同时期的陶片密度,我们不能很好地预测某个探方中陶片的数量和每个时期的地层堆积厚度。尤其对含有多个文化时期的遗址而言,哪怕只是几米的空间距离,得出的认识都可能相去甚远。

整体而言,无论地表遗物密度还是地层信息,在揭示每个时期居住范围、密度和居住分布方面,都得出了一致的认识。例如我们在遗址342的88个地点进行了系统性的地表采集,采集范围大约是5公顷。此外,还进行了10处小规模的试掘。战国至汉代(前600—200年),人类的居住痕迹很稀少,并且很零散。战国至汉代的地表陶片密度显示,地表遗物的分布地点与地层发掘揭示的遗物分布点略有区别。两者都指出这一时期的居住痕迹稀少且分散,但居住遗存的分布面积基本相同(图2.11)。地表陶片密度表明,在没有进行发掘的区域中,同时出现了很稀疏的居住痕迹以及完全没有居住迹象的空白区域。我们没有在这些地点进行地层试掘,因为会影响到作物生长,这也是调查中经常会遇到的情况,相比地表采集,探方试掘更容易受到限制。

到了前一个时期——夏家店上层时期(前1200—前600年),地表陶片密度和地层堆积同时表明,在大约4公顷的范围内有相当连续的居住痕迹,其中0.6公顷的范围内居住密度很高。不过根据地表陶片密度和地层堆积确定出的居住区域稍有不同(图2.11)。我们注意到更早一些的夏家店下层文化时期(前2000—前1200年)存在着更大范围的居住遗存,但居住密度却相当稀疏,地表陶片密度和地层堆积同时指出有两处小区域的居住密度更高。在这个情形下,地表陶片密度和地层堆积基本确定出相同的区域(图2.11)。

遗址342中,最早的遗迹属于红山时期(前4500—前3000年)。对战国—汉代这一时期而言,地表陶片密度和地层试掘指出相似规模的居住遗迹,而且都非常稀疏和分散。两种方法呈现出的居住区在位置上并不完全吻合,但这也不足为奇。因为红山时期开始于距今6500年前,红山文化之

第二章 用什么作为人口指标？

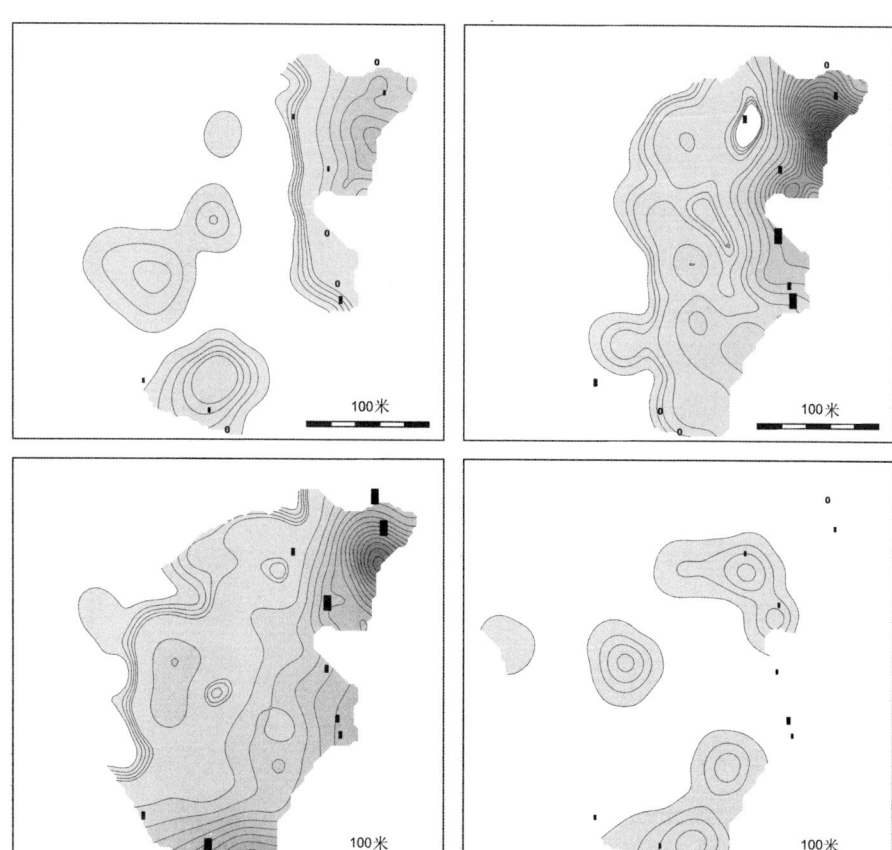

图 2.11 赤峰地区根据地表不同时期陶片密度确定的遗址 342 及其居住遗迹：战国—汉代（左上）；夏家店上层时期（右上）；夏家店下层时期（左下）；红山时期（右下）。灰度越低，表明地表陶片密度越高。黑色大长方形和黑色小长方形分别表示出土大量和中等数量陶片的地层试掘单位。"0"表示地层试掘未发现陶片。（数据来源于 Chifeng 2011a：69-72，2011b。）

后人们在这个遗址上的居住行为可能延续了 2200 年。即便地层试掘完全没有发现红山时期的遗物，也可能只是由于这些遗物被重新掩埋了。总之，虽然遗址 342 上人类居住行为的时间跨度很大，并且跨越了多个时期，但根据地表陶片密度和地层堆积，我们可以分别计算出该遗址的居住密度和面积，并且这两者在结论上是相当吻合的。

在中国辽西地区的大凌河上游流域，我们对 16 公顷的红山时期居住区域进行了调查，发现了窖穴和其他红山时期的居住遗迹，而且几乎没有在地表或者地下发现其他时期的遗存。在对上述 16 公顷居住区域进行调查时，地表采集人员间隔 5 米，来回往返地行进，在所有发现陶片的地表位置插上小旗子，从而让调查范围内地表陶片密度最高的区域清晰可见（当然，不同调查区域中的最高陶片密度有着很大的差别）。在 24 个调查区块中，我们设置了 5 米×5 米的格子，进行了系统性的地表采集，浮选了耕土层最上部的土壤，并细致地收集了遗物。之后我们对这些区域进行了磁力仪调查，调查面积将近 13 公顷。最后，在 24 个调查区块中，我们设置了 27 个地层试掘点，每一处设置了 1 米×2 米的发掘探方。其中，有 9 个发掘点正好位于系统性地表采集的地点或者周边。因此，对于这 9 个地点，我们不仅有严格量化的红山文化陶片的地表密度，还有地磁探测结果和地层发掘信息。

有两个区域的磁力仪探测结果非常有意思。在其中一个调查区域，磁力从地表陶片密度很高的探测区域向外延伸了 150 米左右，进入到另一个更大的区域中。从我们用小旗子标记地表遗物的情况看，这个更大区域中的地表陶片密度要低得多。磁力仪图片与我们观察到的规律完全吻合：在地表陶片密度较高的区域，出现了很可能由人类活动造成的更强烈的磁力异常（magnetic anomalies），而在地表陶片密度较低的区域，磁力异常程度也相应降低（图 2.12）。

在另一个调查区域中，磁力调查与系统性地表采集相隔了几个月时间。在此期间，当地人出于栽种果树的需要，完全改变了地表状况。人们移走了地表大约 20 厘米厚的土壤，堆积成土堆或者田埂，形成了边长大约 3 米的块状区域，果树就栽种在每一个块状区域的中心低洼处。虽然磁力探测揭示出一些文化遗迹的特征，但那些将栽种果树的块状区域分隔开的土堆产生了很强的磁性正异常（strong positive anomalies）。这很可能是人类活动（例如焚烧或者有机物分解）将土壤中磁性很弱的矿物转变为磁性更强的矿物形态（magnetic minerals），田埂和块状区域所暴露的地层土由此形成

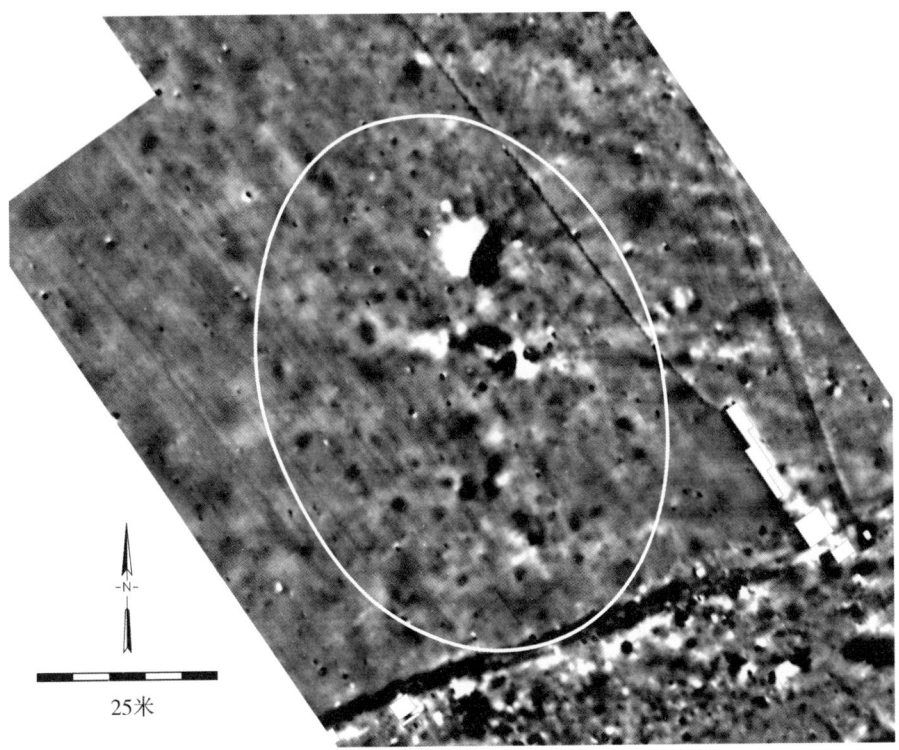

图 2.12 大凌河上游流域的磁力仪调查。椭圆形代表地表遗物密度比较高的区域。可能由人类活动产生的磁异常表现为深色区域,与作为背景的灰色形成对比。在高遗物密度区域之外,磁异常明显地减弱,并在北面、西面和东南角尤其明显。沿东面和南面的边缘地带出现了来自基岩的干扰,导致很难识别出由人类活动产生的磁异常区。(数据来源于 Peterson et al. 2014a, 2014b。)

强烈的磁性反差。磁性正异常最为强烈的区域(图中颜色最深的块状区域)正好对应了地表陶片密度最高的区域。因此,磁力异常和地表陶片密度这两个指标可以很好地对应起来,揭示古代人对活动地点的利用情况。

将9个调查区中的发掘信息与系统性地表采集得到的陶片密度对比后,我们发现地层试掘和地表陶片密度这两个指标在结论上有很好的一致性。每一个调查区域中,地表陶片密度是至少10个5米×5米的采集方格的平均值(最多使用了50个采集方格的平均值);而每一个试掘探方中出土的陶片数量则是多达 5 个试掘地层的平均值，这些探方一直发掘到了生土层（只有一个试掘探方中仅发掘了一层）。红山时期，陶片的地表密度与每一层试掘出土的红山时期陶片之间有很强的相关性（$r=0.892$，$p=0.001$，$n=9$）。我们又一次从考古学数据中发现地表陶片密度可以作为某一地点居住密度的指标。

密度与面积的综合考量

以上案例证实，地表遗物密度无法在任何情况下都可靠地指示出居住强度，但这些案例同时也表明，在一些区域中，前者的确可以指示出后者。如果在我们的研究区域中，遗址面积不足以作为精确的人口指标，而我们又有理由相信现实情况确实如此，那么我们可以利用这些认识对遗址面积这个指标进行改进。

运用这种认识的途径之一，便是借助考古遗址的分类学分析，这种方法是在墨西哥盆地聚落研究中被发展出来的。按照估算的居住密度，我们可以把考古遗址划分为几类，每一类对应一个居住密度的范围。当我们说地表某个时期的陶片密度是"轻度（light）"时，这意味着在地表每隔 20~30 平方米会发现一个某时期的陶片，但没有更高密度的陶片堆，我们认为这反映的居住密度是 5~10 人/公顷。"中度（moderate）"地表陶片密度对应着 100~200 个/平方米，相当于 25~50 人/公顷。"低度—中度（light-to-moderate）"这个类别指的是介于低度和中度之间的居住痕迹。"重度（heavy）"是分类中最高等级的类别，对应的陶片密度上限是 200~400 个/平方米，相当于 50~100 人/公顷。就每一个遗址而言，其陶片密度等级有其相应的陶片分布面积，我们可以将它们转化为居住者的数量，最终这些数量的总和就是聚落的人口数。例如，如果一个遗址上发现了分布范围 2 公顷的古典时期早期（Early Classic）的陶片，陶片密度为轻度；同时，这个遗址还发现有一个分布范围 1 公顷陶片密度为中度的古典时期早期陶片。这意味着在 2 公顷范围内，每公顷面积上生活着 5~10 个人；而在 1 公顷范围内，生活着

25~50个人。那么,这个遗址在古典时期早期可能生活过35~70个人。

上述方法在墨西哥盆地得到应用,它将面积和密度同时作为人口分析的基础,但分别从面积和密度两个方面做出独立观察,进而估算绝对人口数量,在计算过程中并不使用任何人口指标。在本章以及下一章,我们的讨论将继续停留在相对人口的估算上(也就是人口指标)。而在第四章中,我们将更进一步地讨论绝对人口估算的问题。

将地表遗物的密度变化与遗址面积结合起来,还有另外一种分析方法。这种方法使用了连续测量值,而不是根据遗物密度或者居住密度划分出类别。对每一块居住区域,我们可以先计算某个时期的地表陶片密度,然后用这个居住区域的面积(通常以公顷为单位)乘以区域内的地表陶片密度(通常以陶片数/平方米为单位),所得到的乘积就是面积-密度指数(area-density index),这是一个同时考虑到面积和密度的新变量。如果面积-密度指数比较高,通常意味着地表遗物的分布区域很大,或者地表遗物中陶片密度很高,又或者两者皆有。因此,更高的面积-密度指数指向的是陶片所属时段中人们对生活区的集中利用更强烈。例如,地表陶片分布范围2公顷,陶片密度5个/平方米,那么面积-密度指数就是10。如果地表陶片分布范围只有前者的一半(即1公顷),但地表陶片密度是10个/平方米,那么面积-密度指数同样是10。

我们可以把面积-密度指数看作量化地表垃圾的一种方式。如果地表陶片密度确实很好地反映了某个地点地层中特定时期的陶片密度,那么面积-密度指数指示的就是该地点该时期的陶片总数。这种方法并不能提供陶片的绝对数量,而只是相对数量。更高的面积-密度指数意味着某个地方有更多的陶片。其原因要么是陶片分布范围很大,要么是他们集中堆积在某个地方,要么两种可能性都存在。

绝大多数情况下,陶片之所以产生,主要是因为人们在日常居住和生活中打破了陶器,并且将陶片当作垃圾丢弃。陶片作为垃圾的主要部分,可以历经很多世纪以及各种不同的环境条件却依然保存完好。面积-密度指数是一个相对指标,可以指示某个时期不同地点产生垃圾的多少。平均来说，在某个特定的文化背景下，每一个人每年产生的垃圾（此处特指陶片）数量是相对稳定的，那么面积-密度指数所指示的就是陶器所属时段某个地点有多少人曾经堆积过多少垃圾。某个地点的人年均生产垃圾数量越高，意味着该地点生活过更多生产垃圾的人，也就意味着该地点有更多的居住人口。

我们用表2.1这样一个简单的、假想出来的区域考古数据集来演示面积-密度指数的工作原理。这个区域包含五个小遗址，其中第一期（Period 1）的陶片地表密度普遍比较低。这五个遗址在面积和地表陶片密度上都有差别，将面积和密度的乘积作为每个遗址的面积-密度指数，然后用面积-密度指数除以世纪数3（300年所对应的世纪数是3）。这样的话，无论这五个遗址的使用时间是长还是短，我们都可以直接对比它们的面积-密度指数。由于最大的遗址同时拥有最高的地表陶片密度，从最后计算出的面积-密度指数看，这五个聚落在居住人口上存在着很大的差别，这个差别的程度比单独靠面积或者密度指示的要强烈得多。

在上面这个例子中，随着时间的流逝，可以观察到很剧烈的人口规模变化。到了第二期（Period 2），聚落的数量几乎翻倍，之前已经存在的遗址面积也相应地扩大了。同样地，地表的陶片密度变得更高，有四个聚落的地表陶片密度明显高于其他聚落。将面积和密度合并、转换成面积-密度指数，然后除以这个时期的世纪数（同样也是3）。最终得到的人口指标将这些聚落划分为三组：三个聚落的数值小于5；四个聚落的数值明显高一些，在7和11之间；另有两个聚落因为拥有很大的面积和很高的地表陶片密度，产生了很高的人口指标，大约是30。将人口指标对应的数值相加，刚刚超过100，明显高于第一期，是第一期人口的15倍多。

第三期（Period 3）的区域人口数量大概与第二个时期保持相当，但是聚落中的人口分布变化剧烈。这一时期，有六个非常小的聚落，地表陶片密度比较低，另外还有三个大聚落，地表陶片密度高一些。区域人口绝大多数（大约93%）都聚集在这三个大聚落中，只有很少一部分人（7%）散落在那几个很小并且人口稀疏的社群中。

表 2.1 对一个假想区域的四个时期的聚落进行面积-密度指数计算

	第一期（300 年）			第二期（300 年）			第三期（300 年）			第四期（600 年）		
	面积（公顷）	密度（个/每平方米）	指数	指数/世纪数	面积（公顷）	密度（个/每平方米）	指数	指数/世纪数	面积（公顷）	密度（个/每平方米）	指数	指数/世纪数	面积（公顷）	密度（个/每平方米）	指数	指数/世纪数
遗址	1.0	2.8	2.8	0.93	1.7	4.3	7.31	2.44	0.8	3.9	3.12	1.04	0.9	3.3	2.97	0.50
	0.8	2.1	1.68	0.56	0.9	15.9	14.31	4.77	1.3	4.0	5.20	1.73	1.1	4.2	4.62	0.77
	0.9	3.8	3.42	1.14	1.5	3.7	5.55	1.85	1.2	2.8	3.36	1.12	0.7	4.5	3.15	0.53
	1.2	3.6	4.32	1.44	1.3	22.3	28.99	9.66	1.1	4.1	4.51	1.50	1.4	3.8	5.32	0.89
	1.7	4.2	7.14	2.38	6.3	4.3	27.09	9.03	0.7	2.7	1.89	0.63	0.9	8.9	8.01	1.34
					4.3	5.3	22.79	7.60	1.0	3.3	3.30	1.10	1.3	11.0	14.30	2.38
					4.7	19.7	92.59	30.86	4.3	14.3	61.49	20.50	1.0	9.5	9.50	1.58
					5.1	17.6	89.76	29.92	6.7	17.8	119.26	39.75	1.6	10.7	17.12	2.85
					6.8	4.7	31.96	10.65	4.9	21.4	104.86	34.95	0.7	7.4	5.18	0.86
													1.3	8.5	11.05	1.84
													6.8	26.1	177.48	29.58
													5.9	36.4	214.76	35.79
													4.7	33.4	156.98	26.16
总计			19.36	6.45			320.35	106.78			306.99	102.33			630.44	105.07

到了第四期(Period 4)，区域人口总数与第三期基本相同，而且人口分布也比较相似，但这一时期出现了三个大型、密集的社群以及几个较小并且稀疏的社群。小社群的人口数量有所增加，而三个大社群中的居住人口则有所减少(大约占区域人口总数的87%)。这个时期聚落面积和地表陶片密度都比第三期显著增加，但是用面积和密度的乘积除以世纪数之后(这个时期的时长是之前时长的2倍，世纪数变成了6)，最终的面积-密度指数值相应地降低了。

因此，面积-密度指数是一个连续量表(continuous-scale)的人口指标，如果更多的人在某个地点生活更长的时间，将会产生更大分布范围的垃圾(陶片)，或者在一定面积内产生更高密度的垃圾(陶片)，又或者两者情况都发生。

年代和共时性

我们前面已经暗示过，区域聚落人口学对年代学问题的处理跟其他考古学研究对年代学的处理完全一样，就是把年代学看作连续时段构成的一个序列。考古学家借助一些事物计算人口指标的时候，通常先将这些事物按照他们所属的时段排序，之后再计算。相比之下，碳十四测年结果则非常具体，在统计碳十四测年数据的时候，会得到一个随连续时间变化的累计概率曲线(summed probability curve)，并不需要进一步细分到时期。

如果我们要统计一个遗址或者一个区域的房屋数量，通常会单独统计每一个时期的房屋数量。如果某个时期的时间跨度远远长于房屋本身可使用的时间，那么我们就会担心这些房屋是否具有共时性。如果10个家庭(以及他们的后代)在一个地点生活了200年，每一个家庭所居住和生活的房子平均可以使用50年，超过50年就必须被换掉，那么这个地点应该积累下40个房子的遗存。对考古学家来说，这个地点很有可能看上去像是40个家庭所组成的村落。

正因为如此，共时性(contemporaneity)是我们统计房屋数量时需要认真考虑的一个问题。有时人们建造新房子会拆毁旧房子，而有时则不会。如果一个遗址上有大量房屋并非同时建造，那么房屋在建造时间上出现重叠的可能性就会增加。这提醒我们，在这种情况下，统计房屋数量会高估居住的瞬时人口（momentary population）。只有极少情况下我们通过遗址堆积的细节，才能得知。

更常见的一种情况是，我们难以非常确定地判断出共时性，并且不知道如何有效地统计整个区域中的房屋数量。我们只能期望提高年代学的精细程度，从而可以将房屋及其附属遗物划归到更短的时间中（更接近房子本身的使用寿命）。但是，只有少数几个区域能够建立这种精细程度的年代框架。就单个遗址而言，可以利用碳十四测年或者树轮年代学进行绝对测年，从而解决这个问题。对那些研究历史极其悠久、拥有高精度测年结果的区域（例如美国西南部的某些区域），研究人员或许可以积累到足够的测年信息，并将其应用于区域尺度。

我们统计一个区域的遗址时，总是自然而然地对年代进行分期，这通常意味着我们统计的是一个区域内部的不同时期的遗址。然而，我们必须意识到遗址本身可能会跨越好几个不同的时期（这种情况很常见）。这种情况下，将遗址简单粗暴地划分到某一个时期很可能是行不通的，我们必须按照人们在遗址上所实际居住过的时期去统计。同样不可避免的是，在那些跨越多个时期的遗址上，人们的主要居住行为出现在某一个时期内，而比较少见于其他时期。从历时性背景去考虑，我们将遗址数量当作人口指标的行为就会是一件糟糕的事情（甚至比上面描述的还要糟糕）。

在处理遗址面积和地表陶片密度时，我们同样会自然而然地进行分期。那些对年代变化非常敏感的遗物通常十分重要。大多数情况下，这意味着我们可以将一个陶片按照它的特征划分到某个时期。虽然我们有时候也可以这么处理石制品，但这种情况不太多见。陶片的年代学特征最为敏感，我们所谓的地表"遗物"分布实际上就是地表"陶片"分布。从地层发掘中出土的其他人工制品和自然物品，则很少能够用于区域聚落人口学，相比陶片和石器，这些材料很少能够完好地在地表保存下来。

如果是跨越多个时期的遗址，我们在计算其居住面积的时候，必须单独计算每个时期的居住面积，将地表分布的遗物划分到其所属的时期。以往常见的做法是直接计算遗址的最大面积，这显然是行不通的。假如我们要利用地表陶片密度，那么一定要将每一个地表陶片划分到其所属的时期。对很多考古学家来说，这样的工作要么不可能完成，要么太过浪费时间。但在墨西哥盆地项目中，考古学家们就意识到这个挑战，他们不仅想出了解决方案，还将其付诸实践，并且最终在报告中描述了整个过程。在后续40年的区域调查研究中，考古学家们进一步完善了这些方法。考虑到这些问题主要涉及田野中的数据采集，我们将在第五章中再讨论它们。

即使我们按照时间序列，仔细地鉴别出每个时期对应的居住面积和地表遗物密度，共时性问题仍然是一个复杂的问题。我们在使用人口指标的时候，经常不自觉地假设这些人口指标反映的是考古记录中某一个时间点上的瞬时人口。当然，聚落（最终会变成考古遗址）是有使用时间的，而且未必可以像陶片类型那样划分出时期。如果我们在一个遗址上发现某一时期的居住痕迹，那么不但有可能会发现这个时期中人们的居住痕迹，还可能发现更早之前就存在、但是在这个时期被废弃的居住痕迹，又或者是进入这一时期后才出现、但是这一时期结束后却仍然持续的居住行为，以及进入这一时期才出现、但遗址废弃之前就终止的居址行为。如果情况确实如此，那么无论是统计某一时期的遗址数量，还是计算居住面积的总和，都会高估实际的居住人口。

假如上述过程对一个时间序列中的所有时期有相同程度的影响，则遗址面积随时间（时期）的变化仍然可以指示出一个区域的人口情况，而且"遗址面积-时间"图的形状应该与人口统计得到的瞬时人口数据分布图的形状完全相同，两者在人口变化方面表现出相似的时间、趋势和幅度。然而，如果聚落形成和废弃的时间因时期的不同而不同，就会影响到"遗址面积-时间"图的形状。解决这个问题的方法之一，是避免做出以下的假设，即遗址正好形成或废弃于一个时期的开始或结束，并完全不会留下遗址形成之前或者遗址废弃之后的陶片。如果大多数遗址的定居行为发生在一个时期的末期,那么下一个时期的开始很可能会包含两个时期的陶片。在两个时期交接处的瞬时人口就可以用这些遗址的数量或者面积作为指标。当然,还有一个问题是有些遗址包含两个时期的陶片,但是遗址上的居住行为可能发生在两个时期的中间段,而不是它们交接的时间点。上面提到的方法也可以用于这种情况。

我们可以根据地表遗物的分布面积和分布密度,用另一种方式对上面所说的"共时性"问题做出一些补偿处理。如上所述,面积-密度指数在大多数情况下反映的是随时间流逝而产生的地表垃圾数量,而且该指数与人口有关也是基于一个假设,即在其他条件不变的前提下,更多的人口会产生更多的垃圾。如果一个遗址只在某个时期的一小段时间里出现居住行为,那么遗址上所累积的垃圾量就会小于同等人口在该遗址生活整个时期所产生的垃圾量。打个比方,如果一个遗址的面积-密度指数为40,代表的是一定数量的人在一定居住时间所产生的垃圾,那么它可能意味着更多的人在该地点只居住了几年,或者说更少的人在该地点居住了更长的时间,但所有这些时间都将落在陶片所确定的年代范围之内。

一个100人的社群,居住在1公顷范围内,持续生活了一个完整的时期,那么在他们死后,遗址地表的陶片密度将高于一个同样是100人的社群,同样居住在1公顷范围内但只生活了前者的一半时间所产生的陶片密度。在后一种情况下,如果这100人离开这个区域,迁移到另外一个1公顷范围的区域,在那里生活了同等时间,那么他们将在这个新地点产生相对比较低的地表陶片密度。在1公顷范围内生活了整个时期的100个人,与同样的100人,但是分别在两个地点生活了前者的一半时间所产生的面积-密度指数将几乎一样。

因此,面积-密度指数无法区分少量人口长期居住或者大量人口短期居住(假设居住行为都是在同一个考古时段之内),因为人年数产生的一定垃圾量(即居住遗存)可以由上述任何一种情况产生。按照这个逻辑,面积-密度指数是对某个地点居住行为总和的指示,我们可以把它想象成类似人年数这样的单位。这样的处理对我们分析同一个时间序列中不同延续时长的时期就很重要，因为不同时期的延续时间有时候差别很大。如果人口数量固定，居住更长时间后会产生更大的居住范围（遗物分布面积）或者更高密度的地表遗物，那么对于延续时间更长的时段来说，其面积-密度指数就会相应地升高，这单纯只是居住更长时间的结果，但显然是一个我们不愿意看到的结果。为了抵消这种负面影响，我们必须根据每一个时期的延续时长，计算相应的面积-密度指数（参见上面的分析）。

非居住行为

在一些考古区域中，研究者习惯将遗址划分为互斥的类别，最常见的例如居住遗址、墓地和祭祀遗址，当然还有其他一些具有特定功能的遗址分类。对于这样的分类，我们有理由怀疑其合理性。按照上面所说的这种方式划分遗址，必须是因为在遗址上发现了墓葬证据（或者公共性建筑），我们才能将其划分为墓地或者祭祀性遗址而非居住遗址。如果情况确实如此，那么在计算人口指标的时候，我们不会将这样的遗址（以及它的面积或者地表陶片密度）考虑在内。

然而问题在于，埋葬和仪式活动通常就发生在居住区域的附近甚至内部。根据我们的工作经验，这种情况在一些区域确实是存在的。研究者根据惯例，把遗址严格区分为居址或者墓地，但永远不会把一个遗址同时定义为居址和墓地。如果墓葬（或墓地）非常接近居住区域，那么将墓葬或公共性建筑所在遗址判定为非居住遗址，并且将它们从人口指标的计算中排除，就很可能低估了人口数量。在做这样的处理之前，研究者务必要有切实证据表明考古遗址确实不是用来居住的，我们这里所说的"切实证据"可以是地表遗物的组成内容。如果地表陶片完全不含日常家户活动所使用的陶器类型，则这个遗址很可能不是一个居住遗址。

另一方面，有时候一个墓地或者祭祀遗址的地表遗物中有相当一部分遗物是陶器碎片，而这些陶器与日常家户活动所用的陶器相同。我们当然可以辩解说，这些只不过是与祭祀或者丧葬有关的临时性居住产生的陶片。然而，但凡我们要根据面积和密度计算人口，就必须把这些陶片考虑在内。这些陶片代表着在临时居住的时间里，人们在该地点（而非其他地点）产生的居住垃圾。只要我们确定有些陶片属于随葬陶器或者祭祀陶器，那么在计算中就可以将这些陶片排除在外。认识到这一点非常重要，因为很可能有那么一个时期中此类遗物特别多，导致指示人口的数值增加，从而无法准确地与其他时期的人口指标进行比较。

"在其他条件不变的前提下"

我们在本章一开始就声明过，而且在讨论内容中多次使用了"在其他条件不变的前提下"这个限定条件。只不过到底哪些其他条件应该不变，完全因情况而异，同时也取决于不同区域考古记录的性质。然而，我们需要指出一些常见的情况，尤其是当条件确实发生变化的情况下，我们该怎么处理。前面的小节就涉及这样的一个讨论，例如遗址或遗物来自非居住环境，与非日常生活产生的垃圾有关。如果这个情况在一个区域内所有的时期中都普遍存在，那么我们得出的人口指数不会有太大问题。但如果某一个特定区域的特定时期拥有更多的非居住性遗址，或者产生了大量与日常居住活动无关的遗物，我们就必须记录下这些情况，并且仔细地将这些遗存排除在人口指标的分析之外。

我们同样提到过，基于不同时期陶片的面积-密度指数有一个假设，即平均每人每年产生的破碎陶器数量是稳定的，不会因时间的变化而变化。但如果我们对单个遗址进行更小尺度上的细致工作，就会发现事实未必如此。例如，我们可能会估算出从某个时刻开始陶器的使用增加了，并且每人每年生产的陶片数量变成了之前的两倍。如果我们清楚这些所谓的"其他条件"并非一直保持不变，而且大致知道它们的变化程度，那么就有可能找到解决这个问题的办法。例如，如果某时期的陶器使用量明显增加，我们在计算这个时期的人口指标时可以将人口指标除以 2，以此降低这种变化的影响。这样处理之后，这个时期的人口指标就与之前的人口指标有可比性了。在区域聚落人口研究中,学者们很少使用这种处理方式。不过,但凡我们能观察到陶器使用率的变化,或者可以估算出每人每年使用的陶片总量,我们都应该采用上面所说的处理方式。

我们必须秉持相同的原则对陶片进行分类,以确保不同时期的陶片具有相同程度的识别度。如果最终有大量的陶片属于"不能确定"类别,那就让人担心了。举例来说,如果一个区域调查中,只有30%的陶片能够归属到某个时期,那么我们用这些陶片计算面积-密度指数的时候,就假设每个时期大约有30%的陶片能够被识别。如果某一个时期能够被识别的陶片只有5%,那么这个时期的人口指数显然就会被低估。如果陶器分类是基于口沿、纹饰这样的特征,许多陶片可能无法被辨别出来。但如果某一个时期普遍使用带纹饰的陶器,对这个时期而言,它的陶片被识别出的比例就会更高。处理这个问题最好的方式是设计一个陶片分类标准,这个标准主要依赖于胎质、羼和物及器表特征,以至于即便是很小的残片,我们仍然可以直接观察到这些信息,况且这些小的残片一般是地表采集中主要的遗物。这样的处理方式,能够确保大多数的采集陶片都能够被划分到某一个时期。

我们将在第四章和第五章,继续讨论"其他可能发生变化的情况",同时结合绝对人口估算以及用于获取区域人口分析数据的田野调查方法。

结　　论

在进入下一章之前,我们回顾一下基于人口指标进行的分析,要么使用面积-密度指数,要么只使用遗址面积作为人口指标,因为这两者是区域聚落人口学分析中最常被使用的指标。在适当的条件下,遗址面积是一个很好的人口指标。如果不同遗址的地表遗物密度差异很大,并且我们可以在田野中可靠和有效地确定这些地表遗物的分布,那么面积-密度指数将是一个更好的人口指标。

当然还有其他的指标可以使用,而且在一些特殊情况下,有些指标是十分令人信服的。没有一种指标可以完美地适用于所有情况。因为考古学家所面对的是各种不同类型的社会、人口结构和聚落结构。或许更加重要的问题是，不同区域的考古记录在性质上有着巨大的差异。最好的考古人口指标就是能够在特定情况下得出最令人信服结果的指标。我们始终要搞清楚的是，在一个特定的研究中，我们所选择的人口指标究竟在多大程度上是令人信服的。有时候我们可以使用不同的人口指标，并做出不同的假设，如果最终都得出了相似的结论，那我们就会很安心。然而，我们要知道，区域尺度上的考古学人口指标永远都只能被看作近似值。

对单个遗址进行更小规模、更系统的研究，可以获取详细的信息，这些信息可以帮助我们评估区域尺度上的人口指标到底有多可靠，而且很可能还会帮助我们改进区域尺度上的人口指标。面积-密度指数假定每人每年产生破碎陶片的平均数量是相对恒定的。如果发掘或者系统性地表采集可以提供其他证据，帮助我们估算一些遗址上的人口数量，就可以检验上述关于陶片产生速率的假设，而且必要的时候，我们还可以检验陶器使用变化的方向和幅度，这些都会帮助我们校正面积-密度指数。

问题和答案

1. 如果将面积-密度指数作为延续时长不等的时期的人口指标，研究者习惯于用面积-密度指数除以时段的长度。这是因为将面积和密度结合，可能会增加更长居住时间所产生的效应。如果只使用面积作为人口指标，用它除以时长，这样做是合适的吗？如果是，为什么？如果不是，又是因为什么原因？当我们用面积作为人口指标的时候，应当如何考虑不同时期延续时间不同的影响？

尽管一定数量的人口所产生的垃圾数量（以及随之产生的考古遗物的密度）可能随着居住时间的增加而正比例增加，但这个结论未必适用于居住面积。根据一些民族考古学的观察，在散落式的聚落模式中，一个农庄产生的垃圾堆是随着时间推移而增加的，最开始这个增速很快，然后逐渐减缓。同样的情况应该也会发生在村落这个尺度中，随着旧房子破败并被新的房子取代，一些新建的房子可能会超出之前聚落的范围，因此扩大了聚落的面积，但大多数仍然会建在原有聚落范围之内，不会在整体上增加聚落的规模。

用遗址面积除以使用时间似乎不是个好主意，因为这会导致长时段被过度校正。对某个区域数据集来说，可以尝试对比长时段的数据，进而估算时间长短对遗址面积的影响程度。例如在南美洲哥伦比亚的普拉塔河谷（Valle de la Plata），那里的形成期（Formative period）延续了1000年，我们可以将形成期的聚落总面积与细分后三个时期的面积总和进行比较。不出意外的话，形成期的总面积应该大于三个时期的面积总和，前者会夸大实际居住的范围，而且不是以三倍放大居住面积，而是放大约36%的面积。对于延续时间超过300年的时期，我们可以把它们转化成300年的时段，然后乘以36%这个校正系数。

2. 调查中得到的每一个时期的陶片总和，会是一个有用的人口指标吗？如果是，为什么？如果不是，又是因为什么原因？

大多数情况下，调查中每一个时期的陶片总和不会是一个非常可靠的人口指标，因为它所依赖的假设是很可疑的，即调查采集中得到的每个时期的陶片比例能够精确地反映调查区以外每个时期的陶片比例。我们几乎可以肯定，调查采集得到的陶片并不是所在区域中全部陶片样本的无偏差抽样。一方面，早期的陶片比较少见，调查人员会对它们产生特别的兴趣，从而将每一个早期陶片都收集起来。而对于那些陶片特别多的时期，调查人员就没有这么强烈的兴趣。这就产生了一个很强的抽样偏差，尤其偏向早期陶片，并让人产生一个错觉，即早期人口比实际看到的人口更高。

如果采取适当的田野方法，上述抽样偏差是可以避免的（我们将在第五章讨论调查方法的问题）。但即便这样，陶片的总数仍然不是一个很可靠的人口指标。有更多的内在影响是不可能被消除的，因此一定会造成偏差。例如，我们在地表陶片很稀疏的遗址上采集到的陶片将占到全部陶片的很大一部分,而如果采集地表陶片密度很高、堆积很厚的遗址,则采集到的陶片只会是全部陶片的很小一部分。对一些更可能出现稀疏陶片的遗址的时期来说,在地表采集中它们的陶片数量相比其他时期就会被过高地呈现。

3. 考古学家对陶片进行分类时,有时候会使用一些不确定的分类。也就是说,除了第一期、第二期、第三期的陶片外,我们可能会得到第一期或第二期、第二期或第三期、第一期或第二期或第三期这样的类别。在这种分类基础上,我们如何计算面积-密度指数呢?甚至该如何计算某一个时期的居住面积?

如果陶器分类包含了不确定的类别,例如第一期或第二期(或者是"确定是第一期""很可能是第一期""也许是第一期"这样的分类),这样的结果就不适合进行区域人口分析。如果出现这种情况并且考古学家对这种不确定因素视而不见,那么他们有可能会忽略某些采集单位中超过90%的陶片。将人口计算放到剩下的10%甚至更少的陶片上,这显然是行不通的,这种不确定因素一定会对一些时期产生非常重要的影响。我们有时候为了让分析变得可信,可以将几个较短的时期合并成一个更长的时期,从而使大多数陶片能够被识别。一个更加有效的方法是,研究者在陶片分析过程中要始终清醒地意识到如果将大量无法识别的陶片引入数据分析,可能产生致命的偏差。陶片分类一定不能太过依赖类型或者装饰特征,因为这些只可能出现在很少的陶上。相反地,研究者应该主要依赖陶器的陶质、羼和物种类、表面特征等绝大多数陶片上可以观察到的信息。有时候,研究人员可能要冒险猜测一下某个陶片究竟属于哪个时期,因为即便只有5%或者10%的陶片无法识别,但把它们从分析中排除出去,对人口计算所产生的潜在影响也是很令人担忧的。

4. 在近东和南亚这样的干燥地区,居址经常以土堆(tell 或者 *tepe*)的形式出现。这些土堆经常有大量坍塌或者堆压的建筑砖块,随着时间越堆积越多,最终导致地表的遗物比较稀少。我们如何在这种情况下,使用面积-密度指数这个分析思想?

对于近东地区的土堆(tells)及其他类似遗址，研究者有时候会把土堆的体量当作人口指标，这是基于一个假设，即这样的土堆主要由坍塌的泥砖建筑形成。如果土堆完全是一个居住建筑，那么一个时期中堆积物的体量(如果时期的长短不同，可以用堆积物体量除以这个时期的时长)会大致与人口呈正比关系。有些土堆的堆积物延续了好几个时期，通过地表的遗物，研究者或许会识别出每一个时期堆积物所覆盖的面积(大致对应建筑面积)。然而，每一个时期的堆积物深度则需要通过某种发掘或探查才能够明确。

5. 我们讨论了定居聚落背景下的面积-密度指数，对于流动性很强的人群来说，这个面积-密度指数还有用吗？如果是，为什么？如果不是，又是因为什么原因？

无论是游牧人群还是定居人群，面积-密度指数的逻辑都是有效的，我们不妨思考一下如何将面积-密度指数应用于游牧人群，这样更有助于搞清楚它的分析逻辑。提出面积-密度指数的目的是量化某一地点积累的垃圾数量，面积-密度指数尤其指示了该地点人均每年生产的生活垃圾。按照这个逻辑，100人在1公顷土地上生活100年，与同样是100人生活在1公顷的土地上但每年只生活6个月最后共计生活了200年，又或者是25个人在1公顷的土地上每年居住3个月并且持续居住了1600年，所产生的面积-密度指数是相同的。上述三种情况，最终得到的都是数值为10000的人年数(也就是居住遗迹)。

面积-密度指数不会告诉我们上述哪一种情况是真实情况，但它提供了一种方式，可以指示居住面积总和的近似值。通常情况下，遗物反映的每个时期对应的时长，设定了居住时间跨度的最大值(这同时对应了最小数量的人口)。居住时间越短，所得到的数值(即人口数量)越准确。在一个既定的区域和时期中，人们究竟是长年定居还是季节性居住(游牧人口常见的定居模式)需要研究者对一些遗址进行发掘才能给出相关信息。如果同一个地区和时期中同时存在常年居住和季节性居住，那么对几个遗址进行发掘后，我们有可能根据遗物组合判断出某个特定遗址所属的类别(是常年居住还是季节性居住)。

6. 如果从时间序列的某一个节点开始,房屋的屋顶从茅草变成陶瓦,有可能在这个变化之后,绝大多数陶片变成屋顶陶瓦的碎片。那么在计算面积-密度指数的时候,我们应该将这些碎片计算到密度值中吗?如果是,为什么?如果不是,又是因为什么原因?

如果人们开始建造带有陶瓦的屋顶,一定会造成人年均生产陶器垃圾数量的变化。当我们把屋顶的陶瓦代入陶器密度的计算,所得到的面积-密度指数仍然会是一个非常好的人口指标,但这样的人口指标与陶瓦出现之前的人口指标是无法比较的。因此,我们首先要做的工作就是将这些陶瓦的碎片从陶片统计中剔除,只有这样才能保证面积-密度指数在不同时期内具有可比性。如果我们所研究的时间序列中,所有的房子都有陶瓦屋顶,那么将它们加入陶器统计并不会有什么问题。

7. 如果从时间序列的某一个节点开始,陶器使用率(也就是人年均生产的陶片数量)发生改变,我们想对面积-密度指数进行调整,以确保变化前后的计算结果具有可比较性,需要使用哪方面的信息,才能够确定陶器的使用率?我们又如何使用这样的信息,对面积-密度指数进行调整?

从考古学数据中计算陶器的使用率,在逻辑上来说是相对直截了当的。假设一个遗址的面积是 1 公顷,我们随机设置了 100 个地层试掘探方,每一个是 1 米×1 米,总共 100 平方米调查面积,相当于遗址整体面积(以及体积)的 1%。如果我们的发掘总共得到 5246 个陶片,那么就这个遗址的整体而言,可能有 524600 个陶片,我们可以给它加上一个误差范围,从而知道估算结果的准确度。根据试掘中的房屋地面面积,我们会估算出整个遗址的房屋总面积是 536 平方米,加上其他的发掘数据,我们可能会认为这个遗址上平均每个人的房屋面积是 8.5 平方米。这样的话,就相当于在 1 公顷范围内生活着 63(536/8.5=63)个居民。放射性测年结果有可能揭示出这个遗址被使用了 150 年,那么我们总共得到的人年均生产垃圾数量为 9450(63×150=9450),对应着 524600 个陶片,则每人每年平均生产 56(524600/9450=55.5)个陶片。如果对之前的时期做相似的计算,我们可能会得出每人每年生产 28 个陶片(即陶器使用率减少了一半),那么对之前的时期来说,我们要将面积-密度指数乘以 2 才能够与第二个时期比较。

我们可以从世界上的少数几个地区获取到类似上述已发表的非常丰富的考古数据,而且可以用这些数据做上述的计算。还有一些田野工作已经得到了这样的数据,但尚未公开分析结果。而那些只对陶器进行简单描述的发掘报告,并没有提供此类信息,对此我们就无法开展此类分析。

推 荐 读 物

1. Alan N. Williams. The use of summed radiocarbon probability distributions in archaeology: A review of methods. *Journal of Archaeological Science*, 2012, 39: 578-589. 该文探讨了将碳十四测年数据用作人口指标所需要的样本量问题、校正曲线的复合效应以及遗存随时间逐渐分解的影响。这些方法学的应用背景主要是过去 4 万~5 万年澳大利亚大陆上的人口数量变化。

2. James Steele. Radiocarbon dates as data: Quantitative strategies for estimating colonization front speeds and event densities. *Journal of Archaeological Science*, 2010, 37: 2017-2030. 该文探讨了如何利用累积的碳十四测年数据,绘制人口在空间上的移动景像(作者的研究以北美大陆上的早期定居者为例)。

3. Fekri A. Hassan. *Demographic Archaeology*. New York: Academic Press, 1981. 该著作非常宏观地探讨了人口学的诸多方面及其对考古学的启示。第六章尤其与本书中的第二章(本章)在方法学思考方面有重要关联。该著作回顾了不同地区所采用的量化指标,例如居住空间、房屋设施、遗物废弃速率以及食物(和垃圾中的自然物)消费速率。所有这些量化对象在单个考古遗址的尺度上都可以用作人口指标,甚至有一些还被用来估算更大区域中的人口。

4. David J. Wilson. *Prehispanic Settlement Patterns in the Lower Santa Valley, Peru: A Regional Perspective on the Origins and Development of Complex*

North Coast Society. Washington, DC: Smithsonian Institution Press, 1988. 该著作介绍了一个建筑保存非常完好的区域。作者戴维·威尔逊统计了一些遗址上的房屋数量，用计算出的密度推算那些地表建筑保存不那么好的区域中的房屋数量和密度（见第75~80页）。与墨西哥盆地的情况一样，作者在这本书中将绝对人口数值的计算建立在地面建筑所反映的人口指标上。桑塔河谷（Santa Valley）项目为本书后续章节提供了原始数据和材料。

5. Chifeng International Collaborative Research Project. *Settlement Patterns in the Chifeng Region*. Pittsburgh: Center for Comparative Archaeology, University of Pittsburgh, 2011. 该书详细介绍了面积-指数在中国东北赤峰地区的应用。该书也是前面阐述关于遗物密度和其他判断聚落居住密度方法的联系时，所举的一些经验性例子的来源。本书后续章节所举的一些案例就来自赤峰地区的研究。

6. Christian E. Peterson, Lu Xueming, Robert D. Drennan, Zhu Da. *Hongshan Regional Organization in the Upper Daling Valley*. Pittsburgh: Center for Comparative Archaeology, University of Pittsburgh, 2014. 关于大凌河上游流域的数据以及相关方法学的探索，出现在本书第二章以及后续章节的若干部分。

7. Robert D. Drennan (ed.). *Prehispanic Chiefdoms in the Valle de la Plata. Vol. 5: Regional Settlement Patterns*. University of Pittsburgh Memoirs in Latin American Archaeology, No. 16, 2016. 该报告所关注的区域中，植被干扰了研究者对地表遗物密度的评估，报告有力地论证了地表遗物密度普遍比较低，并指出面积可以作为一个很好的人口指标。本书在后续的章节中，将多次用到普拉塔河谷（Valle de la Plata）以及它所属的更大区域即哥伦比亚的阿尔托马格达莱纳（Alto Magdalena）的数据。

8. Robert E. Dewar. Incorporating variation in occupation span into settlement-pattern analysis. *American Antiquity*, 1991, 56: 604-620. 该文介绍的方法旨在解决以下问题，即尤其对长时段来讲，在所谓的居住面积分布图中，很多地点可能并非是同一时期的。罗伯特·德瓦尔（Robert E.

Dewar)提出了一种方法,用来计算不同时期转换点所对应的瞬时区域人口。

9. Timothy A. Kohler. Ceramic breakage rate simulation: Population size and the Southeastern chiefdom. *Newsletter of Computer Archaeology*, 1978, 14: 1-20. 该文估算了人均每年生产的陶片数量,并将估算结果用于人口学研究。

10. Scott G. Ortman, Mark D. Varien, and T. L. Gripp. Empirical Bayesian methods for archaeological survey data: An application from the Mesa Verde region. *American Antiquity*, 2007, 72: 241-272. 该文创新性地提出了一种贝叶斯统计分析方法(Bayesian statistical approach),用来将聚落数据划分到更短的时期中。作者在文中将该方法应用于一个数据集,其中的数据异常丰富和详细且来自不同的项目,并且是从不同的田野工作方法和年代学分类标准(精度较差)中获得的。

第三章 人口指标可以做些什么？

在区域聚落研究中，许多关键的人口分析并不需要绝对人口数字，而是完全可以根据前一章中我们讨论的人口指标来完成。为了更清楚地解释为什么这样做是可行的，我们在这一章中将选择性地回顾一些此类人口分析的案例。而在接下来的第四章，我们会介绍如何将人口指标转化为实际居住的人口数量。

区域人口的增长和衰减

区域人口水平的稳定程度、增长或衰减是最基本的人口学观察内容，我们无需计算绝对人口数值，就可以根据考古学中的人口指标得出这方面的认识。图3.1是中国东北赤峰地区某一区域的人口变迁图，所依据的正是第二章中讨论的三种人口指标。所有这三种人口指标都指向了完全一样的规律：在文化序列的早期，人口密度相对较低；接着是一个人口显著增长的时期；再之后是人口的显著衰落，然后再增加。在红山文化时期，无论是遗址数量还是遗址的总面积，都表现出显著的增长，但是面积-密度指数表现出来的增长则比较平缓。

如果我们进一步观察数据，会发现尽管红山文化时期（前4500—前3000年）的遗址数量显著增加，但是这个时期的延续时间非常长，而且许

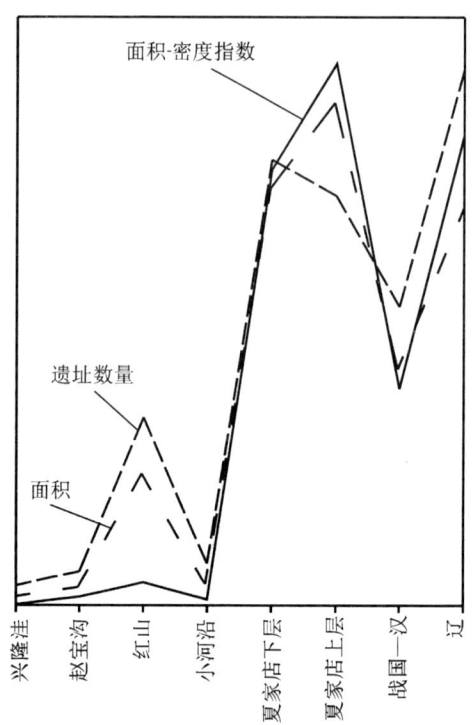

图 3.1　根据三种不同的人口指标,复原出赤峰地区的局部区域在持续约 7000 年的时间序列中的人口变迁。(数据来源于 Chifeng 2011a,2011b。)

多遗址的规模很小,地表遗物的密度也非常低。这些遗址所代表的人类居住行为很可能只存在于该文化时期的一部分时间,那样的话,基于遗址数量得到的人口就应该被高估了。相比之下,面积-密度指数似乎是一个更加可靠的指数。上述三个指标一致地指出,从小河沿文化时期(前 3000—前 2000 年)到夏家店下层文化时期(前 2000—前 1200 年)存在极高的人口增速。到了夏家店上层文化时期(前 1200—前 600 年),遗址数量减少,但遗址的面积增加了,同时地表遗物的密度也更大了,面积-密度指数可以很好地反映出这一情况。到了战国—汉时期(前 600—200 年),遗址的数量下降,遗址规模比之前更小,面积-密度指数又一次很好地反映了这个情况。

最后,到了辽时期(900—1300 年),遗址数量极其多,遗址的面积虽然比较小，但考虑到这一时期的延续时间更短，因此地表遗物的密度是相当高的。面积-密度指数的分析结果介于遗址数量和遗址面积所指示的趋势之间。可以说，人口指标反映了区域人口规模的整体变化规律，通过观察这些指标之间的差异可知，面积-密度指数始终是最好的人口指示。

地方性社群

在许多人类社会中，地方性社群（local communities）是有意义且非常重要的实体组织。它们作为社会性的实体组织，经常被我们贴上各种标签，例如小村庄（hamlet）、村落（village）、集镇（town）和城市（city），当然，城市实际上已经触碰到"地方性（local）"这个词的最大外延。众所周知，美国人类学家乔治·默多克（George Peter Murdock）将地方性社群（local community）定义为"一个社会性组织，并且其成员之间每天都要发生面对面的接触"。对于那些比较小的地方性社群（例如小村庄和村落），这个定义非常适合。而集镇和城市则在空间范围和人口规模上超出了日常面对面互动和交流的范畴，但是它们经常被细分为街坊（neighborhoods），这些街坊在很多重要的属性方面与那些小的、独立的地方性社群是一致的。

对我们来说，乔治·默多克提出的这个定义的用处在于，它强调了一个地方性社群的成员之间有非常频繁的互动，并且互动程度较他们与其他社群成员之间的更高。"互动随距离的增加而减少"这一定律，对考古学家研究现代运输和交通手段出现之前的人类社会尤其有用。此外，这一定律也有助于研究者从空间上划分出人群居住的集群，从而界定出地方性社群或者聚落，同时，这也等同于我们将考古遗物的空间集群划归到遗址，从而表示人类社群（我们在第二章简单提到过这一点）。隐藏在上述逻辑背后的距离-互动原则通常被看作不言而喻的假设前提，但它们也是人口学研究的假设。前提因为研究者长期以来都将遗址看作是考古观察和分析的最基本单位。一旦我们清楚地意识到这些假设，就可以为方法和解释找到更好的立足点，如果我们想从任何一个方面去研究地方性社群，就必须知道如何更好地从考古记录中鉴别出具备社会性意义的地方性社群。

遗址和社群

人们所生活的地方性社群（local communities）的规模和性质的变化，是社会变化（这也是区域聚落人口学能告诉我们的）的基本要素之一。在区域序列的尺度上，地方性社群的变化可能从一些小村庄（hamlet）开始。这些小村庄的数量缓慢增加，有些增长到村落（village）的规模，紧接着一个村落的人口快速增长，达到了更大的规模，成为我们可以称之为"集镇（town）"的社群。要做出上述这样的简单描述，必须依赖于我们对人类社群进行的有意义的界定，因为地方性社群是上述描述中的最基本单位。

如果把我们的考古数据混在一起，例如将几个非常不同的社群糅合在一起，又或者是把一个社群分割成几个更小的社群，就会看到不一样的景象。这种情况很容易发生，因为无论调查人员如何在田野中统计遗址，他们都会认为每个遗址（site）代表了一个有意义的地方性社群（local community）。在第二章我们讨论图3.2中剑桥郡（Cambridgeshire）北部一个小区域的现代聚落时，就注意到这个情况，一些空间上不连续的居住区域，似乎跟它们的邻近区域同属于一个地方性社群。这种直觉为我们处理第二章聚落的空间分布提供了一种特别有意义的方法，据此我们统计出12个遗址。如图3.2所示，16个在空间上彼此独立的居住区被称作12个地方性社群。如果我们按照田野工作中的处理方式，将相距在100米以内的居住区域合并为一个遗址，会得到相似的结果（也就是13个遗址），此外还剩下包括科宁顿（Conington）在内的两块居住区，这两块居住区的距离彼此超过了100米。

一些考古学家已经意识到100米这个数值过于随意，无法得到让人满意的结果，特别是应用它的时候没有考虑聚落随时间变化所发生的空间上

第三章 人口指标可以做些什么？

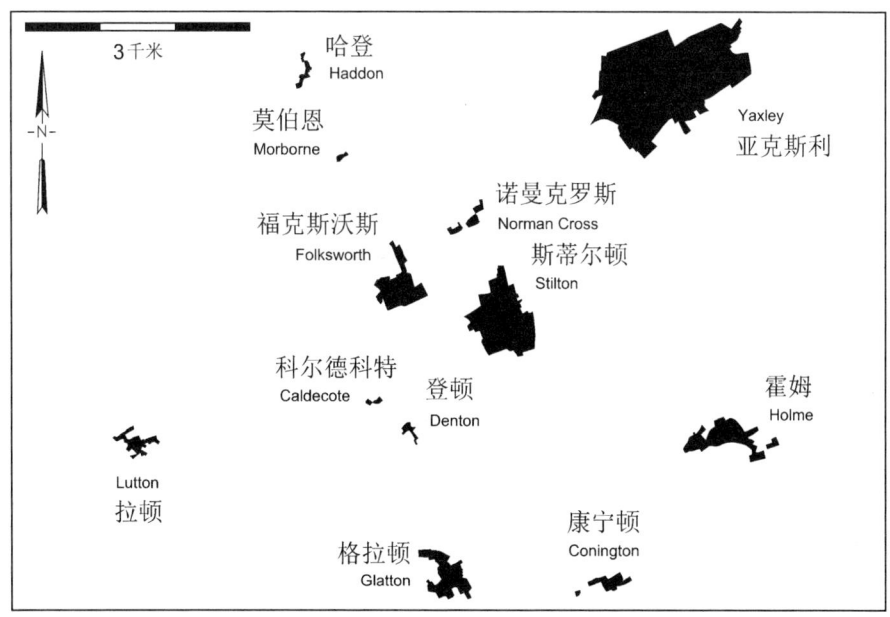

图3.2 剑桥郡（Cambridgeshire）北部一个小区域中的当代聚落（参见图2.2和图2.3）。

的偏移。考古学家们将遗址的界定工作从田野转移到实验室内，然后将其作为一个研究问题进行分析。图3.3是墨西哥瓦哈卡河谷中一个小区域的地表遗物分布，如果按照传统的方式命名，我们会得到1个非常大的遗址（12号地点，包括两个彼此间距小于100米的地表遗物分布区）和17个稍小一些的遗址（有些遗址上的地表遗物分布彼此间距小于100米）。图3.3还对比了瓦哈卡文化序列中两个前西班牙时期（pre-Hispanic phases）的人群分布。

在瓦哈卡项目中，考古学家根据时期定义遗址并给遗址编号，目的是提供有意义的分析单元，从而更好地对应人类社群的变迁模式。就罗萨里奥期（Rosario Phase）的居住情况而言，考古学家发现并界定了8个独立的遗址，并且在分析中将每一个遗址看作有意义的地方性社群单位。如果瓦哈卡河谷的调查按照传统的遗址编号方法，那么编号为12的遗址可能会在分析中变成6个独立的遗址来代表罗萨里奥期（Rosario Phase）的社群。在

· 063 ·

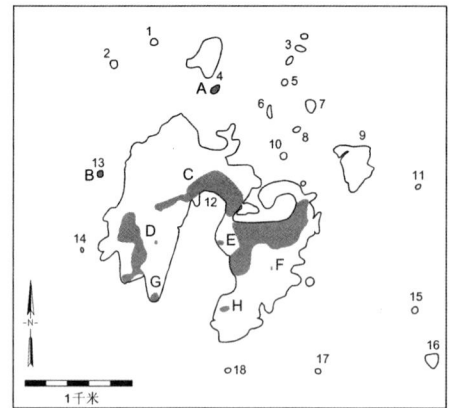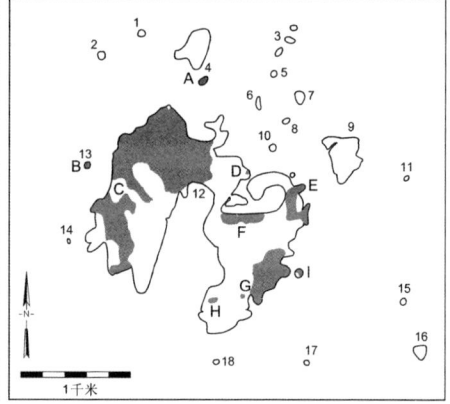

图 3.3 瓦哈卡河谷一个小区域中的聚落。图中用线条勾勒出连续出土考古遗存的地点,并且以常规的编号方式对遗址进行了编号。左图中的灰色部分表示罗萨里奥期(Rosario Phase, 前 700—前 500 年)的面积,其中的字母表示被认为是小村庄(hamlets)和村落(villages)的分析单位。右图是蒙特阿尔拜 Ia 期(Monte Alban Ia, 前 500—前 200 年)的面积,注释方式与左图相同。(数据来源于 Kowalewski et al. 1989。)

之后的蒙特阿尔拜 Ia 期,考古学家界定了 9 个独立的社群,其中的 7 个社群都分布在编号为 12 的大型聚落的边界之内。一些区域调查非常详细地记录了 12 号遗址在每个时期所拥有的地表遗物分布面积,从而可以用这些数据对该遗址进行量化分析。由此产生的数据集给人造成这样的一个印象,即图 3.3 中有三个罗萨里奥期(Rosario Phase)的社群,其中两个很小,另一个有 42 公顷大小。但这与瓦哈卡河谷的分析结果所指出的社群结构截然不同,后者认为存在 5 个非常小的社群和 3 个较大社群,面积 8 至 20 公顷不等。

同样的道理,对蒙特阿尔拜 Ia 期来说,如果不能将 12 号遗址中的散落式居住区进一步区分为不同的社群,那么就会给人留下一个错误的印象,即总共有 3 个小遗址以及 1 个 78 公顷大的超大遗址。这同样区别于瓦哈卡河谷的分析结果,即 5 个小型社群、3 个中等规模社群(4~10 公顷)以及 1 个超过 59 公顷的大型社群。如果考古学家在田野中将 12 号遗址随意地划分成两个或两个以上遗址，情况可能更糟糕，因为会将一些居住区域分割，但它们可能代表着两个或两个以上的地方性社群。

以上界定遗址的方法虽各有不同，但都是为了描述性分析或者将遗址作为分析单位，只不过这样的处理方式会导致我们对社群结构的性质产生截然不同的认识。按照惯例，人们把每一个发现考古遗存的地点称为"遗址"，给它编号，然后将其作为一个有意义的人类社群，但这种做法完全不能与全覆盖式区域调查的高空间分辨率的结果相比。因此，这启发了我们对田野数据采集方法的思考，关于这些内容，我们将在第五章进行讨论。

在瓦哈卡河谷的分析中，不同时期的描述和分析单位（称之为"遗址"）有所不同，在确定居住遗迹可能的组合方式方面，不同的人有不同的选择，但通常都遵循了"100 米准则"。界定有意义的地方性社群可以通过自动化处理来完成，即把它看作对空间集群的分析，从而更加规范。人口指标的空间分布可以用密度面（intensity surface）来反映。图 3.4 就是这样的一个密度面，它表现的是剑桥郡（Cambridgeshire）北部一个我们分析过的小区域。在这个密度面中，峰顶的位置越高，相应的人口密度就越高，这里的人口数据来自现代人口调查。产生上述密度面的插值法（interpolation method）是反距离加权法（inverse distance weighting），使用了距离的四次方值（using distance raised to the fourth power）。独立的居住区变得比较突出，表现为独立的峰，峰底部向外稍有延伸。

在等高线图上（contour map），可以非常清楚地观察到上述现象。我们选择间隔很小的等高线作为最低的分辨尺度，这样的话，即便是围绕在峰底部周围的平缓表面上的细微变化都可以表现出来。粗的等高线划出了集群的范围，将非连续的居住区以一种说得通的方式集合在一起。这些集群对应的地点名称同时也正是这些社群的名称，由此说明空间上的集群确实是有意义的。

划分等高线是一个主观分析的过程，需要同时考虑集群分布的具体情况以及对这些具体情况的解释。一旦我们选定了划分等高线的标准，就可

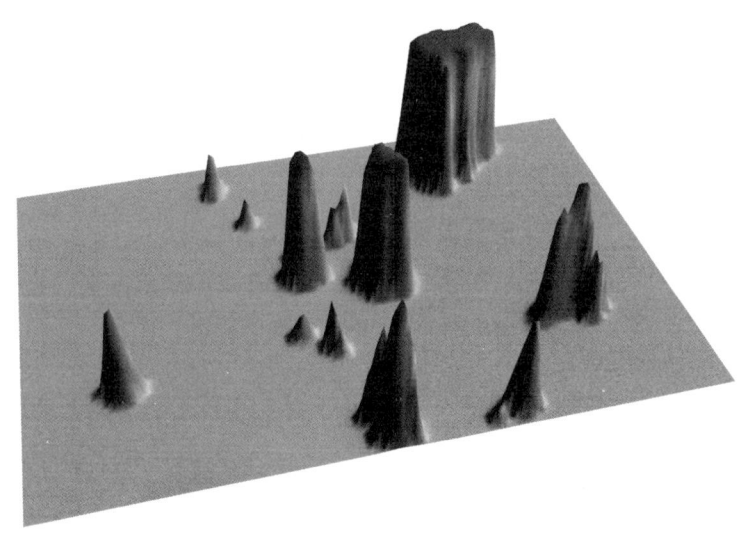

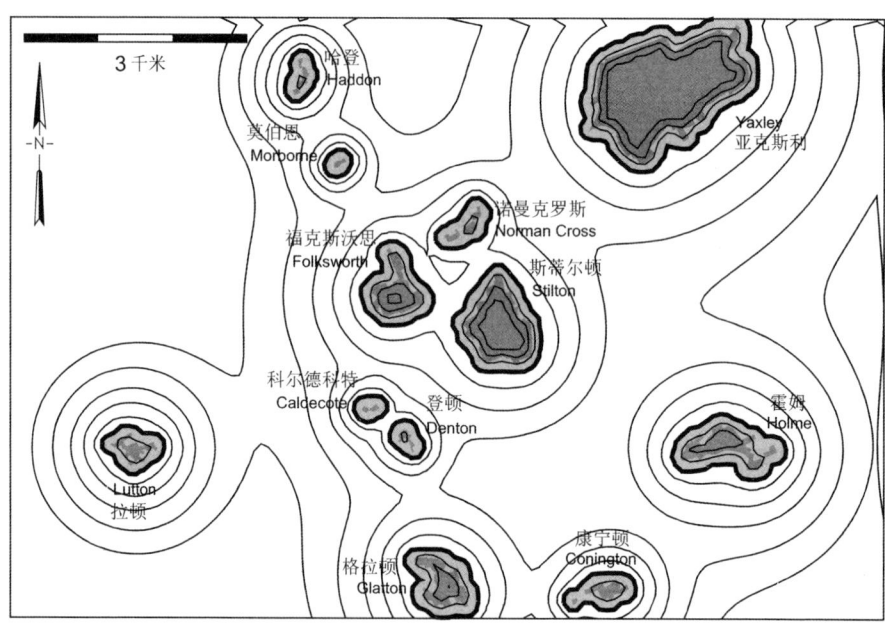

图 3.4　用密度面表示的剑桥郡(Cambridgeshire)北部一个小区域中的人口分布情况(上图)。生成上述密度面的地图(下图)给我们提供了一个选择等高线间距的机会(粗线),从而可以系统地将那些不连续的居住区域集合在一起(灰色部分)。该地图中的等高线间距不是一致的。

以保证对所有空间分布的划分标准是统一的。密度面上的等高线不仅对应空间距离，也对应了人口，每一个峰代表着相对多且密集的人口，并且更容易把临近的区域吸收到集群中。集群因此反映了人口距离和人口互动的规模（也就是说，在一定的空间分布上，人群互动的密集程度会随着距离的减少而增强，或者随着参与人数的增多而增强）。这种集群划分方式不但让分析变得简单、规范，也让我们关于人类社会性质的假设变得更加清晰（也正是这个假设，让考古学家们习惯将独立但是临近的遗存合并成一个遗址）。而一旦我们确定了不同时期遗物在空间上的分布情况，就必须对每一个时期进行这样的分析。

散落且不形成集群的遗迹分布

如果我们的目的是描述或者分析人类社群在规模和结构上的变化，那么最好不要想当然地认为社群和考古学遗址之间存在一一对应的关系，因为遗址只是考古学家在田野中出于方便而定义和编号的。只有意识到这层关系，我们才能更好地进行分析。对一些区域来说，这样处理可能在结果上差别不大，因为考古遗存以非常密集、紧凑的形式出现，彼此之间保持很远的距离，足以说明这样一个传统意义上的遗址代表着一个有意义的社群。但对其他区域而言，空间规律可能比较混乱，此时，如果我们把界定集群当作一个分析工作，无论是纯粹地主观判断，还是简单地依据距离准则，抑或采取其他更加规范的分析方法，可能都会取得更好的结果。对一些地区或者时期来说，从考古遗存中可能根本看不到任何集群，在这种情况下，将记录遗址作为研究区域聚落分布的基本方法，会让我们对古代社会组织产生极其错误的认识。

图 3.5 显示了当代散落式农庄的空间分布所产生的密度面。在这个密度面上，我们找不到一个理想的方式去分割等高线，因此无法界定居住集群，更找不到反映集中式互动格局的地方性社群。对于居址比较稀疏的区域，用浅灰色填充的等高线可以区分出居住区，但这样做的后果就是把所有的稀疏区域关联成一个大的地方性社群，空间跨度将近 6 千米。如果提

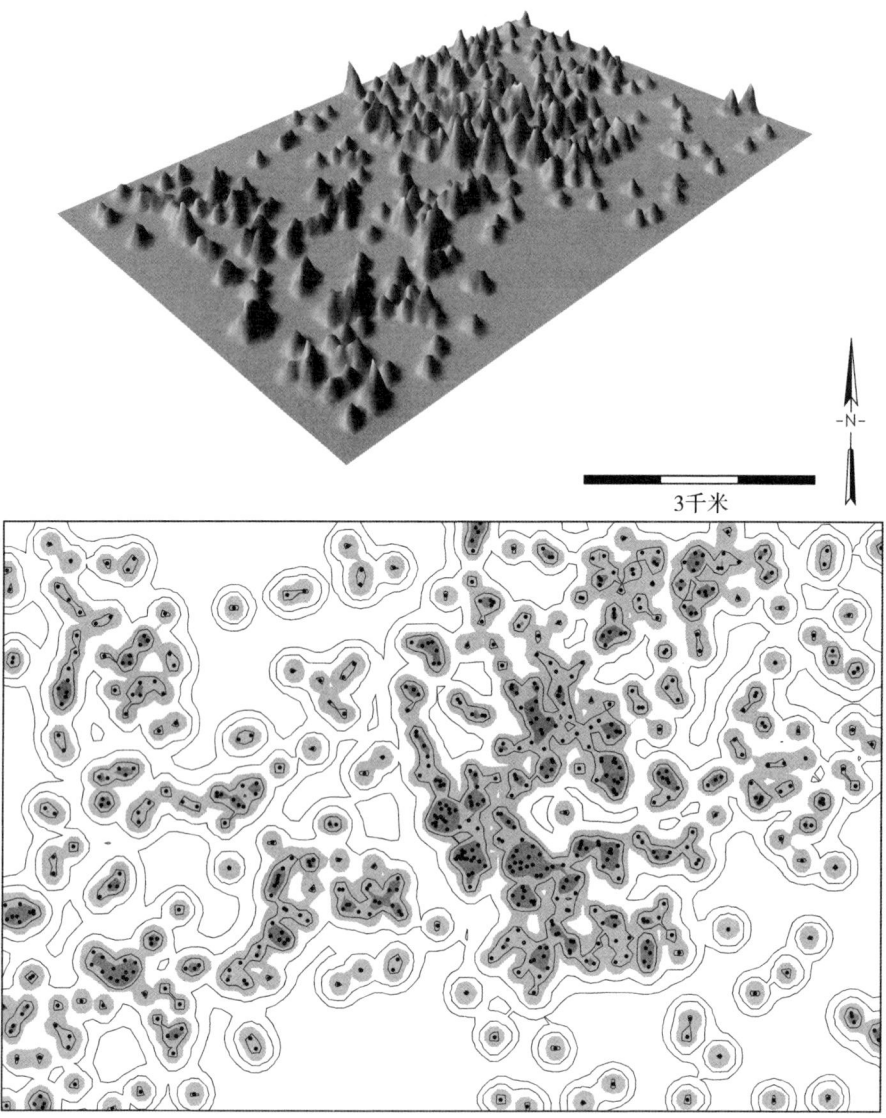

图 3.5 用密度面表示的哥伦比亚乌伊拉（Huila）的一个小区域中的当代人口分布（上图）。从生成这个密度面的地图（下图）可以看出，没有一个合适的等高线间距可以令人满意地勾画出地方性社群，而在现实世界中，这里的人口分布也确实没有形成真正的地方性社群（参考图 2.10 下图）。

高切割等高线的条件，将高等高度的等高线内的区域用深灰色填充，可以将这个大的区域分割成几个部分，但即便如此，每一个区域仍然很大，且与其他区域区分地不明显。更何况在这个高度的等高线上，很多很小的居住区没有被包括进来，也就无法确定它们的归属。中等高度的等高线（浅灰色和深灰色之间的部分）非但没有很好地调和上述缺点，反而产生了最糟糕的结果。这并非利用等高线界定集群的方法不奏效，而是它无法揭示出一个有意义的居住分布趋势，无法形成真正的地方性社群。这也并非距离-互动原则不起作用，因为直到今天，那些散落式家户之间的互动仍旧非常松散，没有在大的区域尺度上形成集群。这种在地方性社群尺度上明显缺少互动的模式与民族学观察的结论完全一致。

图 3.4 和图 3.5 中，当代聚落在地方性社群尺度上的分布模式及其差异，与考古学数据显示的分布模式完全一样。图 3.6（上图）可以看到赤峰地区夏家店下层文化时期出现非常清晰的集群，毫无疑问地表明它存在着清晰可辨的地方性社群，这也与我们在今天的剑桥郡（Cambridgeshire）地区观察到的情况一致（图 3.2）。图 3.6（下图）中哥伦比亚南部阿尔托马格达莱纳（Alto Magdalena）的区域古典时期（Regional Classic period）则完全看不到居住区的集群，这表明该时期存在着非常分散的农庄或者小农庄（图 3.5）。

从考古学数据集中界定出有意义的地方性社群有助于我们直接讨论它们的规模、地点、分布及历时性变化情况。这些变量是人类社会变化中的关键元素，具有重要的价值，并帮助我们思考古代人如何看待自己在社群以及世界中的位置。我们观察社群平均规模的扩大或者缩小，就如同观察大型地方性社群的出现过程一样。我们可以通过上述分析了解更大社群的出现究竟归因于内部人口的增加还是小社群的集合（如同我们观察大型社群的消失过程一样）。我们通过比较社群的地表建筑遗存、不同活动产生的遗物比例或者反映地位的信息，可以判断地方性社群的功能、地位分化的存在与否以及分化程度。我们可以通过一些简单的计算来研究居住的连续性，例如计算同时出现在前后两个连续时期的社群的比例，或者是计算

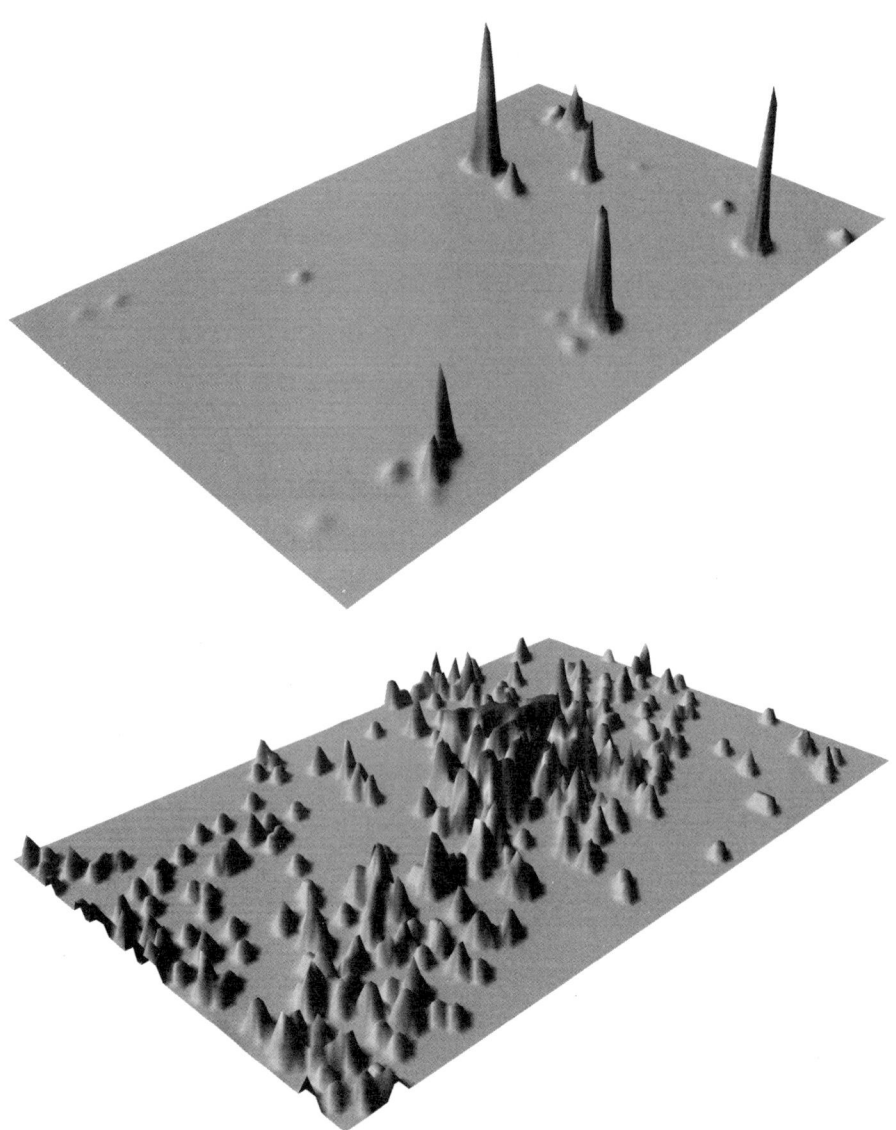

图 3.6 赤峰地区在夏家店下层时期(前 2000—前 1200 年)形成的居住集群,表明存在一个清晰的地方性社群模式(上图)。而阿尔托马格达莱纳(Alto Magdalena)区域古典时期(Regional Classic period,1—900 年)的散落式居住模式就没有形成地方性社群的结构(下图)。(数据来源于 Chifeng 2011a, 2011b; Drennan 2006, 2006b。)

每个社群与前一时期中距离它最近的社群的平均距离。

所有这些研究必须基于描述性单位和分析单位,并且这些单位必须是有社会意义的地方性社群。传统意义上定义的考古遗址有时候可以实现这个目的,但未必一直奏效。"考古遗址对应着现实世界的社会单元"这个想法牢牢地扎根在所有对遗址的描述和分析中。只讨论考古遗址而不讨论人类社群是无法做到的,因为只有遗址确实对应人类社群时,所有的描述和分析才有意义。对单位进行界定和划分,从而标识出地方性社群,这是我们由始至终都应该搞清楚的。如果传统方法定义的考古遗址确实对应着人类社群,那么我们应该说明原因以及为什么是这样。系统性地使用某个人口指标将使得这一切成为可能。估算绝对人口数量(见第四章)有助于我们理解某个特定的地方性社群能否被称为小村庄、村落或者集镇,但如果我们的目的是界定地方性社群,或者是描述地方性社群的历时性变化模式,则根本不需要绝对人口数值。

超地方性社群

更大的地方性社群的出现为我们了解人类在区域尺度上的各种互动提供了一个核心关注点,这也是复杂性社会、政治或经济组织的标志之一。区域尺度上的人群互动可能会聚焦在一个中心的地方性社群上,这与向内聚焦的互动(inwardly focused interaction)催生出地方性社群是一样的道理。无论地方尺度还是区域尺度,向内聚焦的互动意味着一个社群中的个人或家户和同社群的其他成员的互动更加频繁,超过了与其他社群成员的互动频率。

这种向内(inward)或者叫做中心聚焦式(central focus)的互动,将产生一种向心力(centripetal forces),让人们彼此吸引,以至于互动最为频繁的人们居住得最为接近。一些向心力可以产生紧凑的、核心型(nucleated)的地方性社群,它们由空间上非常接近且互动程度很高的家户组成。又或者在更大的空间尺度上,区域性的社群集中在某一个中心地点,这个地点与其他区域性社群之间只有很稀疏的居住痕迹，很明显地区别于其他社群。长久以来，考古学家认识到这种更大的社群表现为区域尺度上一些聚落的集群，有时候将其称为政体（polities）或者行政区（district），而将位于中间、居住遗迹比较稀疏的区域称为缓冲区（buffering zone）。

在一些例子中，我们很容易观察到上述更大空间上的集群，只要简单观察一下聚落分布图就可以注意到这些集群。利用数学方法可以更容易地界定这些集群，从而让分析更加可信，让结果更加一致。在界定空间集群的方法中，密度面（density surface）可以帮助我们鉴别地方性社群的分布模式，而且这种方法可以被延伸到更大的空间尺度上，为我们研究与超地方性社群（supra-local communities）有关的聚落集群模式提供了一种稳健的（robust）方式。这些密度面通过平均反距离倒数加权（inverse-distance-weighted averaging）计算得到，我们可以提高距离的幂值以突出地方性社群，或者在低幂值情况下生成一个光滑表面，从而揭示区域尺度上的聚落模式。

根据彼得伯勒（Peterborough）附近的当代人口数据，我们生成了一系列密度面，并注意到使用四次方（即幂值为4）生成密度面时，可以同时看到非常小以及非常大的地方性社群，社群之间被未居住的空白区域隔开（图3.7）。图3.7代表的是我们详细讨论过的图3.4的很小一部分。随着我们降低距离的幂值，平均反距离倒数加权计算得到一个更加光滑的表面，出现了一个非常大的地方性社群，即彼得伯勒，这个社群在人口分布中占据了显著的地位。如果我们持续降低距离的幂值，最终会产生一个非常光滑但看不出任何分布特征的表面。当幂值为0.5时，图中的特征最为清晰，整个区域中只有彼得伯勒这么一个超地方性社群（即便这个区域继续向外延伸，也不会影响它的地位），它不仅清楚，而且显示了很多细节。

在这个例子中，我们知道人口的分布反映了彼得伯勒的功能，或是作为一个超地方性社群的中心地点，或是作为区域尺度上的人口聚集中心地。彼得伯勒的这些功能是有历史渊源的，至迟在公元655年，这里就修

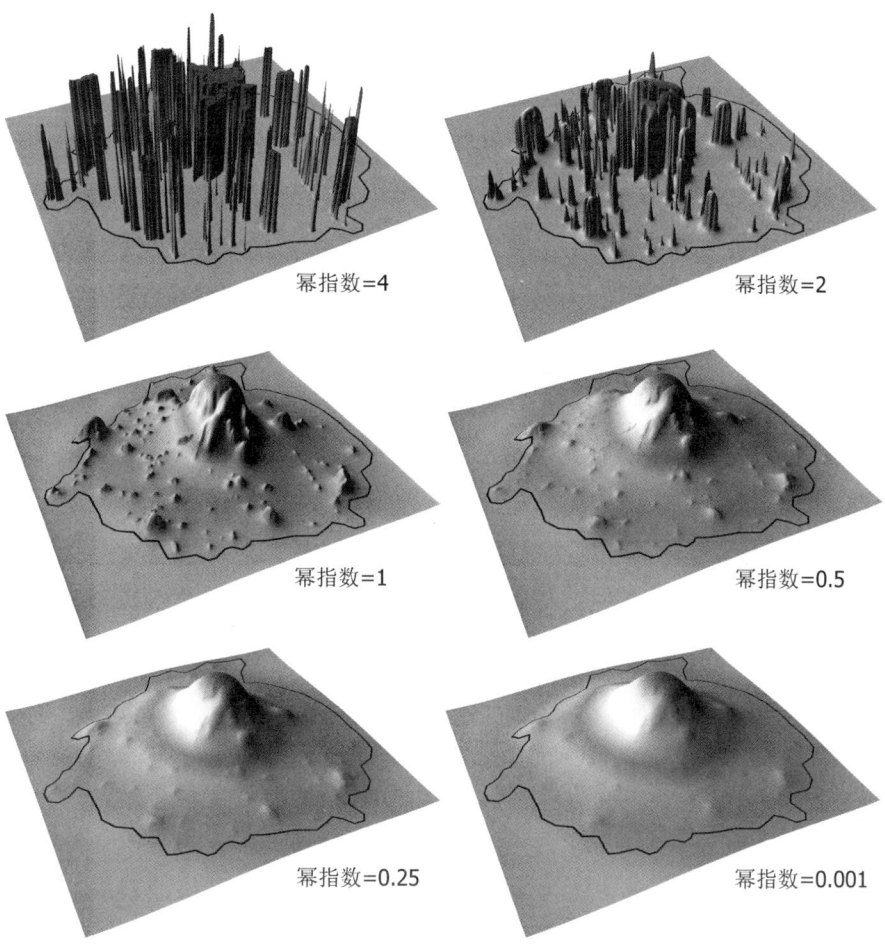

图 3.7 英国彼得伯勒(Peterborough)附近的当代人口分布形成的密度面,由图 2.5 中的密度图以及当代人口调查数据制作而成。图中的密度面使用了不同幂值的反距离加权插值。

建了一个修道院,沿用到 1118 年,又修建了另一座教堂。1189 年,修建了圣彼得集市(St. Peters Fair),1541 年建立了天主教彼得伯勒教区(the Diocese of Peterborough)。1850 年铁路修好后,这里建了一个很大的砖厂,而到了 20 世纪晚期,彼得伯勒的经济逐渐以商业和服务业为主。

如果我们以今天中国安徽省宿州市的一个小区域为例(图 3.8)研究现

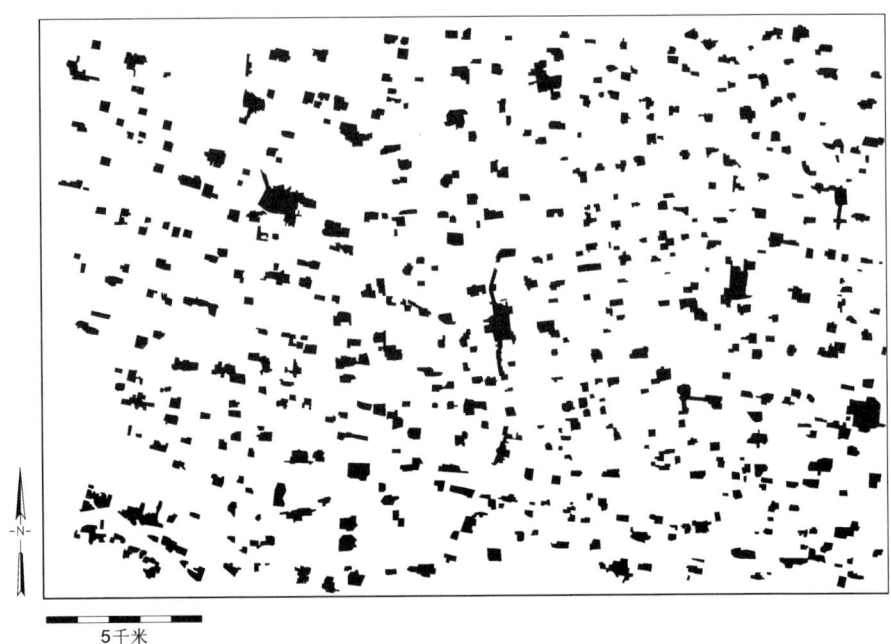

图3.8 安徽省宿州市一个小区域的现代聚落在未来成为考古遗址后所呈现的分布图。

代人口的分布,会看到一个全然不同的模式。使用四次方(即幂值为4)距离所得到的密度面见图3.9,可以看出这个地区有密集和紧凑的地方性社群,数量极其多,以至于社群之间的距离很小。然而,社群与社群之间又完全没有居住迹象,因此我们可以从四次方距离产生的密度面上,界定出单个的地方性社群。当使用0.5次方或者0.25次方时,产生的居址密度面上出现了最清晰的区域人口分布模式,此时我们看不到一个中心式的人口分布,说明至少在这个区域没有一个中心式的社群。相反,我们可以看到6个人口规模相当的社群,在空间上明显有别,而居住在社群之间区域的人口相对少得多,因此我们可以确定出这些社群的边界。我们观察到有三个人口单位的边界基本完整地出现在图3.10中,每一个单位的人口峰值对应一个地方性社群,通常是一个现代乡镇,并且人口单位的边界相对准确地对应于现代乡镇的边界。

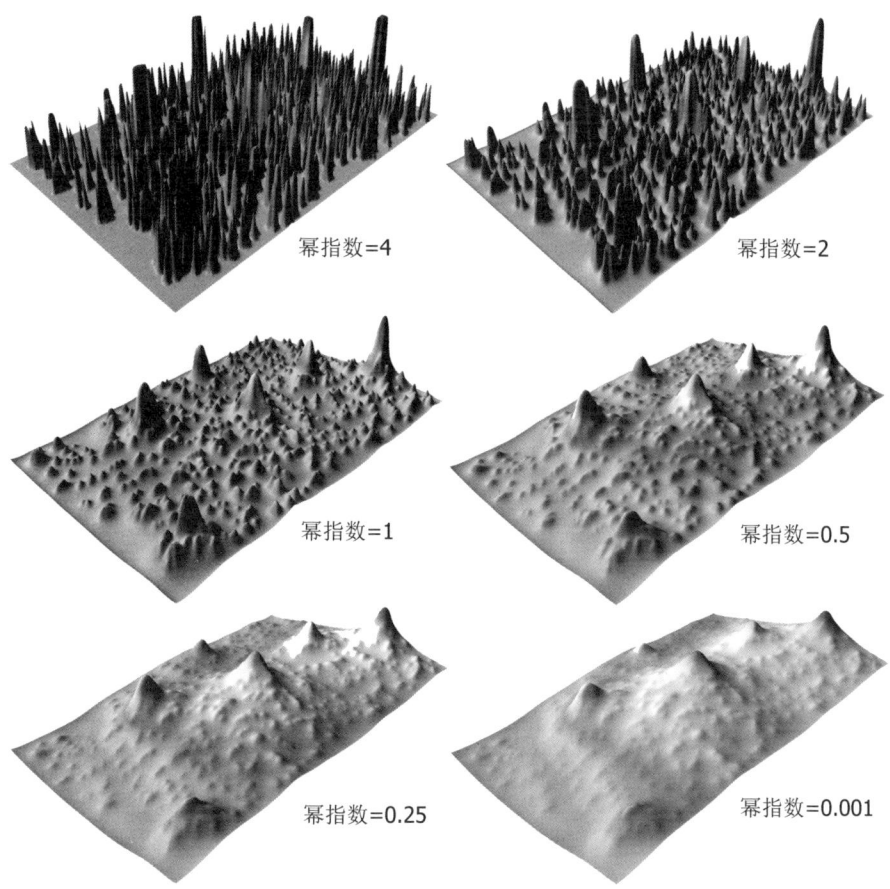

图 3.9 根据图 3.8 中宿州市一个小区域的现代人口分布制作的密度面图。

上述两个例子所反映的人口模式完全不同,而考古数据中也同样存在这样截然不同的分布。在蒙特阿尔拜 Ia 期(Monte Alban Ia),瓦哈卡河谷出现了与彼得伯勒(Peterborough)地区完全一样的人口模式,只有一个人口最为集中的社群(见图 3.11)。相比之下,在赤峰地区的夏家店上层文化时期,就出现了好几个人口聚集的单位,这与安徽省宿州的情况更加相似(图 3.12)。赤峰地区夏家店上层文化时期的空间集群所反映的人口峰值虽然在规模上区别于安徽省宿州,但两者的共同点是以最大社群为中心,在

考古学中的区域聚落人口

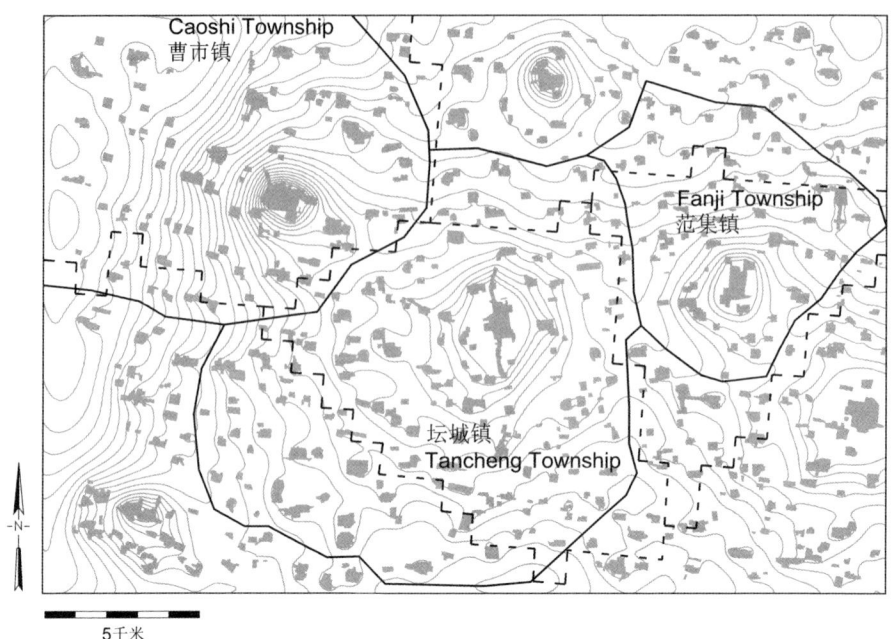

图 3.10　图 3.9 中采用幂值为 0.25 生成的密度面所对应的等高线图。实线表示三个区域尺度上的人口单位的大致边界,虚线表示现代集镇的边界。

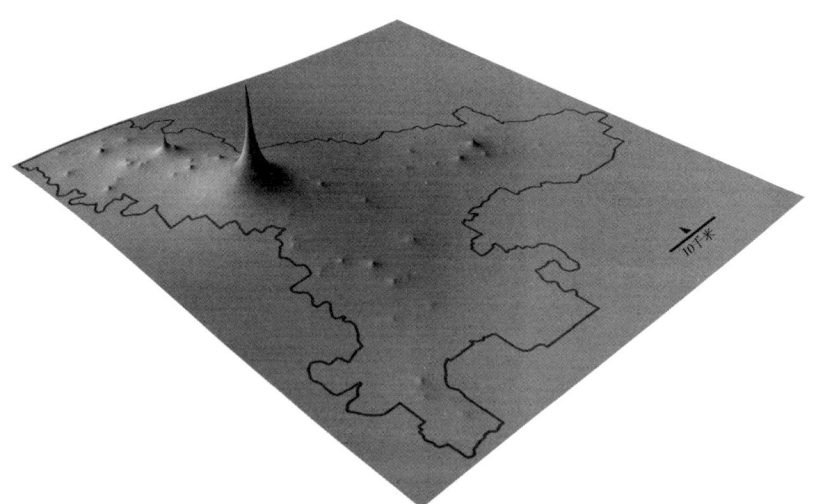

图 3.11　根据瓦哈卡河谷蒙特阿尔拜 Ia 期(Monte Alban Ia)的考古调查数据所制作的光滑密度面图。(数据来源于 Kowalewski et al. 1989。)

· 076 ·

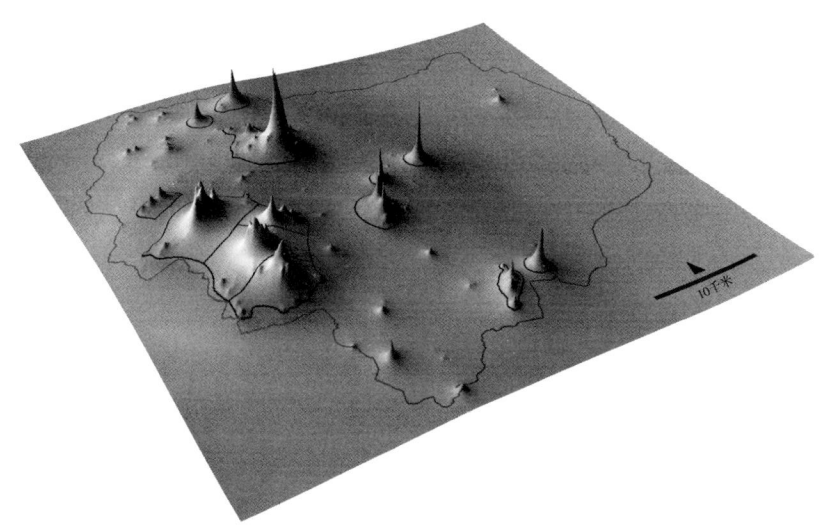

图3.12　根据赤峰地区夏家店上层时期(前1200—前600年)考古调查数据所制作的光滑密度面图。(数据来源于Chifeng 2011a,2011b。)

空间上完全区别于其他集群,并且不跟其他的人口分布重叠(在这一点上,与彼得伯勒和蒙特阿尔拜Ia期的人口分布是一样的)。我们认为这种人口模式反映出存在十几个独立的超地方性社群,一些散落的聚落围绕着这些超地方性社群,但它们没有形成集群。

考古学家习惯于将超地方性社群想象为一个中心式的地方性社群,并把互动的中心地点称作"集镇(town)"甚至"城市(city)",围绕着这个中心点分布的是规模更小一些的村落(villages)或者小村庄(hamlets),而在远离超地方性社群的方向上,这些村落或者小村庄的数量越来越少。然而,即便人群在较小尺度上的互动未产生出地方性社群,我们仍然在区域尺度上看到了超地方性社群的向心力。在上面的案例中,那些很小的村庄更加集中、更加接近区域互动的中心点,然后向边远地区逐渐散开。例如,哥伦比亚南部的区域古典时期(Regional Classic period)的阿尔托马格达莱纳(Alto Magdalena)就是这样,完全没有出现地方性社群的结构(图3.6)。在反映更大空间范围的光滑居址密度面上,我们看到的是相同的分布模式

(图3.13),出现了两个规模大小相似但彼此分开的人口峰值,表明存在两个超地方性社群(在调查范围的边界,可能还有一些其他超地方性社群的残留部分)。我们可以把那些清晰可见的地方性社群看作组成区域政体的社会性建构模块(social building blocks)。但是对超地方性社群的形成或识别而言,这些社会性建构模块都不是必需的。

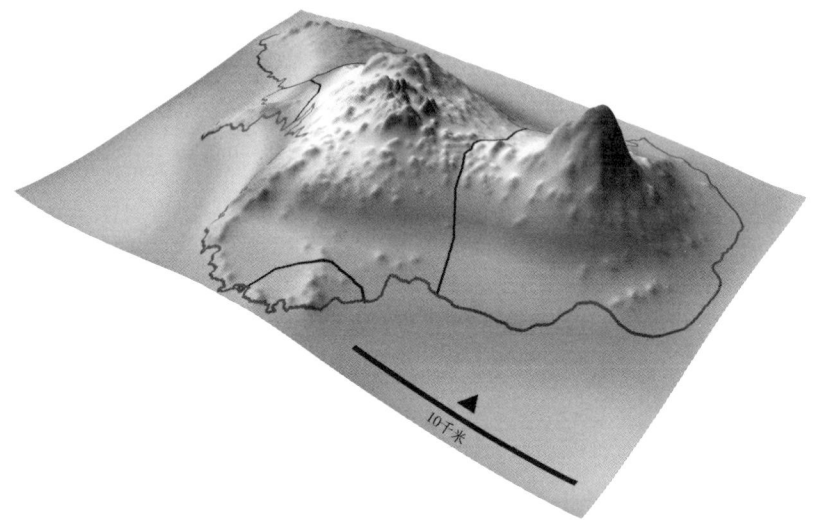

图3.13 根据哥伦比亚南部的区域古典时期(Regional Classic period)的阿尔托马格达莱纳(Alto Magdalena)考古调查数据所制作的光滑密度面图。(数据来源于Drennan 2006a,2006b。)

集中化和一体化

聚焦于区域中心的互动模式,对我们讨论复杂社会的形成有着至关重要的作用,而且有一些方法可以研究超地方性社群的集中化(centralization)和一体化(integration)的强度。

等级-规模曲线

等级-规模曲线(rank-size plots)源于经济地理学家注意到的一个现象,

即在一些区域中，第二大商业中心的人口规模大约是第一大商业中心人口规模的 1/2，第三大中心大约是第一大中心人口规模的 1/3，第四大中心大约是第一大中心人口规模的 1/4，以此类推。如果给这些等级(1、2、3、4等)取对数，然后结合地方性社群人口数量的对数作图，可以得到一个斜直线，从一个方形图中沿对角穿过。因此，这个对数正态分布(log-normal)是一种幂定律(power law)。虽然有学者在实际数据分析中曾观察到这种曲线，但从来没有人清楚地解释为什么会出现这样的曲线。

考古学家用这样的曲线描述一个存在聚落层级的区域中，最大规模的聚落如何在人口分布中占据统治地位。他们认为如果聚落规模服从幂定律，那么区域人口应当紧密地围绕着最大的聚落。如果这样的情形表现在等级-规模曲线中，我们可以观察到曲线大致是呈对数正态分布的斜直线。如果最大聚落实际上比幂定律所指示的最大聚落还要大，那么在最大聚落的影响下，区域呈现出更强的一体化程度(stronger regional integration)。这种情况可以被看作是拥有首位城市(primate city)的等级-规模曲线，在这样的曲线中，排名第二的聚落将位于对数正态分布斜直线的下方。如果区域一体化程度很弱甚至不存在，那么等级-规模曲线应当是"外凸型(convex)"，被观察的数值落在对数正态分布直线的上方，形成一个有弧度的线条。

如今的彼得伯勒(Peterborough)是一个大型城市，其规模让周边地区相形见绌，因此等级-规模曲线表现出一个很强的首位城市形状(图 3.14)。宿州地区包含着几个规模相当且彼此隔离的超地方性社群，这同样体现在等级-规模的外凸型曲线中(图 3.14)。我们从宿州选取一个超地方性社群(大致对应范集镇)，分析它的等级-规模曲线，发现与对数正态直线相当接近，而这种直线被认为反映的是一体化程度很高的区域系统，并且存在一个主导型(通常规模不会过大)的地方性社群。

要研究社群规模与对数-正态分布曲线之间的匹配程度，需要对图中两个曲线进行比较主观的比较。图 3.14 中的 A 系数(A coefficient)，就是用来量化等级-规模曲线偏离对数-正态分布线条的程度。计算 A 系数依据的

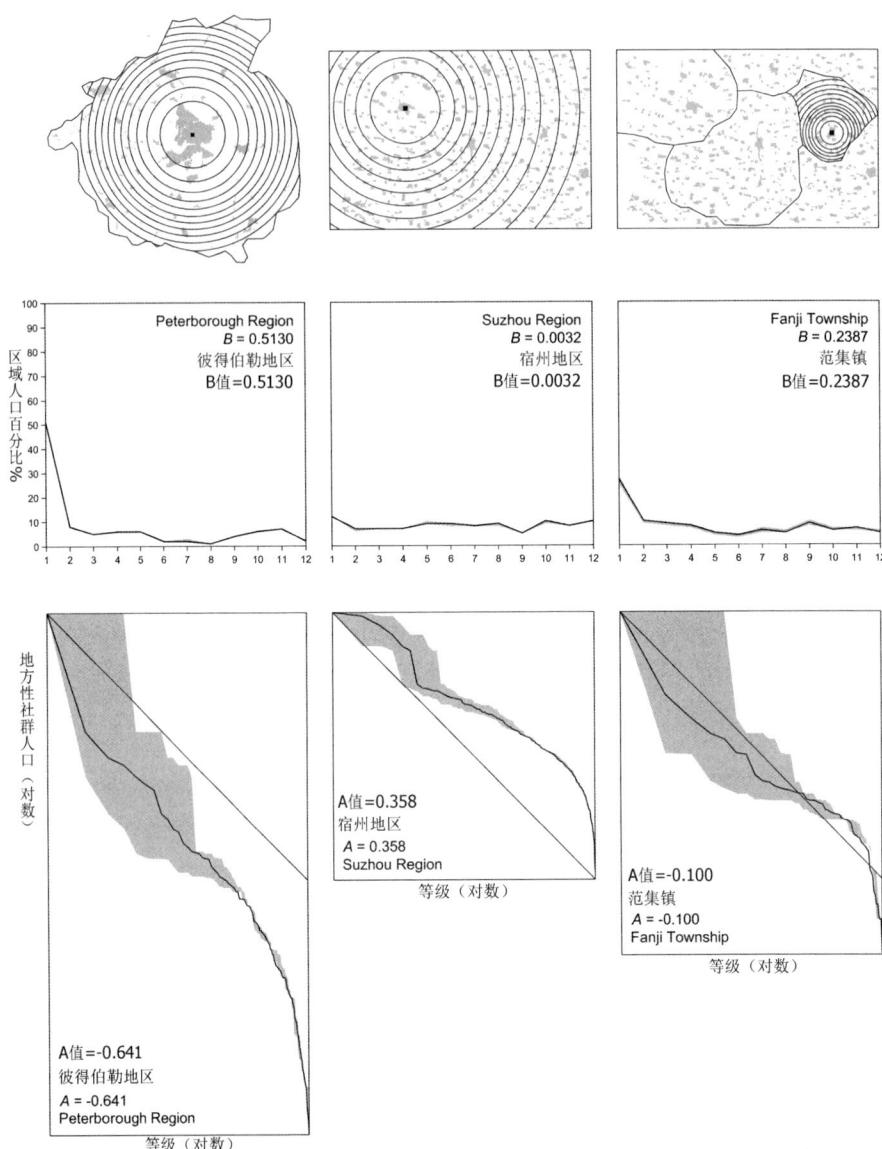

图 3.14 彼得伯勒(Peterborough)地区(左图,参见图 2.5 和图 3.7)、宿州地区(中间,参见图 3.8 和图 3.9)和基本对应于宿州地区范集镇(右,参见图 3.10)的超地方性社群的等级-规模曲线(下)和集中化程度图(上)。图中误差区间对应 90% 置信度。

是图中方形区域的面积，在方形图中穿越对角的直线是对数-正态线条的两端，将这个方形区域分为上半部分和下半部分。上半部分对应从对数-正态曲线到等级规模曲线的变化，其数值介于 0 和 1 之间，当该数值为 0 时，意味着观察到的等级-规模曲线永远在对数-正态曲线的下半部分；当该数值为 1 时，表示观察到的等级-规模曲线是一条水平线，意味着所有的地方性社区都有着完全相同的规模。下半部分对应从等级-规模曲线到对数-正态曲线的变化，其数值介于 0 和 -1 之间，当数值为 0 时，意味着等级-规模曲线永远不在对数-正态曲线以下；当数值为 -1 时，意味着等级-规模曲线远远低于对数-正态曲线。对于下半部分来说，如果有大量规模很小的聚落，会将等级-规模曲线拉低，计算出的数值可能低于 -1。A 值是上、下两半数值的总和，A 值的幅度表明观察曲线偏离对数-正态曲线的程度，而且要么是正方向，要么是负方向。

研究者们经常忽略了计算偏离对数-正态分布曲线的程度所具有的统计学意义。考虑到在一定置信度上，我们可以借助自主抽样法（bootstrapping）计算 A 值的误差区间。那么利用同样的分析，我们可以在等级-规模曲线上，添加一个有置信度含义的误差区间。图 3.14 中，等级-规模曲线的上、下有一个灰色误差区域，代表着在 90% 置信度上，我们可以认为彼得伯勒（Peterborough）样本呈现了一个首府城市式的分布，并且它偏离对数-正态分布曲线的程度是 A = -0.641（或者可以说，在 90% 置信度下，A 值介于 -1.064 和 -0.0029 之间）。用同样的方式，我们计算宿州样本发现了很强的外凸型趋势，A 值为 0.358（在 90% 置信度下，A 值介于 0.285 和 0.431 之间）。与范集镇大致对应的超地方性社群，只是很微弱地偏离了对数-正态曲线，误差区间表明这个偏离基本没有什么统计学意义，A 值为 -0.100（在 90% 置信度下，A 值介于 -0.442 和 0.341 之间）。

考古数据的等级-规模曲线，与现代人口调查数据的等级-规模曲线在工作原理上完全相同，可以根据考古人口学指标来计算，并不需要居住人口的绝对数量。等级-规模曲线尤其有助于我们追溯一个区域的集中化在历时性方面的变化（图 3.15），A 值还可以让这种比较和追溯更加清晰

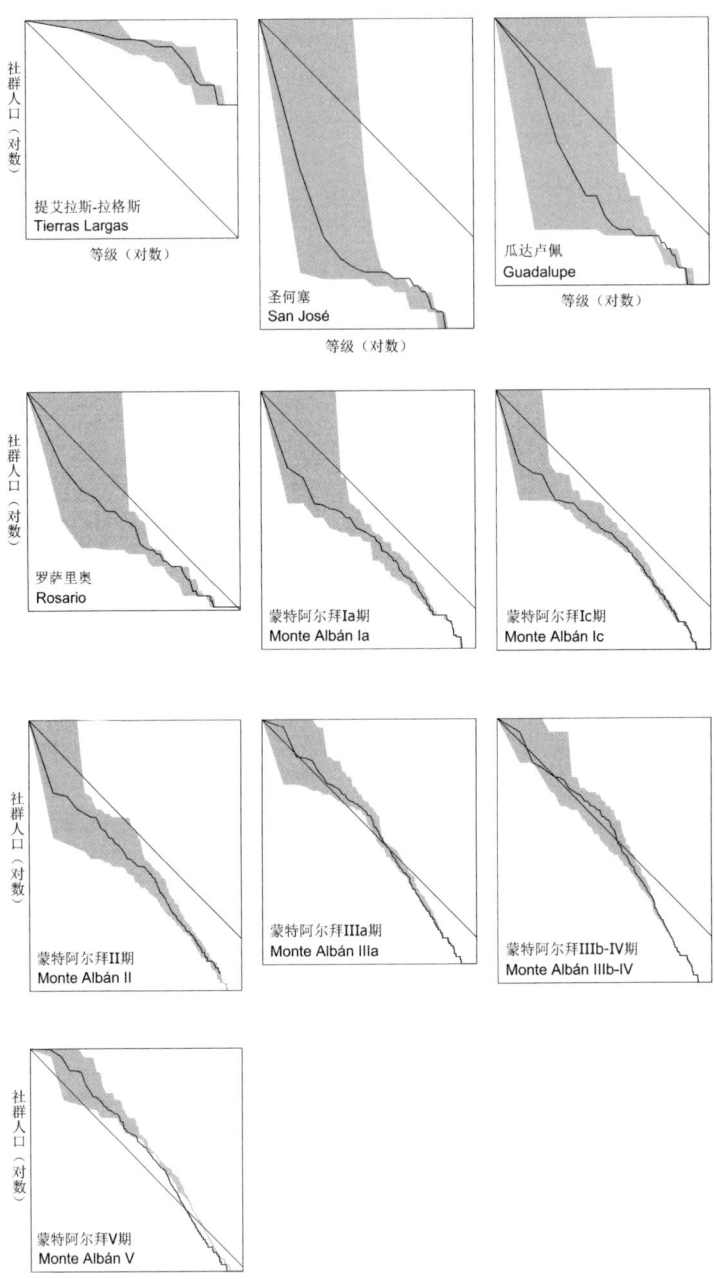

图 3.15　瓦哈卡河谷在前 1500—1500 年的 10 个时期中的等级-规模曲线。(数据来源于 Kowalewski et al. 1989。)

(图 3.16)。墨西哥瓦哈卡河谷中，最早的定居聚落系统出现在提艾拉斯-拉格斯时期（Tierras Largas phase），经过计算 A 值很高，所以出现了一个强外凸型的等级-规模曲线。到了圣何塞时期（San Jose phase），伴随着圣何塞·莫戈特（San Jose Mogote）这个中心聚落的发展，等级-规模曲线转变为一个强首府城市式的模式。毫不意外地，我们注意到这种强烈的变化有着极强的统计学意义。

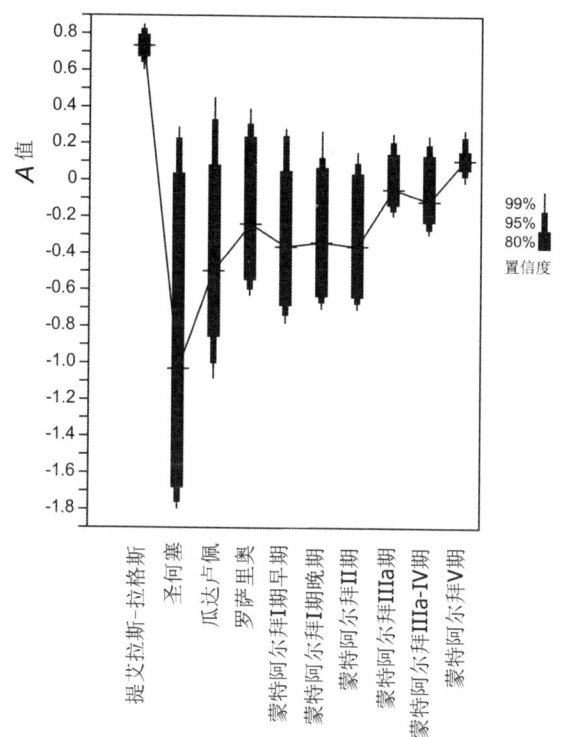

图 3.16 由 A 值变化揭示的瓦哈卡河谷在前 1500—1500 年间的等级-规模趋势图。

随着蒙特阿尔拜（Monte Alban）的建立和发展，在接下来的五个时期中，可以持续看到这种首府式的等级-规模曲线，但曲线的强烈程度不如圣何塞时期（San Jose phase）。我们非常有把握地作出判断，圣何塞时期形成的强首府式等级-规模曲线呈现出一定的"松弛"（a relaxation），这种形成力在后续的瓜达卢佩期(Guadalupe phase)到蒙特阿尔拜 Ia 期(Monte Alban Ia)没有多少变化(图3.16中,即使在低置信度的情况下,误差范围都比较大,这与所有时期 A 值的微弱差别形成了鲜明对比)。瓜达卢佩期(Guadalupe phase)是圣何塞时期和之后时期的一个过渡时期,再往后,首府式等级规模曲线就显著减弱了。

在蒙特阿尔拜第一期至第三期(Monte Alban I-IIIa),等级-规模曲线又发生了一个重要变化,之前我们看到的中等程度的首府式曲线出现在蒙特阿尔拜第三期(Monte Alban IIIa),而且与对数-正态分布曲线没有显著不同。从蒙特阿尔拜第五期(Monte Alban V)开始,我们很有把握地观察到一个更加外凸的曲线模式,反映出这一时期的区域一体化程度比提艾拉斯-拉格斯时期(Tierras Largas phase)以来的任何时候都要弱。根据我们对蒙特阿尔拜第五期(Monte Alban V)的观察,该时期与历史文献中记录的西班牙征服者的来临时间是对应的。

等级-规模曲线严格依赖分析单位中地方性社群的相对人口数量,而不依赖这些地方性社群的空间分布,后者有时候会产生误导性的结论。秘鲁桑塔河谷(Santa Valley)维鲁斯时期(Vinzos phase)的等级-规模图(图3.17)

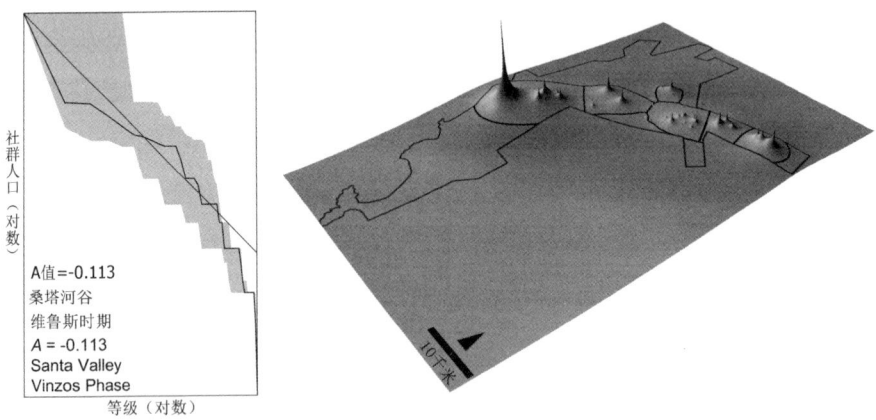

图3.17　桑塔河谷(Santa Valley)维鲁斯时期(Vinzos phase,前350—200年)的聚落模式。地方性社群的等级-规模曲线(左图)和光滑密度面都显示出地方性社群结构(右图)。(数据来源于 Wilson 1988。)

显示出一个对数-正态分布甚至于首府式的分布曲线，A值为-0.113(90%置信度下A值介于-0.478和0.331之间)，这通常表示该地区有很强的一体化，而且有唯一的一个中心。如果一个很大的、重要的地方性社群占据着区域人口的主要部分，那这个聚落不仅有很大的人口规模，同时也应该占据中心位置；也就是说，在空间位置和人口规模两方面，这个社群吸引着其他人口向它流动，因此实现了在区域尺度上的一体化。

同样的结论也适用于瓦哈卡河谷。对于每一个出现首府式或对数-正态分布曲线的时期来说，最大的社群(先是圣何塞·莫戈特，之后是蒙特阿尔拜)都大致位于中心位置，而且区域人口都很明显地被它们所吸引，在这两个遗址上，我们看到了建筑、遗物以及其他特殊活动的证据。相比之下，桑塔河谷的维鲁斯时期(Vinzos phase)，唯一并且最大的地方性社群(可以从图3.17的平滑密度面上识别出来)并不在区域的中心位置上，尽管一些周边人口被它所吸引，但是它对邻近聚落并没有很强的向心力。此外，没有建筑或者其他证据表明这个聚落存在过什么特殊功能，它跟其他村落基本一样，只不过更大一些而已。区域聚落集群分析表明，有大概六个大小不一的超地方性社群，说明不只是等级-规模曲线体现出了区域性一体化的缺乏。

等级-规模曲线非常有用，但是它并不能取代聚落空间分析或者其他证据。只有当我们分析其他证据的时候，等级-规模曲线才会特别有用。此外，如果聚落在地方性尺度上并没有形成有意义的社会性群体，那么我们就完全不能使用等级-规模曲线。

集中化

研究人口分布基本特征的另一个方法是既不把地方性社群当作基本的分析单位，也不将空间分布考虑在内，而将其置于超地方性社群形成的人口重心而划分出的等面积同心圆环中。我们可以计算每一个圆环中的人口在全部人口中所占的比例，然后通过图形化的方式，揭示出人口分布如何随着与中心距离的变化而变化。

以图 3.14 为例，彼得伯勒（Peterborough）地区大约有 50% 的人口落在正中心的圆环中，正好反映了彼得伯勒作为首要聚落的位置，与等级-规模曲线的结论完全一致。在安徽宿州地区，人口重心所在（图 3.14）是图 3.10 中光滑密度面所呈现的最高峰，同样地，最中心的圆环占据了区域人口中的最高比例，但是这个比例仅仅超过 10%，区域人口似乎在 12 个圆环中分布得比较均匀，与外凸型的等级-规模曲线相对应，表明整个区域中只有很微弱的集中化（centralization）。而根据人口分布特点界定出的超地方性社群（大致对应范集镇）中，最里面的圆环分布了约 25% 的区域人口，由内向外，每一个圆环中的人口比例依次减少（当然，并不是完美地遵循了依次减少这个规律）。这大致与等级-规模曲线的对数正态分布相呼应，表明整个集镇中有比较强的集中化现象。

如果我们由内向外计算圆环中人口比例的累计值，就会得到一个指数，从而更方便地比较这些规律。图 3.14 中的比例是每一个圆环中的人口比例，其总和为 100%。由内向外，圆环中人口比例的叠加值会不断增加，这取决于更内部的圆环中人口是否集中。表 3.1 举例说明，最大程度的集中化对应的最内圆环的人口比例叠加值为 100%（也就是内环人数的总和是 100%，全部人口都集中在最内部的圆环内），最小程度的集中化则是每一个圆环中对应着 8.3% 的人口比例（全部人口非常均匀地分布在 12 个圆环内）。那么对于最大程度的集中化，人口比例叠加值的总和是 1200%，而最小程度的圆环中人口比例叠加值是 650%。这样的话，我们就知道 650% 对应的是完全无集中化，而 1200% 对应了最大程度的集中化。由于最小标度是 650，我们可以减去 650，得到最小尺度为 0（对应无集中化），一直到最大尺度 550（1200−650＝550，对应最大程度的集中化）。我们如果将标度值除以 550，就更容易对比结果，例如最小的无集中化仍然为 0，但最大程度的集中化变成了 1。这样我们就获得了一个系数 B，系数 B 的数值为 0 到 1 之间。我们以三个现代样本为例，计算它们的系数 B 并解释这个系数如何与等级-规模曲线中的集中化程度以及系数 A 有关。

表3.1 人口比例叠加值和B值对应的最小集中化和最大集中化的计算示例

采集圈	最大程度的集中化		无集中化	
	单独占比	累积占比	单独占比	累积占比
1	100%	100%	8.3%	8%
2	0%	100%	8.3%	17%
3	0%	100%	8.3%	25%
4	0%	100%	8.3%	33%
5	0%	100%	8.3%	42%
6	0%	100%	8.3%	50%
7	0%	100%	8.3%	58%
8	0%	100%	8.3%	67%
9	0%	100%	8.3%	75%
10	0%	100%	8.3%	83%
11	0%	100%	8.3%	92%
12	0%	100%	8.3%	100%
合计	100%	1200%	100%	650%
B值	(1200−650)/550=1.0000		(650−650)/550=0.0000	

通过人口在12个同心圆环中的分布探讨集中化问题，为我们提供了一个数字形式的指数，并且尤其适用于无法鉴别出有意义的地方性社群的等级-规模曲线。具体来说，图3.13中最东边的超地方性社群来自阿尔托马格达莱纳（Alto Magdalena）散落式农庄，其集中化如图3.18所示，大约超地方性社群人口的50%落在最里面的圆环中，而人口比例由内向外依次递减。B系数为0.675，表示人口集中化的程度较强，而且强于现代的彼得伯勒（Peterborough）地区。

等级-规模曲线中的A系数和集中化程度图的B系数是同一种事物的两种表示方式，都用来判断某一既定区域中人口的集中化程度。在解决这个问题的时候，等级-规模曲线采用的方法是判断一个区域系统中地方性社

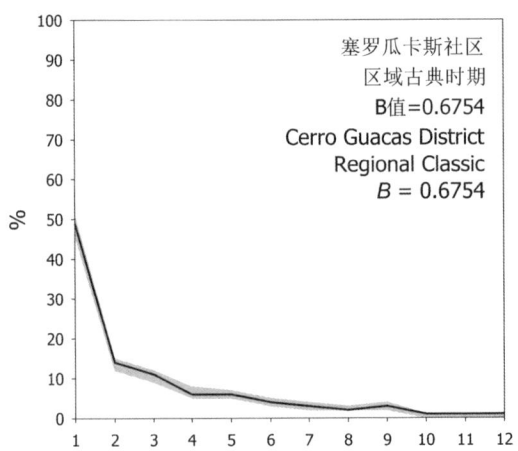

图 3.18　阿尔托马格达莱纳（Alto Magdalena）的
区域古典时期（Regional Classic period）最东部的
一个超地方性社群（见图 3.13）的集中化分析。

群的相对人口数量，分析的前提是存在一个由地方性社群组成的区域系统。等级-规模图的绘制完全可以基于考古人口指标，而不需要绝对人口数值，但是等级-规模曲线不会告诉我们这些地方性社群是如何在一个地区内分布的。相比之下，即便我们无法判断出有意义的地方性社群，仍然可以使用集中化程度图以及系数 B，它完全基于人口在某个区域内的空间分布，我们只需要知道考古人口衡量出的相对数值就可以计算出集中化程度和 B 系数。

不过，我们还需要讨论系数 B 的差别在统计学上的意义。利用统计学方法，我们可以给每一个圆环所代表的人口比例附加一个误差范围，由此表示估算出的人口比例及其误差范围。要做到这一点，我们需要知道样本量 n 的大小。有学者提出，每一个圆环中的家户数量（估测值）可以作为这个圆环中的样本量，这基于以下看法：在哪里居住是一个家户自己所作出的决定，因此家户数量就是样本所组成的独立观察（indepedent observations）的数量。本章中在集中化程度图中的误差范围就是根据这个方法计算出来的，不过这要求我们不仅知道相对的考古人口指标，而且还要估算这些人数所代表的实际家户数量(第四章)。

聚落等级

在衡量一个地区内地方性社群的人口变化时,还可以采用一种方法即聚落等级(settlement tiers),也就是假设所有的聚落都有一定的等级(tier),并组成了一系列的等级聚落,这些等级一般等同于一个行政区中的不同级别,并且可以用来区分国家(三级聚落等级)和酋邦(两级聚落等级)。如果一个高度集中化的区域中有一个大型的中心地点,那么我们可以认为这个地点是聚落等级中的最高级;而仅次于它的第二等级,可以表现为一组稍小但是规模相当的聚落;至于第三级,则可能是数量更多、同时规模更小的聚落;到了第四级,则对应数量非常庞大的小型聚落。这种区分聚落等级的方法,通常被称作遗址-规模直方图(site-size histograms)。

有学者认为,制作这样的直方图只需要考古遗址的面积,从而避免了将考古遗存与人口联系起来时的诸多复杂问题。但是在解读直方图的时候,尤其将面积看作遗址等级的反映,可能完全没有道理,直方图除了告诉我们人口在不同规模的地方性社群中的分布外,并没有其他用处。因此,遗址-规模直方图本身确实是对人口的分析,而且它将遗址面积作为人口指标。由于分析单位是遗址,就同样假定了考古遗址和地方性社群之间存在一一对应的关系。这些未必都是错误的,但它们是隐含在遗址-规模直方图中的假设,而且被用来判断行政管理等级。如果我们有非常准确的人口指标,就可以用它们来制作直方图,而且分析单位可以是地方性社群(而非考古遗址),并可以通过分析来明确界定这些地方性社群。我们前面已经讨论过这两个话题。

在使用直方图界定不同聚落等级时,有一个最为严重的障碍,就是如何识别聚落的等级模式。对于图3.19中的直方图,有人认为它代表了三种聚落模式(modes),对应了三级管理等级(即国家层次的政治组织)。然而,在这种解读方式中,组成第一级和第二级的四个聚落非常分散,并没有包含在第二和第三种聚落模式(或者说直方图中的峰)中。它们只是偏离了遗址集中位置的一些异常值。如果我们坚持认为这些模式是对的，那么将最大的两个遗址看作第一等级、将剩余其他遗址看作第二等级，似乎更有说服力，这同时也意味着这些聚落所反映的社会其实是一个酋邦社会。而最令人信服的区分方式，其实是把面积6~9公顷的遗址与所有小于5公顷的遗址分开，然后面积为11和25公顷的遗址可当作一级，最后将面积为48公顷的遗址作为最高一级。这样处理的结果就是，这个社会变成了一个高度发达的国家，有了四级聚落等级。我们在这里想表达的观点是，遗址-规模直方图描述的是一个聚落人口的频率分布，和很多此类分布一样，它本身并不具有清晰可辨的模式。直方图中所谓的模式（modes）和聚落层级的级数都是研究者自己设想出来的。

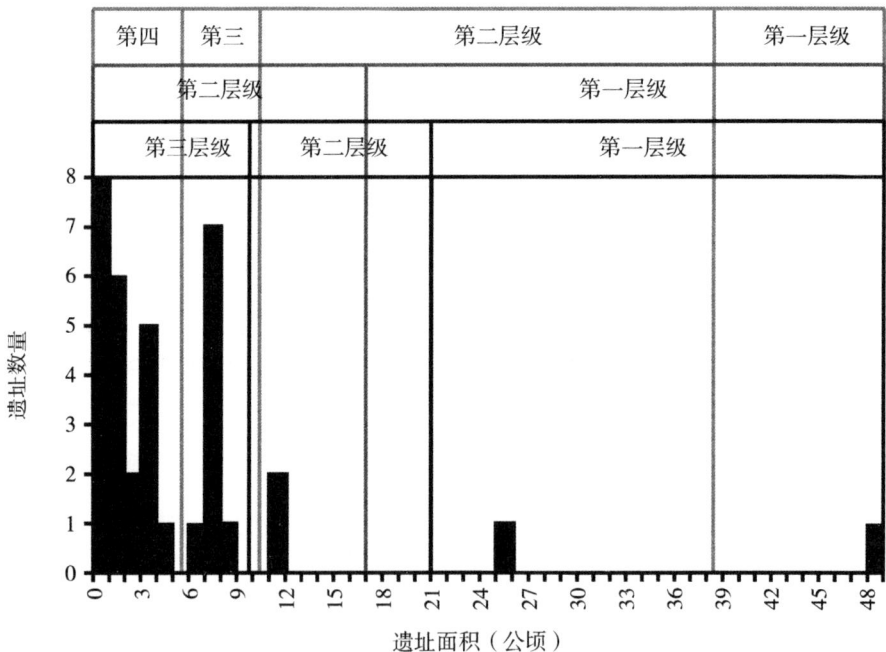

图3.19 中国河南省龙山时期（前2800—前2000年）孟庄遗址群的等级-规模直方图。研究者认为该图反映了三级聚落管理体系，但如图所示，它也可能反映了两级或者四级聚落管理体系。（数据来源于Liu 1996。）

认为地方性社群在一个聚落的不同层级上都扮演着角色并且会因此产生不同大小规模的聚落,这个想法是比较抽象的,现代社会很少有人支持这个想法,也就是说我们很难从社群—人口直方图上凭借聚落大小范围确定出清晰的模式。图3.20是美国爱达荷州(Idaho)地方性社群人口的直方图,我们可以用它做一个相对简单直观的例子,说明为什么直方图中的三种模式实际上并不对应于州内的三级管理体系,例如州首府(state capital)、郡县(county seats)和普通聚落(ordinary settlements)。如果我们坚持要在较大的聚落中寻找与规模相关的模式,这些模式也根本不会对应于已知的政治管理体系。这个情况并不少见。

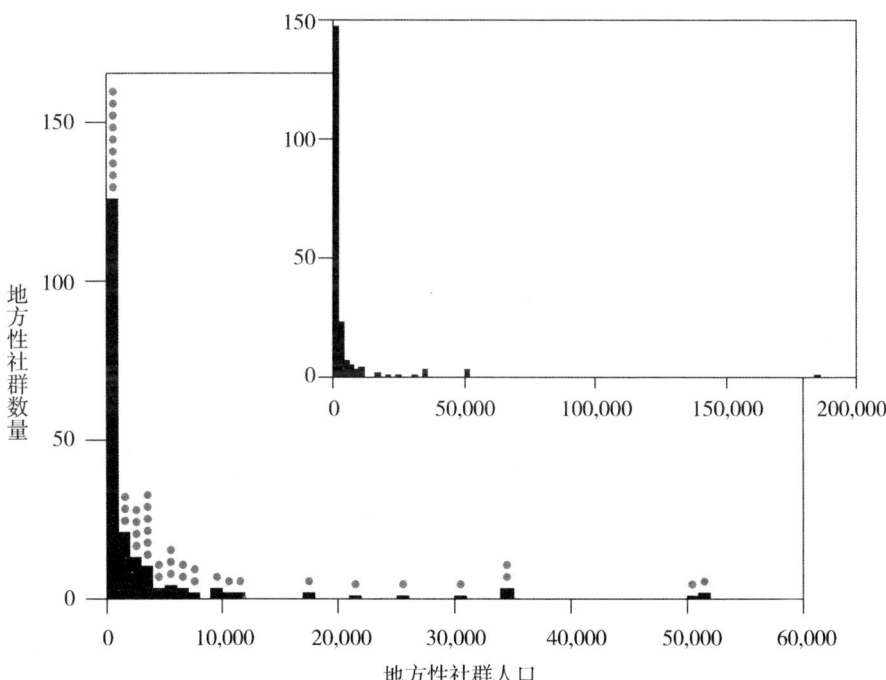

图3.20 美国爱达荷州地方性社群人口的直方图。该州首府博伊西(Boise)在右上角的直方图中表现为一个异常值。将博伊西(Boise)去掉之后的直方图显示出存在很多小的社群,图中柱子上方的圆点表示每一个郡县所在地的人口规模。

我们曾经接触过的另外一个案例，更进一步加深了上述认识。如同之前的等级-规模图和集中化程度图反映的那样，在图3.21(左)中，彼得伯勒(Peterborough)在直方图上非常突出，表现为一个远比邻近地区其他社群大得多的地方性社群。图3.21(中)安徽宿州地区地方性社群的面积直方图，其中出现了几个数值很高的异常值，同样与等级规模图和集中化程度图所显示的一样，但是这些直方图整体上看不出有任何令人信服的分布高峰。图3.21(右)是范集镇的人口直方图，与彼得伯勒的情况相似，我们除了从直方图上看到一个规模明显大很多的地方性社群外，看不出其他什么信息。在更基本的逻辑层面，认为高度一体化的区域聚落体系会在聚落人口方面显示出某些模式的想法与等级-规模曲线是冲突的，因为后者根本没有在频率分布上显示出什么模式(modes)。总之，从一个假设存在某种模式的遗址规模直方图中判断出管理层级的数量，这样的结论在已有的区域聚落文献中非常常见，但这种做法应该受到很大的质疑。

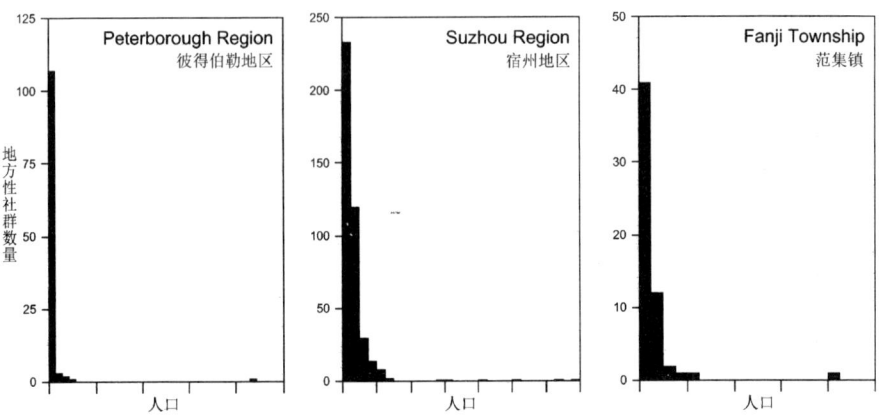

图3.21 彼得伯勒(Peterborough)、宿州地区以及范集镇的地方性社群人口直方图。

互动的类型

一般来说，人们与自身所处的地方性社群中其他成员的互动要更加频繁，在程度上高于与其他社群的成员的互动。同样地，他们与自身所处超地方性社群其他成员的互动也要频繁于和其他超地方性社群成员的互动。上述社群是在空间上形成一定边界的互动性单位，但这并非说人群的互动不会超越这个边界，而是说无论在哪种尺度上，超越边界的人群互动都弱于边界之内的人群互动。距离-互动原则会产生向心力，将那些在边界之内并且发生互动的社群成员拉向彼此。这样的向心力绝不是影响家户在哪里定居的唯一因素，但一定是要素之一。更频繁、更集中、更重要的互动通常会产生更强烈的力量，将互动双方拉近，并且产生更强的力量克服反作用力。

以上就是我们在讨论地方性社群、超地方性社群、集中化程度、一体化时的潜在原则（principle），正是它让我们得以在考古学证据中识别和界定出人类社群组织（及其空间边界）。互动模式也可能更加分散（也就是说边界性不是那么强），更加不容易从考古学证据中辨别出作为社会性单位的社群。互动模式可能有边界，并且在某个尺度上产生出强烈的社会性组织，而在更大或者更小的空间尺度上则不然。这些是我们解释人类社会的最基本的人口学因素。在过去的两百多年中，距离-互动原则（distance-interaction principle）因为运输工具和交流方式的改变而弱化，但是它的影响仍然非常强烈，我们从当代景观中的人口分布就可以看到这种影响力，大多数考古学家关注更早的时期，那么这种影响力就更突出。

尽管距离-互动原则已经成为本章许多分析的讨论基础，但我们仍然未对互动性质给予足够的重视。如果我们能够识别和区别出一些大概的互动类别，甚至有可能识别出一些具体的特例，那么这将十分有用。考古学家经常将观察到的人口集群和集中化看作政治干预或者管理的产物，但是很少有人考虑是否有切实的数据支持这个解释，甚至一些导致相似模式产生的其他互动类型还没有被考虑过。研究这种空间分布的地理学家对经济互动更加感兴趣；另外，宗教或者仪式互动也是一种可能性，而且是一种比较纯粹的社会性互动。究竟是何种性质的互动能够产生一定程度的人口集中化，并因此形成聚落的集群？搞清楚这个问题对研究早期复杂社会有很重要的理论意义。

到现在为止，我们所观察的区域模式本身并不能告诉我们到底是何种性质的互动产生了这些模式。我们需要问问我们自己究竟集中性的互动产生于什么样的情境中，也就是说，到底是什么样的活动集中发生在一个中心社群中并吸引着人群。与其他周边地点的活动相比，那些完全或者主要发生在中心社群的活动有时候会突出这些中心地点的功能。它们在考古学上的指示包括特定功能的建筑遗存、遗迹以及完全或者主要出现在人口聚集区或中心地点的遗物。有时候，此类证据表明某一个层面的活动是区域集中化互动的主要发生情境，同时也是对人群向心力最强有力的指示。有时还会涉及各种不同的活动。

举例来说，在南美洲哥伦比亚阿尔托马格达莱纳（Alto Magdalena）的最初几百年中，区域集群主要由散落式的农庄组成，最密集的人口中心区包含了仪式性的祭祀建筑，一些重要的人被埋葬在这里，土堆之下是精美的石板墓，土堆周围的平坦空地上竖立着大型的石雕像，非常适合大量人口的聚集和集会。人们建造设施并举行活动，主要是出于祭祀的目的，因为这些设施似乎是人口集中地点最主要、最不寻常的考古遗存。有学者认为宗教活动是集中性人群互动特别重要的发生情境，正是这一情境中的人群互动将阿尔托马格达莱纳超地方性社群的人口吸引聚集在一起，因此，宗教信仰和仪式是这些社会形成向心力的主要动力。

在前 400 年至 450 年的北美洲墨西哥瓦哈卡河谷（Valley of Oaxaca），蒙特阿尔拜（Monte Alban）作为整个区域唯一的超地方性社群，是区域人口的中心。同样地，建筑和雕刻暗示了这个中心地点的特殊功能。雕刻中出现最早的是带有跳舞场景（danzante）的图像，之后是表现征服场面的石板（conquest slabs），最后是统治者或者王座（thrones）的形象，这些都强烈地表现出政治和管理行为。研究者在这个遗址上还发现了贵族们的豪华住所，并找到了统治者的住所和统治所在地，从而进一步支持了上述结论。具有仪式性的建筑也包括寺庙，而且最大和最令人印象深刻的建筑将一个中心广场围绕在内，这个广场可以容纳数千人。

很显然，在蒙特阿尔拜这个中心地点发生的特殊活动包括宗教仪式和政治管理事务。研究者们观察到该地点也存在物品的生产和流通证据，但并不特别丰富，表明经济活动不是形成人口向心力以及人口集群的主要因素。这一结论也同样适用于阿尔托马格达莱纳。

在非洲马里的尼日尔河三角洲中游(the Middle Niger Delta)地区，研究者在400—1600年时期的杰内-杰诺(Jenne-jeno)遗址中，发现了特殊功能的设施、遗迹以及遗物，这些遗存表明该地点作为一个超地方性社群，是由另外一种层面的人群互动以及区域尺度上的集中性互动而产生的。我们完全看不到精美的墓葬、寺庙、仪式性建筑、宫殿和其他精英人士住所，相反地，我们看到一个很大的围墙，可能反映了军事活动以及防御需要。由于城内发现了日用物品(包括铁器、陶器和纺织物)集中生产的证据，这个围墙也可能用于控制物品流入和流出该城。因此，经济活动以及(可能的)军事性质似乎是解释这一遗址出现区域人口集中化的互动情境。

上述三个区域性人口模式的例子都有非常相似的地方，即大量人口形成的集群围绕着某一个相对清晰的中心点。在所有案例中，距离-互动原则产生了相同的模式，即区域尺度上的互动往往聚集在中心点上。在更小的空间尺度上，互动模式产生紧凑、核心型的地方性社群，这样的情况出现在尼日尔河三角洲中游地区和瓦哈卡河谷，但没有出现在阿尔托马格达莱纳。而阿尔托马格达莱纳的宗教和祭祀活动在区域尺度上产生了人口聚集，这与瓦哈卡河谷由于政治和管理活动产生的人口聚集相似，也与尼日尔河三角洲中游地区防御性设施以及日用物品的生产和流通所产生的人口聚集相同。因此，区域尺度上的人口聚集是集中性互动的直接产物，但是我们不能据此推断出任何一种具体的互动形式。要确定互动的性质，我们必须根据活动线索(特别是聚集在区域集群中心的活动内容)作出判断。

有时候，我们通过鉴别不同类型的遗址(例如居址、祭祀遗址、防御性遗址、制陶遗址、墓地等)可以回答上述问题，并可以判断哪一种遗址类型可能造成了人口的集中化。然而，撇开一些最简单的状况，遗址类型通常是非常生硬的工具(blunt instruments)。正如第二章我们所讨论的那样,遗址类型使人想当然地认为每一个遗址有且只有一种功能,这让我们很难区分不同功能或活动混合在一起的情况,但这是现实世界中人类社群经常发生的状况(在世界上的一些地区,"墓地遗址"这个概念经常被滥用,景观中的墓葬可能在地表显而易见,但是地表居住垃圾的分布则经常被忽略,这导致我们没有意识到墓葬很可能就在居住区域之内或者在居住地点附近)。当然,遗址类型有时候没有意义,尤其是在散落式农庄模式中,我们几乎很难界定出有意义的遗址。我们与其依赖遗址类型,不如重视鉴别区域集群的中心部分,尤其是涉及特定活动或者活动特别丰富的区域。

对功能的"复写"

最后,我们对聚落集群和超地方性社群的识别会因为一些可能性而变得复杂(例如一个景观中的模式实则由不同种类的集中性互动而产生)。图3.22是将一些上述讨论过的分析手段应用于当代瓦哈卡哈密尔特佩克(Jamiltepec)社区,并进行聚落分析的结果。平滑后的居址面显示只存在一个集群,也就是说整个区域只存在一个超地方性社群。区域人口的集中化并不十分明显,但是等级-规模曲线非常接近对数-正态分布曲线,这通常被认为反映了一个高度一体化的区域系统,而且只包含一个占据统治地位的中心地点。而地方性社群人口的直方图表明有两个异常值,这可能被认为反映了两级或者三级的聚落层级。

从表面上看,上述分析都非常合理,因为这个空间内确实存在一个现代的行政管理区。但问题是,最大的聚落是接近行政区中心位置的皮诺特帕纳雄耐尔(Pinotepa Nacional),而它根本不是这个行政区的政治首府(political capital),反而是一个区域性经济活动的中心所在地,同时也是一个很大的镇子。该行政区的政治首府则是在圣地亚哥哈密尔特佩克(Santiago Jamiltepec),即第二大聚落,位于平滑的居址密度面上的东部位置(图3.22)。因此,哈密尔特佩克(Jamiltepec)行政区内导致人口集中化的最强动力来自经济互动。如果单纯只是政治互动,也能够产生人口向心

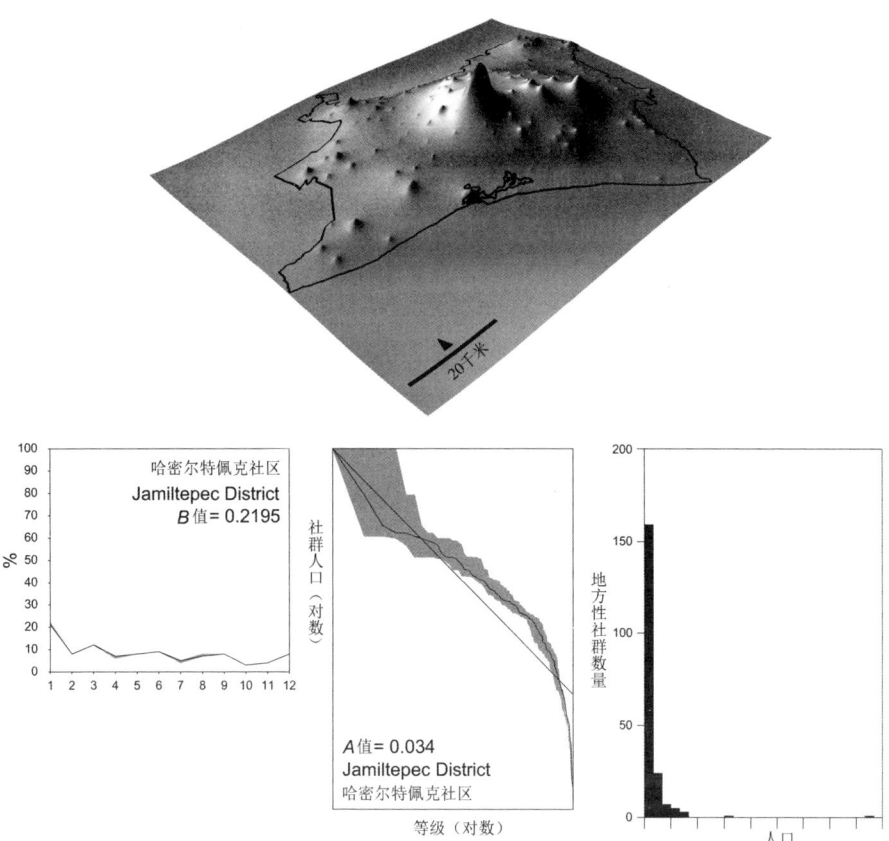

图 3.22 瓦哈卡南部哈密尔特佩克(Jamiltepec)行政区(参见图 2.4)的当代地方性社群规模的光滑密度面、集中化程度图、等级-规模曲线和直方图。等级-规模图中的误差区间对应 90%置信度。

力,但要弱一些,而且应该在圣地亚哥哈密尔特佩克。

不同人群活动造成不同模式的人口集中化,这一结论可能会影响我们对考古学数据进行功能上的复写(functional palimpsests)。这种情况就见于蒙特阿尔拜 IIIa 期(Monte Alban IIIa)的瓦哈卡河谷,一个与现代哈密尔特佩克行政区完全不重合的区域。图 3.23 中,平滑的居址密度面表明我们或许要将瓦哈卡河谷划分为两个超地方性社群,分别对应直方图上两个肉眼可见的超大型地方性社群,即靠近北部的蒙特阿尔拜(Monte Alban)和靠近南部的哈列扎(Jalieza)。在瓦哈卡河谷聚落分析中，研究者认为相应的聚落规模图反映出六个层级的聚落结构，其中的两个高异常值代表最高层级，通常这意味着存在两个各自独立但平等的超地方性社群，每一个社群都有自己的中心地点。这些解释与等级-规模图的形状是一致的，前者受到了哈列扎(第二大地方性社群)的超大规模的强烈影响。

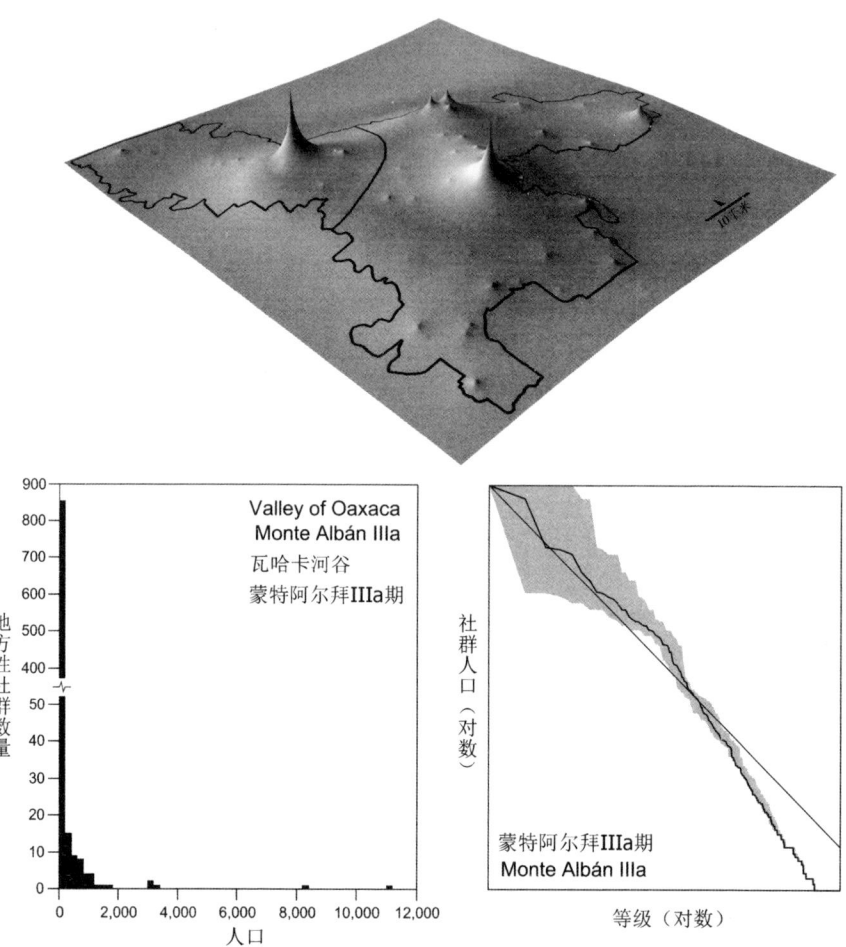

图3.23 瓦哈卡河谷蒙特阿尔拜IIIa期(Monte Alban IIIa，200—450年)地方性社群规模的光滑密度面、等级-规模曲线和直方图。等级-规模图中的误差区间对应90%置信度。

在这个例子中，以上的解释存在一个问题，而这也是瓦哈卡河谷考古学家一直都注意到的问题：就建筑和雕刻的证据而言，哈列扎(Jalieza)完全不能与蒙特阿尔拜(Monte Alban)相提并论。蒙特阿尔拜有公共建筑和雕刻，并且这两者毫无争议地与宗教及政治或行政管理活动有关。哈列扎也有此类证据，但其数量和性质将它放到了与其他六个更小聚落相同的类别，而蒙特阿尔拜则与它们显著有别。我们无法回避一个结论，即蒙特阿尔拜是整个瓦哈卡河谷(乃至超出河谷范畴)绝对主导性的政治—宗教中心。

哈列扎同样是一个重要的地点，可能是蒙特阿尔拜之下第二级别的管理中心，并且也具备政治—宗教功能，但这个遗址产生人口向心力的机制与其他第二级别的管理地点明显有别，因为后者的人口数量显然小得多。单靠人口模式，我们无法判断为何哈列扎能够吸引如此多的人口，有可能人群的互动与日用物品的生产和流通有关，但这样的活动从考古学上看并不明显，至少不如仪式和高等级人群居住建筑来得更加清晰。另外，由于哈列扎的相关研究开展得较少，目前还很难判断是否与日用物品的生产和流通有关系。

很显然，区域聚落人口学本身并不会告诉我们关于人口集群和聚落层级的所有信息，只有与其他考古证据结合的时候，它才会更加有用，这不仅因为其他证据可以增加我们解释人口模式的深度，也因为区域聚落人口学信息提供了一个让其他证据更具意义的情境。蒙特阿尔拜和哈列扎在各自的超地方性社群中，可能是相似人口规模和人口权重的地方性社群，但是建筑和雕塑证据表明他们之间在功能上有明显的区别，并且为我们更充分和更精确地解释人口模式打开了一扇大门。与此同时，区域人口证据很清楚地表明，哈列扎与其他六个第二级别管理中心在很多方面都存在不同。这激励着我们进一步探索哈列扎在区域系统中的角色和性质，并且提出一些如果我们不观察人口模式就无法提出的问题。

人口分布与景观

人口指标同样可以作为研究景观中人口分布和非人口分布特征的直接基础。景观的特征可以包括更加纯粹的自然因素(水源、柴火来源、野生食物资源、农业生产所需要的肥沃土壤、陶土、金属矿藏等)、更加纯粹的人为因素(例如仪式性建筑和墓地)以及介于上述两个极端之间的因素例如培高田地农业系统(raised field systems)、梯田(agricultural terraces)、灌溉系统、防御性庇护等。我们将比较简单地讨论一下这个话题,因为这涉及 GIS(Geographical Information Systems)分析(这不是我们本书要充分讨论的内容,而且其他书籍对这样的内容探讨了很多)。我们在此将特别关注 GIS 分析中一些认识不足的误区。

用于农业生产的肥沃土地是我们要探讨的景观特征,而人口分布和其他景观特征之间的关系可以用相似的方式进行分析。我们将以瓦哈卡河谷瓜达卢佩期(Guadalupe phase)的圣何塞·莫戈特(San Jose Mogote)超地方性社群为例,探讨土壤生产力与人口分布之间的关系。在瓦哈卡河谷,研究者将土壤从高生产力到完全没有生产力划分为五个等级,表示不同程度的农业生产力(图 3.24),而划分土壤等级所要回答的基本问题是:在瓜达卢佩时期,圣何塞·莫戈特超地方性社群的人口分布在多大程度上是与农业生产相对应的?考古学家采用了很多方法来尝试回答这个问题,我们在这里只讨论其中的一些方法。而首先要介绍的,就是一个非常简单但却令人不甚满意的方法。

农业生产力的分布数据与考古学人口的分布数据一样,几乎肯定是用 GIS 软件进行分析和处理的。图 3.24 中一个 GIS 图层包含着土壤生产力的分区,而另一个 GIS 图层则包含着瓜达卢佩时期(Guadalupe phase)的居住面积。几乎所有的 GIS 软件都有一个功能,可以将两个图层列表并且进行卡方检验(Chi-square test),而这可以评估土壤生产力和人口关系的相关性程度及其统计学意义。瓦哈卡的结果是两列(对应于带有瓜达卢佩时期居

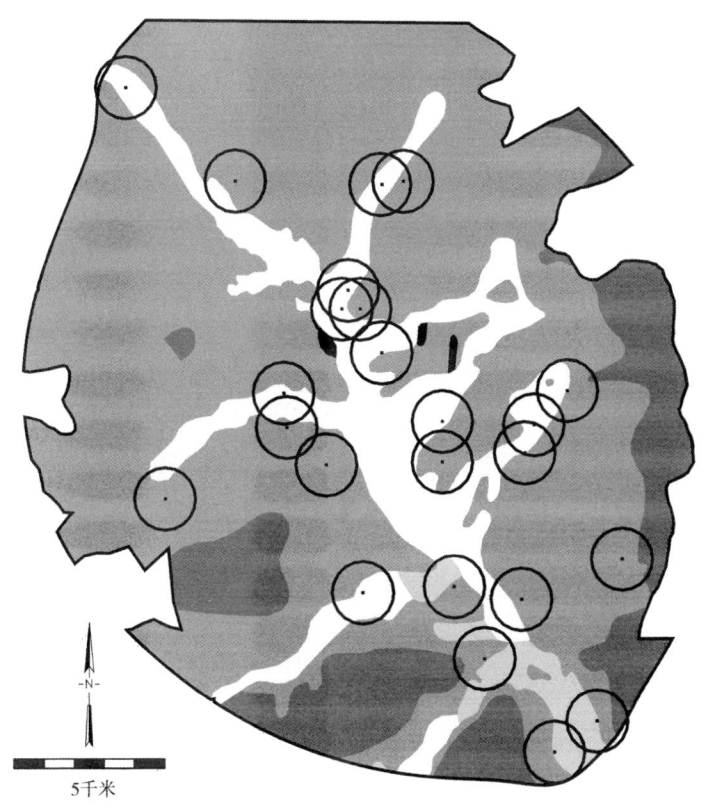

图 3.24 瓦哈卡河谷的圣何塞·莫戈特(San Jose Mogote)超地方性社群在瓜达卢佩时期(Guadalupe phase),其地方性社群与 1 千米范围内的农业生产力和资源域。图中稍浅的颜色代表着更肥沃的土地。

住面积的栅格图层和没有瓜达卢佩时期居址面积信息的栅格图层)、五行(五个土壤等级的栅格数据)数据。卡方检验得分是 1732.077(自由度 df=4),暗示着极强的统计显著性($p<0.0005$)。然而,事实上,这个关系是非常微弱的($V=0.021$),只不过并非所有的 GIS 软件都能够提供这些信息给我们。

上述分析方法中有一个致命的缺陷,是由空间自相关(spatial autocorrelation)产生的,这是几乎所有空间分布中都会出现的一个属性,在

GIS栅格图层中经常会被放大,因为GIS栅格图层中含有大量的小单元(cells)。上述例子中非常高的卡方得分(high Chi-square score)和显著性程度显然是大样本量所导致的(在我们使用的栅格图层中有4115032个单元)。然而,真正有意义的样本量是那些分散的和独立的观测,但由于空间自相关的存在,栅格图层中每一个单元都不是分散和独立的。

这两个栅格图层中的大量单元与相邻单元拥有完全相同的数值,因为即便是很小的多边形也可以被分割成很多小单元,这意味着每个栅格图层中的绝大多数单元的数值都是冗余的(与之相邻的单元也同样如此),因此这些单元不能被看作是分散和独立的观察数值。在这样的一个栅格图层中,我们找不到一个有意义的方式去决定到底样本量有多大。如果我们将栅格图层中的单元数量看作样本数量,会导致灾难性的后果,也就是过高地估计了相关性的统计学意义,并且影响我们对这种相关性强度的判断。因此我们不应该使用这种方法来研究两个空间分布之间的相关性。

另一种分析方法是将不同生产潜力的土壤区域看作分析中的案例(cases)。表3.2中,我们可以看到圣何塞·莫戈特(San Jose Mogote)超地方性社区的五个土壤区域的总面积,以及瓜达卢佩时期(Guadalupe phase)每一个土壤区域中人群居住面积的总和。任何一种GIS软件都可以很容易

表3.2 瓦哈卡河谷的圣何塞·莫戈特(San Jose Mogote)地方性社群在瓜达卢佩时期(Guadalupe phase)在五种类型土壤区域中的分布情况

土壤分区	总面积(公顷)	聚落面积(公顷)	聚落密度
1	6,309	7.4	0.0012
2	1,059	2.9	0.0027
3	28,157	69.4	0.0025
4	5,542	0.0	0.0000
5	84	0.0	0.0000

注:图中的1号土壤分区代表最高的土壤生产力,而5号土壤分区代表最低的土壤生产力。

地计算出这些面积。在这个分析中，居住面积被当作人口指标，表格中的聚落密度是某一个土壤类型区域的居住面积除以该土壤区域的整体面积（换句话说，就是在瓜达卢佩时期人群居住土壤面积的百分比）。不同类型的土壤区域，其总面积各不相同，甚至可能差别很大，而我们期望的是在任何情况下，更大的区域能拥有更多的人口。居住密度很可能揭示出人们对不同类型土壤区域的偏好。

我们观察表格后发现，在人口分布和农业生产力之间存在一定程度的对应关系，因为至少在两个土壤肥力最低的区域，我们根本看不到任何人群定居的迹象。但是，土壤最为肥沃的区域却并非拥有着最高数量或者最密集的人口。要检查人口密度和土壤肥力之间相关性的统计学意义和强度，一个简单直接的方法是用斯皮尔曼等级相关系数（Spearman's rank-order）。在这种情况下，使用线性最小方差计算相关性（linear least-squares correlation）是不合适的，因为土壤生产力并不是用单位面积的作物重量，而只是"多"或者"少"这样的相对概念。在这个例子中，等级相关系数（rank order correlation）是正数，表明更高密度的人口更容易出现在土壤肥力高的区域，并且中等程度的相关性强度，但是统计学显著性却不如我们预想的那样强烈（$r_s=0.667$，$p=0.219$，$n=5$）。一些坚持假设检验（null-hypothesis-rejection）方法的人可能会认为这样的分析结果不够显著（没有得到$p<0.05$），但我们有将近80%的把握认为这样的结果是真实可信的。

当然，出现这样的结果是因为样本量很小。在这个例子中，独立观察的样本只有五个（也就是那五个类型的土壤区域，每一个区域都为我们提供了观测值，从而让我们了解到土壤的生产力和人口的密度）。如果我们可以切割出更多类型的土壤区域，并且区分出更多的土壤生产力等级，就相当于增加了样本量，这会让我们描绘出一幅更加精细的图像。比如在哥伦比亚普拉塔河谷（Valle de la Plata）西区，有13个土壤类型的分区（表3.3）。形成期第一期（Formative 1）中的土壤生产力与居住行为的等级相关系数（rank order correlation）在强度上与瓦哈卡地区相似，但不同的是此处的相关性系数是负数，也就是说更高密度的人口更容易出现在土壤肥力较弱的区域，并且显著性非常高，因为我们有更大的样本量用于观察（$r_s = -0.680$, $p = 0.011$, $n = 13$）。

表3.3　形成期第一期（Formative 1），普拉塔河谷（Valle de la Plata）西区人群在13个土壤分区中的分布情况

土壤分区等级	总面积（公顷）	聚落面积（公顷）	聚落密度（所占百分比）
13	4,451	18.6	0.4%
11.5	250	0.3	0.1%
11.5	792	6.2	0.8%
9.5	1,313	10.4	0.8%
9.5	2,807	12.8	0.5%
5.5	852	0.0	0.0%
5.5	817	16.6	2.0%
5.5	5,462	65.6	1.2%
5.5	4,118	28.5	0.7%
5.5	3,498	38.4	1.1%
5.5	2,448	20.1	0.8%
1.5	4,093	102.9	2.5%
1.5	356	5.0	1.4%

注：等级为13代表最高的土壤生产力，等级为1.5代表最低的土壤生产力（数据中有许多并列排序）。（数据来源于Drennan 2006a，2006b。）

研究者们注意到，有时候人们并非居住在土壤肥力最高的区域，而是居住在接近这些区域的地点，这样就可以避免由于建造居住设施而造成高肥力土地的减少。然而在我们上面的分析中，可能会完全忽略这种模式。对此有另外的一种方法是遗址资源域分析（site catchment analysis），也就是围绕着考古遗址画出遗址资源域圆圈（site catchment circles），界定出人们

居住地点周边的可用资源,对不同类型的土壤区域而言,土壤肥力的数值比单纯对土壤类型区进行排序要更加精确一些。因此我们可以利用资源域圆圈,计算它们所含不同类型土壤的整体生产力情况,计算依据的是每一个圆圈中不同类型土壤的面积,这样的计算在任何 GIS 软件中都可以轻松实现。

我们可以把人口分布和土壤生产力之间的对应关系问题,重新定义为资源域生产力(catchment productivity)与考古人口指标之间的相关性。对瓦哈卡河谷圣何塞·莫戈特(San Jose Mogote)超地方性社群而言(图 3.24),在瓜达卢佩时期(Guadalupe phase),地方性社群周边 1 千米范围内的资源域圆圈中,资源域生产力和人口指标之间的等级相关系数是负数,而且显著性非常弱,这意味着拥有更多人口的地方性社群似乎反倒有着更小的资源域生产力。乍一看,这与之前 GIS 计算得出瓜达卢佩时期人口与农业资源之间存在很强的相关性的结论相互冲突了,但事实并非如此,因为资源域分析探讨的问题与上述相关性问题有所不同。由于我们的样本量足够大(遗址资源域数量为 24),在 93% 的置信度上,我们得到的结果是 $r_s = -0.379$,$p = 0.068$,$n = 24$。

我们还有很多其他的分析方法,可以对人口分布和农业生产力之间的关系进行研究(或对景观的其他特性进行研究)。同样地,这些方法还可以用来研究本章节开篇提到的多种多样的景观特性。绝大多数此类分析现在都被冠以"GIS"分析之名,同时市面上也有很多 GIS 分析的书籍,但需要指出的是,早在 GIS 这个名称出现之前,研究者们已经开展了这样的分析,只不过当时使用的是纸质地图、标尺、钱币、坐标纸(graph paper)以及定极求积仪(polar planimeter)。如果深入探讨这一话题,无疑将超出本书的写作目的,因此我们的讨论到此为止。不过,在结束这一话题之前,我们要解释一下提起这个话题的四个原因:

(1)本章节中讨论的分析方法都与人口有关,因为这些方法可以揭示人群在景观中的分布方式和分布位置。

(2)我们可以借助不同的分析方法(例如上面提到的探讨人口分布和土

壤生产力相关性的两种方法),通过一些略有差异但都很重要的视角,提出相同的问题。有些 GIS 软件操作起来很简单,好像按几个操作键就可以完成分析,但是分析者并不清楚为什么这样操作就能够从不同角度回答同一个宽泛的问题。对那些不太了解分析软件的研究者而言,这样是很有风险的。有一些 GIS 书籍可以更好地帮助我们避开这些风险。

(3)本书主要分析的是考古数据,而且是身为考古学家的我们自己采集的数据(见第五章)。但是,本章节所讨论的分析可能也涉及一些非考古数据,那么考古学家作为非专业人士,可能会错误地解读或者误用这些数据。例如,我们知道划分土壤肥力的方法有很多种,但就我们的分析而言,有一些划分方法比其他方法更适合。

(4)现在从网络下载数据变得越来越容易,有时候下载者甚至没有充分意识到其中的缺陷和不足。我们可以用土壤分区作为一个例子,因为有大量关于土壤的 GIS 数据可以从网络下载。但是,比下载更加有难度的事情是,我们或许找不到元数据(metadata),也无法评估这些土壤地图是如何制作出来的,它们的分类意义是什么,不同土壤分区在空间上的边界如何被界定,以及这些地图如何被投射到地理参照坐标中。一些 GIS 软件特别容易让使用者忽略掉这些重要的思考。如果有人说:"一定是这样的,因为我在网络上阅读过",我们马上就会意识到,除非我们真的分析过一个 GIS 数据集,否则这种说法是很讽刺的。从网络下载的数据经常被看作是具有高精度并且准确的地理坐标投射,我们会把自己记录的考古数据叠压到从网络下载的土壤地图上,然后进行分析。

然而,GIS 数据具有网络数据的常见缺点,在来源、真实性以及准确性方面尤其如此。即使像谷歌地图(Google Earth)这样认可度很高的数据来源,至少在我们撰写本书的时候,中国的大部分地区在地图和卫星地图之间都还存在至少 600 米的位移误差(locational discrepancy)。这个误差非常清晰明确,无论是何种原因造成了这种差异,它都显然存在了很多年。至此,无需强调,我们都应该知道在进行空间分析之前,一定要核对不同来源数据的位置信息。我们可以在不同地图中找到一些特性,例如河流、高速线路、山谷平地等位置信息，这样的话，要进行位置校正就不是一件难事。在田野中重新收集第一手的观察信息，可以揭示地图叠压中的误差问题（例如考古遗址和土壤区域的关系，图 3.25）。无论地图的来源如何，我们将它们相互叠压的时候，需要特别检查不同地图中的相同特性是否完全匹配，唯有如此，才能确保我们完成预期的分析。

图 3.25　将遗物分布叠压到土壤地图上的结果。一连串的遗物分布看上去似乎出现在河谷谷底的冲积土壤（白色）中，但实际上正好位于河谷中黄土高地（灰色）的绝壁上。土壤地图不够精确到可以用来对考古遗存进行任何有意义的空间分析。黄土高地区和河谷谷底冲积土壤区的界限事实上应该在虚线所在的位置，比地图上所示的界限向南偏移了大约 300 米。如果有田野工作的经验，并且知道这些遗物并不分布在河谷谷底，就很容易发现这两张地图在位置上的偏差。

问题和答案

1. 我们在解释区域尺度上的人口集群时，如果发现更密集的人口居住区对应着农业资源尤其丰富的区域，这对于我们的解释有何影响？或者说，如果我们发现人口密集区之间是更加稀疏的居住区，并且对应着陡峭的小山和贫瘠的土地，这又意味着什么？

如果我们发现区域人口集群形成了更密集的定居中心，而且它们分布在土壤生产力很高的土地上，又或者是不同的人口密集区之间分布着陡峭的小山和贫瘠的土地，那么这可能会让我们对一种看法产生怀疑，即认为集群是由某种集中性的互动吸引而产生的。或许，上述现象不过是缘于一些家庭根据土壤生产力自愿地分布和居住在景观中而已。而且，那种块状的区域环境可能比较容易形成人口中心，进而有助于集中各种不同类型的人群互动，因为自然环境中的距离在很大程度上会决定人群的互动模式。如果我们有证据表明区域人口集群出现在资源比较好的地方纯粹是一个巧合，那么我们可以更有信心地认为集群形成的原因是社会性互动产生的向心力。

2. 在区域聚落人口分析中，需要考虑一个地区的不同地点可能存在过各种不同的活动，意识到这一点很重要。那么，区域调查中的地表采集遗物能否指示出这些活动的内容及其差异？还是说我们必须进行发掘，才能验证这一判断？

如果从地表采集到的遗物样本足够代表某一地点不同时期器物的相对数量，足以保障人口学分析，那么这些样本同样可以支持我们研究不同地点在活动内容上的差异。从遗物样本中所得出的两种结论（关于人口和活动内容的差异）其实是完全一样的。从统计学来看，我们的相关认识都是基于对整个样本库（a sampling universe）进行一定比例抽样的结果，无论我们如何界定或者定义一个"地点（place）"，我们所说的"样本库"肯定是指这个地点上的所有遗物。在第二章中，我们利用地表采集中不同时期的陶器比例，估算每一个时期在该地点产生的垃圾量。那么，同样的道理，地表采集中更高比例的香炉残片表示该地点有更多的宗教活动，而那些地表香炉残片比例更低的地点，宗教活动就更少一些。尽管发掘可以揭示很多信息，但从整体上讲，地表采集或许更精确地反映了某一地点遗物的整体组成，因为反复不断的混入过程会把遗物带到地表，这些散落在地表的遗物分布在更大的空间范围，让我们的样本采集工作变得更加便利，比发掘更有可行性。

3. 区域人口分布的历时性变化图能否告诉我们，地方性社群的发展是多个社群的集合和混合，还是地方性社群内部的人口出生和死亡的动态图？如果可以，那么如何解释？

人口分布的变化图确实可以告诉我们人口在一些空间尺度上的增长、稳定以及衰落信息。例如，某一个时期的地图包含了数量众多、结构清晰且低密度的遗物分布，而随后的时期出现了数量少但是规模更大、密度更高的遗物分布，并且整体的人口指标只是轻微地区别于之前的时期，那么整体的出生和死亡率似乎是保持平衡的，我们就可以将人口过程这个变量排除在外，并认为更大的地方性社群是由更小、更早期就出现的小社群合并而成。相反，如果两个时期的地图非常相似，都在相同的地点出现明确的遗物分布，但第二个时期出现更大规模和更密集的人口，则表明地方性社群出现了增长，这种增长是通过每个社群内部的人口增加而实现，而不是之前那种若干个地方性社群联合的方式。

4. 在考古学中，遗址是用于制作等级-规模曲线的常用分析单位，而遗址面积则是衡量遗址规模的标准。那么这是否忽略了遗址是否真的对应地方性社群这个问题？

在等级-规模曲线中，每一个案例(case)不可避免地被假定为有意义的人类社群。除非我们能够确定遗址和地方性社群之间存在一一对应关系，否则就不能将田野中定义的考古遗址当作等级-规模分析中的单位。如果某个时期中，一些单个遗址确实更适合被当作独立的小型地方性社群，那么田野中定义的遗址用于等级-规模分析时，一个面积比较大的遗址实际上可能应该换成几个更小的社群。等级-规模曲线的形状会让人对真实情况下的社群规模产生误解。当我们利用遗址进行等级-规模分析之前，需要先对遗址进行合并，以确保每一个遗址都更好地反映地方性社群，如果没有进行合并，得出的结果将有误导性。如果进行等级-规模分析的"遗址"实则是对遗物分布情况的随意划分，纯粹是为了便于数据采集，那么这样的结果将完全没有意义。

5. 在进行等级-规模分析时，如果只使用遗址面积，会不会避免人口问题所带来的复杂性？

的确，考古学家经常根据遗址面积进行等级-规模分析，有些人特别看重这样的分析策略，认为可以避免人口重建中的复杂问题。但等级-规模曲线的绘制逻辑并不是根据一个地方性社群的空间分布范围，而是根据地方性社群的相对人口数量。因此，等级-规模曲线就是衡量人口的工具，使用遗址面积绘制等级-规模图或许是非常合适的，但对它的任何解释都是将遗址面积看作人口指标。

6. 对不同环境中的遗址进行 GIS 分析，能否避免关于考古人口学的复杂假设问题？

从狭义上来说，对不同环境中的遗址进行 GIS 分析，至少看上去是避免了人口问题。当我们检查这些数据的时候，会发现一个有趣且有意义的问题，即人们是否真的对居住在特定环境中有某种偏好以及产生这些偏好的原因。要解释这些的原因在于，如果很多小遗址聚集在一个区域中，而少数几个更大的遗址聚集在另一个区域，那么这两者之间是有差别的。产生这种差别的原因就是两种模式反映出的地方性社群规模以及不同区域居住者的总人数是完全不同的。毋庸置疑，这些都是对人口的暗示，那么，认为关注遗址数量就可以避免人口问题的想法就完全是个幻想。

7. 除统计的显著性问题外，本章最后一节瓦哈卡河谷的资源域分析结果（弱的负相关性）似乎与土壤区域的分析结果（强的正相关性）互相矛盾。那么在瓦哈卡河谷瓜达卢佩（Guadalupe）时期这个例子中，人口分布到底与农业生产力的分布有没有对应关系？

尽管土壤区域（soil zones）分析的统计学显著性并不如我们期望的那么强烈，但仍然在接近 80% 的置信度上确认了人口在一定程度上被生产力更高的土壤所吸引。根据资源域分析，我们有将近 95% 的把握认为，在农业生产力更高的土壤周围 1 千米范围内，社群的面积并不比其他地区的社群面积更大。尽管农业生产力和社群面积的相关性不是非常强，但仍然有负相关的关系。不过，这两个结论一点都不冲突。它们描述的是一个复杂问题的不同方面。有人或许会想要同时开展这两种分析来分别回答两个不同的问题，然而，这样的话，究竟人口分布是否对应于农田生产力就变得模棱两可且不够具体了。

推 荐 读 物

1. Bjorn Myhre. Together or apart: The problem of nucleation and dispersal of settlements. In: *Settlement and Landscape: Proceedings of a Conference in Arhus, Denmark, May* 4-7, 1998. Charlotte Fabech, and Jytte Ringtved (eds.). Moesgard, Denmark: Jutland Archaeological Society, 1999, pp. 125-130. 该书探讨了斯堪的纳维亚文化背景(a Scandinavian context)中,隐藏在紧凑的核心型村落或散落式农庄背后的一系列因素。

2. Thomas W. Killion. Residential ethnoarchaeology and ancient site structure: Contemporary farming and prehistoric settlement agriculture at Matacapan, Veracruz, Mexico. In: *Gardens of Prehistory: The Archaeology of Settlement Agriculture in Greater Mesoamerica*. Thomas W. Killion (ed.). Tuscaloosa: University of Alabama Press, 1992, pp. 119-149. 该文探讨了在相对散落的家户之间的作物种植与地表遗物密度之间的关系,以及与区域尺度调查数据的联系。

3. C. Adam Berrey. Interaction structures and the development of early complex society in southern central America and northern south America. In: *Multiscalar Approaches to Studying Social Organization in the Isthmo-Colombian Area*. Scott D. Palumbo, Ana Maria Boada Rivas, William A. Locascio, and Adam C. J. Menzies (eds.). Pittsburgh: Center for Comparative Archaeology, University of Pittsburgh, 2013, pp. 1-14. 该文探讨了紧凑的核心型地方性社群与散落农庄式生活的发展及其启示。

4. Eva Lemonier, and Boris Venniere. Agrarian features, farmsteads, and homesteads in the Rio Bec nuclear zone, Mexico. *Ancient Mesoamerica*, 2013, 24: 397-413. 该文提出古典玛雅时期的农业生产属于自治型农庄组织。

5. Christine A. Hastorf. Sea changes in stable communities: What do small changes in practices at Catalhoyuk and Chiripa imply about community making? In: *Becoming Villagers: Comparing Early Village Societies*. Matthew S. Bandy, and Jake R. Fox (eds.). Tucson: University of Arizona Press, 2010, pp. 140-161. 该文探讨了紧凑的核心型地方性社群中的身份、社会互动以及人们如何看待自己在世界中的位置。

6. Christian E. Peterson, and Gideon Shelach. Jiangzhai: Social and economic organization in a middle Neolothic Chinese village. *Journal of Anthropological Archaeology*, 2012, 31: 265-301. 该文探讨了一个紧凑的核心型地方性社群的生业经济和非生业经济、资源的私有观念和积累、亲属关系和社会分割。

7. Christian E. Peterson, and Robert D. Drennan. Communities, settlement, sites, and surveys: Regional-scale analysis of prehistoric human interaction. *American Antiquity*, 2005, 70: 5-30. 该文对距离-互动原则、紧凑型与分散型聚落以及区域尺度上的聚落集群进行了理论和方法学上的思考。

8. John R. Alden. A reconstruction of Toltec period political units in the Valley of Mexico. In: *Transformations: Mathematical Approaches to Culture Change*. Colin Renfrew, and Kenneth L. Cooke (eds.). New York: Academic Press, 1979, pp. 169-200. 该文利用距离-互动原则,划分出聚落集群及其之间的缓冲地带(buffer zone)。作者对阿兹台克(Atztec)和托尔特克(Toltec)集群(或政体)的解读,得到了阿兹台克时期民族历史学材料(ethnohistorical inforamtion)的支持。

9. Wesley D. Stoner. Modeling and testing polity boundaries in the Classic Tuxtla Mountains, southern Veracruz, Mexico. *Journal of Anthropological Archaeology*, 2012, 31: 381-402. 该文根据距离-互动以及其他原则,划分出区域政体的边界。

10. Olivier de Montmollin. *Settlement and Politics in Three Classic Maya Polities*. Madison: Prehistory Press, 1995. 该文参考多方面的标准, 界定出了政治首都(Polity capitals)和政治边界, 并尤其重视建筑在地表的遗存。作者区别出精英人群与普通人群, 并参考政体在空间上的组织形式, 仔细分析了这些人群的分布。

11. Robert D. Drennan and Christian E. Peterson. Comparing archaeological settlement systems with rank-size graphs: A measure of shape and statistical confidence. *Journal of Archaeological Science*, 2004, 31: 533-549. 该文讨论了等级-规模曲线的优点和缺点, 提出用系数 A(A coefficient)来表征曲线的形状, 并进行了案例研究和比较。

12. Robert D. Drennan and Christian E. Peterson. Centralized communities, population, and social complexity after sedentarization. In: *The Neolithic Demographic Transition and Its Consequences*. Jean-Pierre Bocquet-Appel, and Ofer Bar-Yosef. New York: Springer-Verlag, 2008, pp. 359-386. 该文通过人口在一系列同心圆环中的分布, 提出用系数 B(B coefficient)衡量集中化的强度和显著性。

13. George L. Cogwill. Some recent data and concepts about ancient urbanism. In: *Urbanism in Mesoamerica (Volume 1)*. William T. Sanders, Alba Guadalupe Mastache, and Robert H. Cobean (eds.). Mexico City and University Park: Instituto Nacional de Antrhopologia e Historia, and Pennsylvania State University, 2003, pp. 1-19. 该文对从遗址面积直方图中识别聚落层级数这种不太好的做法进行了讨论。

14. Richard E. Blanton, Stephen A. Kowalewski, Gary M. Feinman, and Jill Appel. *Monte Alban's Hinterland, Part I: The Prehispanic Settlement Patterns of the Central and Southern Parts of the Valley of Oaxaca, Mexico*. Memoirs of the University of Michigan Museum of Anthropology, No. 15, 1982. Stephen A. Kowalewski, Gary M. Feinman, Laura Finsten, Richard E. Blanton,

and Linda M. Nicholas. *Monte Alban's Hinterland, Part II: Prehispanic Settlement Patterns in Tlacolula Etla, and Ocotlan, the Valley of Oaxaca, Mexico*. Memoirs of the University of Michigan Museum of Anthropology, No. 23, 1989. 本书这一章以及后续章节中的案例主要来自瓦哈卡河谷调查的数据和分析。

15. James Conolly, and Mark Lake. *Geographical Information Systems in Archaeology*. Cambridge, UK: Cambridge University Press, 2006. 该书概要性地介绍了如何利用 GIS 工具来研究本章中所讨论的这些内容。

第四章 如何估算居住人口的绝对数值？

在区域聚落分析中，研究者迈出的第一步经常是估算居住人口的绝对数值，这么做似乎很普遍，因为绝对人口数量是开展后续分析的基础。这种态度并非全无道理，但是我们将不采取这样的方法，而是强调在考古学研究中很多区域人口分析可以通过估算相对人口数值而完成。考古人口指标（archaeological population proxies）可以直接为我们提供这些相对估算，在分析中可以认为它们与居住人口的绝对数量成正比关系。我们在第三章中提到过，这个问题可以用人口指标（population proxies）来解决，而不需要绝对人口数量。

上述观点很重要，因为将考古人口指标转化为绝对人口数量是区域聚落人口学中最容易出错的部分。如果我们说某个地方性社群的人口是另一个社群的两倍，比我们说一个地方性社群有 300 个居民而另外一个社群有 150 个居民会更加有把握，这是众所周知的事情。正因为这个原因，绝对人口数量经常以最大估算值和最小估算值的形式出现，有时候最大值和最小值之间甚至有非常大的差别。我们对人口指标提供的相对估算更加有把握，这一实际情况也意味着那些只依赖人口指标的结果比那些要求绝对数值才能完成的结果要更加可靠。因此，本书第三章所讨论的主题也有了一个更加坚实的基础，因为这些分析并不会被各种误差（尤其是估算绝对人口数值所引起的误差）影响。

如果说估算居住人口的绝对数量容易出错，那我们可能要再次提出第一章中提过的问题：我们为什么还要进行绝对人口的估算呢？在第三章中，我们已经看到在相对人口指标的基础上，有很多关于古代社会的发人深思的结论。为什么我们不就此打住？绝对人口数量可以帮助我们对人口指标以外的东西进行探讨，但面对估算绝对人口数量的风险，我们这样做值得吗？

第三章主要介绍了界定地方性社群（local communities）的重要性，它可以帮助我们重建古代社会的互动格局（interaction structure），并能够提供进一步分析所需要的社会性单位（social units）。一个地方性社群的人口规模对于我们理解这个社群内部以及该社群与邻近社群的社会关系有着很重要的启示。对地方性社群的分类，例如小农庄（hamlet）、村落（village）、集镇（town）和城市（city），暗示着完全不同的绝对人口数量和规模，并且暗示着小农庄、村落、集镇和城市是不同空间尺度上社会动态差异所导致的结果（在其他条件不变的前提下）。对于人们如何看待自己以及如何与其他人群共处这样的问题，我们会认为这是更加纯粹的意识活动，而上述的分类就有助于我们理解这些意识活动。事实上，将遗址想象成小农庄、村落等是一种长久以来的习惯，而正是它们将我们直接带入到对居住人口绝对数量的估算当中，只是通常人们根本不提及数字罢了。明确人口的数值将提升我们对研究方法的评估和改进的能力，并且能够实实在在地让我们增进对结果的信心和把握。此外，绝对数值还可以给资源-人口分布分析增加一层意义，可以告知我们在一些特定地点或区域是否存在资源过剩或不足。

房屋数量

在第二章中，我们考虑过清点房址数量的可能性（见图2.1），甚至考虑过清点一个房址内部的房间数量来得到区域尺度上的人口指标。从原理上讲，把这样的一个人口指标转化为绝对人口的估算值并不困难，只需要我们确定在一个房址或者房间内平均居住的人口数量。根据已经发表的民族学材料，一些研究者已经研究了屋内每平方米居住的人口数量。如果研究人员需要借助发掘才能确定房屋面积，可以将民族学材料和遗址所在区域已经发掘的房址结构信息相结合。研究者注意到世界范围内的人均居住面积其实掩盖了区域间人均居住面积具有相当大的差异这一事实，前者给我们一种错误的信心和精确度。对有些区域而言，我们可以获取与考古聚落有关的少数民族的信息，而这些特定人群的相应数值可以取代全世界范围内的平均值。上述信息的最后去向是将某一个区域和时期的房址屋内面积除以人均居住面积，然后乘以房间数量，进而转换为绝对人口数量。

一个略有不同的方法是，把单独的房址看作核心家庭的居住地，这样处理是因为独立的房间对一两个人来说似乎过大（民族学材料可以证明这一点），而对两个以上的家庭（例如由两个姐妹及他们丈夫、孩子组成的扩展家庭）来说又有点小。因此，研究者可以选择一个数字，代表一个核心家庭的平均居住人数，然后乘以房子的数量，就得到一个绝对人口的估算值。我们可以根据世界范围内的民族学数据，计算出全球的平均值（即平均来说，一个核心家庭所拥有的居住人口），或者根据与考古学数据关系密切的现代民族学数据，得到一个核心家庭的平均居住人数。绝对人口数量的估算值，是房子数量乘以每一个核心家庭居住成员的人数。有时候，一个核心家庭居住成员在数量上的变化，决定了人口估算的最大值和最小值。例如，房子数量可以乘以 4（作为一个核心家庭平均成员数的最小值），得到整体人口的估算最小值；房子数量乘以 7（作为一个核心家庭平均成员数的最大值），得到整体人口的估算最大值。

如果地表观察不到房址，我们还可以使用其他居住设施（domestic features）。家户的居住地点可以表现为地表遗物比较聚集的区域，这些聚集物是房屋建筑周边的垃圾堆积形成的。对地表遗物的分布进行详细记录，有时候可以非常清晰地揭示出围绕着一个遗物密度相对比较低（通常房屋地面都比较干净）的区域，分布着一圈相对高密度的遗物，这些更高密度的遗物也正对应着房屋产生的垃圾所在地（有时候位于房屋后面的垃圾堆积来自厨余垃圾,图4.1)。独立家户在地表的遗迹并不都是近期形成的,即便过了几千年,地表经过了高强度的开发使用,这些遗迹可能仍然存在,这就让我们得以统计家户数量,并且绘制地方性社群在地表的间隔和分布模式(图4.2)。

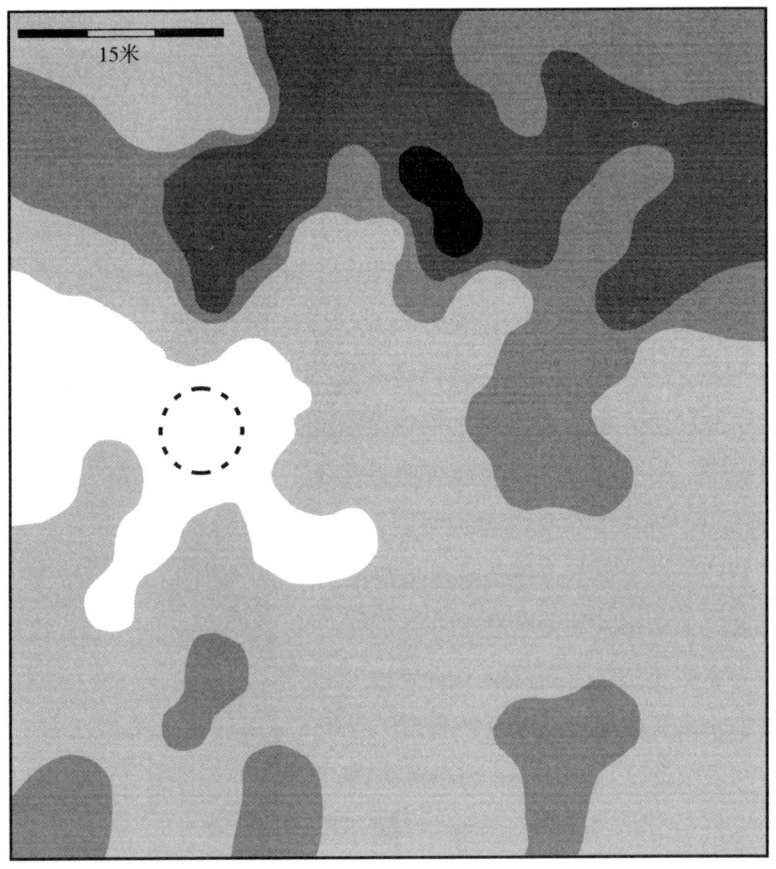

图4.1 密度等高线显示,哥伦比亚萨瓦纳波哥大(Sabana de Bogota)一处穆伊斯卡早期(Early Muisca,800—1200年)的房屋周围有着更高的遗物密度。深色区域表明有着更高的遗物密度,虚线表示房屋可能所在的地点,这是一处低遗物密度的区域,或许还包括了一些室外活动区域。朝向左侧的低遗物密度的路径看起来很像是门道。(数据来源于 Kruschek 2003:102。)

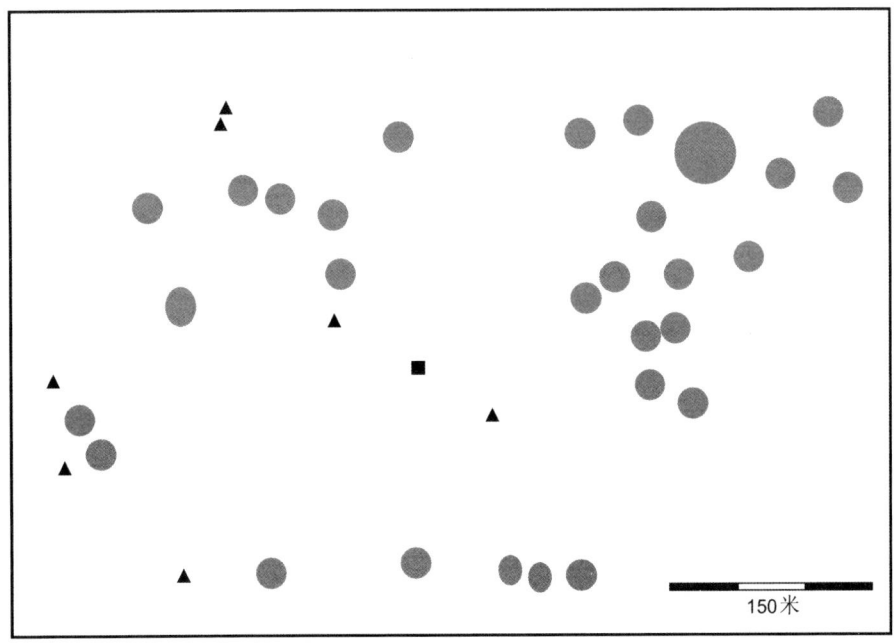

图4.2 在福山庄发现了一个红山文化时期(前4500—前3000年)的小村落,高密度的遗物分布热点表明了家户(灰色)的所在地点。黑色方块标示出一个高等级墓葬遗存,而黑色三角形是台地遗存。(数据来源于 Peterson 2006:194。)

如果我们根据平均家庭人数估算人口,这其中有一个研究者们很少考虑但可能非常重要的问题,即当出生率和死亡率的变化导致人口增加时,核心家庭的平均居住人口就增加了。研究者们在进行区域聚落人口学研究时,很少考虑到这一点。忽略掉这一点,可能不会完全否定绝对人口估算值,但会导致我们低估人口增长的时期。当死亡率增加或者出生率减少,人口数量会降低,并造成核心家庭的平均人口相应地减少,这样我们对人口减少时期的认识就偏向于保守。然而,我们在复原家庭平均人口(或者说单个房子的平均居住人数)的历时性变化时可能会遇到这些问题,不过从原则上讲,我们可以通过发掘少数遗址,研究房屋大小的历时性变化,或者通过发掘墓地,了解人群年龄结构的历时性变化,这些内容我们在第二章已经做了讨论。

我们在讨论将房屋作为人口指标的时候，有意未对一些其他因素进行讨论，而这些因素可能产生很严重的后果。比如我们在利用房屋数量估算相对人口数量的时候，并不需要明确房屋在年代上的共时性（contemporaneity）以及房屋是否常年居住的问题。我们只需要确信同一个地区、时期或者聚落的房屋在共时性以及居住方面是完全相同的就可以了。但是，如果我们把房屋的数量作为估算绝对人口数量的基础，那么必须先解决这两个问题。

我们在区域聚落分析中使用的最好的年代标尺（chronological control）通常都比较长，而我们统计的一些房屋（甚至全部房屋）可能只延续了整个时间段的一部分。如果的确如此，那我们对房屋的统计就会高估人口数量。对一个区域内分布的全部房屋进行共时性研究，并确定居址遗迹的共时性，这几乎是不可行的。然而，只要我们从少数遗址的发掘房址中获取到足够信息（尤其是如果这些房屋包含足够的测年数据的话），或许可以估算一个房屋的平均使用时长。我们可以用一个区域内的房屋总数除以房屋的平均使用时长，就能够得到这个区域更加可靠的绝对人口数量（当然，我们也可以对一小部分区域做这样的分析，或者对一些特殊的地方性社群做此类分析）。

通过类似上述的流程，我们假设统计出的房屋数量确实是某个时期房屋建筑的总量，也就是说没有任何一个房屋被毁坏掉。通常要验证这个假设是很困难的。但是我们可以举一个例子，在潮湿的热带地区，例如玛雅文化的低地地区，研究者清点的并不是房屋的数量，而是带房屋的土堆（house mounds）数量，这些土堆很可能代表的是在年代上有延续性的居住设施。

如果一个区域内的人群每半年在两地之间有往返性的迁徙，那么计算房屋数量的话，得到的人口是实际人口数量的两倍。如果人口每半年就从研究区域迁移到其他地区，那么计算居住人口的数量（至少是人群所定居的季节）更直接的方式就是计算房屋数量。当然，我们可以研究具有季节指示意义的动物和植物遗存来揭示这样的季节性居住模式,还可以发掘少数遗址,获取这些动物和植物遗存,从而验证这种模式。

原则上,清点房屋的数量可以为我们计算区域尺度上居住人口的绝对数值提供很好的基础,但仍然有一些潜在的重要影响因素超出了我们最初的预想。我们在对房址结构进行细致的发掘中,得到的信息越多,就越能够在区域尺度上明确特定的程序和惯习(procedures and practices),从而对人口复原更加有信心。当然,大范围地发掘居住遗址需要很多资源和条件,并不总是能够实现(图4.3)。对大范围发掘的一个最普遍的限制因素,就是大多数地点的考古遗存的性质决定了我们不太可能直接清点出一个区域的房屋结构,因为并非所有房屋都保留在地表,也不是所有房屋都能在地表留下足够清楚的遗存。但即使一个区域里只有少数这样的遗址,且无论它们是通过发掘还是地表调查被发现,它们都将成为一个关键的线索,供我们探讨基于家户数量所做出的绝对人口估算与区域尺度上复原人口指标之间的关联。

图4.3 中国东北三座店发现的一个夏家店下层文化时期(前2000—前1200年)的防御性遗址,揭示出大面积的居住遗迹。

地方性社群的面积

在第二章中,我们总结出至少在一些地区,居住面积可能与居住者数量之间存在着足够一致的内在联系,因此可以作为可靠的人口指标。通常这意味着在一个区域内,地方性社群的内部居住密度是相对一致的,对于那些缺少地方性社群结构的散落式农庄来说,这个原则同样适用。我们在第二章已经讨论过,更加集中或者密集的居住区通常对应着更高密度的考古遗物。那么,如果考古遗物在其所出现的地表只表现出很小的密度变化,则面积本身就可以作为一个可用的人口指标。

然而,当我们准备使用居住面积作为人口指标时,会发现一个令人不安的事实,即现代地表状况往往让遗物密度测量变得很困难。现代居住行为或土地使用状况、植被情况以及其他因素都会影响地表遗物的密度,这是显而易见的事实,有时候这种影响非常大。但即便出现这种情况,我们仍然有可能在相对小的地点上计算出居住密度,并得到令人信服的结果,这样有助于我们判断遗物分布密度的高低或者密度的变化幅度。

在普拉塔河谷(Valle de la Plata),受到包括人工清理出的覆盖着野草的牧场和浓密的热带山地森林在内的植被的影响,想要计算出令人信服的居住密度几乎是一件不可能的事情。在一些地方,想通过巡查地面来判断遗物的有无几乎不可能。在这些地点,研究者用勘探(shovel probe)代替地表采集,关于勘探技术我们将在第五章中讨论。每一次勘探的面积始终一致,这样保证我们在勘探所在点可以对遗物进行量化分析。除去这些地点之外,其他地点主要还是依赖地表遗物采集(因为采集比勘探要快很多),但是考虑到植被覆盖的复杂情况,地表采集结果并不能保证密度计算是可靠的。

地表采集和勘探获得陶片这两种方式给人的总体印象就是,普拉塔河谷地区的遗物平均密度非常低,大多数情况下陶片的密度小于2个/平方米。然而,有少数几个勘探地点的陶片密度高很多,如果我们假设陶片密度普遍很低，并且用遗物面积作为人口指标，那么一些存在过少量人口聚集的地方性社群会被调查所忽视。那些勘探出高密度陶片的勘探点及其在空间上的分布情况为我们提供了一点信心，即上述可能性实际上并不会发生。如果勘探出的高密度陶片反映了少数较密集的地方性社群，那么这些陶片应当集中在这些社群的所在地。但它们只是散落在调查区域内，没有两个社群是相近的，甚至不会有超过三个社群同时出现在1平方千米的范围内。

对于较高陶片密度的勘探结果，我们还有一个更好的解释，就是它们纯粹是随机地、非常集中地堆积在少数几个垃圾点。在一些更大尺度的发掘中，研究者们也观察到了这种现象，在一个2~3平方米的区域内，出现了极高密度的陶片，并且发现了一个房址，周围再无其他临近的房屋。因此，这个勘探结果可以得出一个认识，普拉塔河谷地区陶片密度普遍很低，可以将面积作为一个比较可靠的人口指标。严格来说，认为遗物密度过低从而可以用面积作为人口指标还不太准确。但是从实践角度出发，我们可以把密度值看作一个常数，当密度很低（接近消失）时，我们计算人口指标就可以不考虑密度。

将面积转化为绝对人口数量，通常可以把它看作这样一个问题，即我们如何根据考古学上测量出的单位居住面积确定出平均居住者的数量，也就是说，我们需要知道聚落中每公顷范围内所居住的人数。有时候，我们可以用人口调查数据实现这个分析目的。如果考古学序列中最晚的部分非常接近人口调查所发生的时间，并且考古学晚期阶段的聚落形式与人口调查时的聚落形式非常相近，那么我们将这两者联系起来就会非常令人信服。即便时间跨度很长，我们将少数遗址的发掘数据与民族学数据进行比较，就聚落中房屋的性质和间距（spacing）而言，可能也能够令人相信考古学上的时段和人口调查更接近的时期之间有非常多的相似之处，因此我们可以用民族学调查中得到的居住密度，将考古遗址的面积转化为绝对人口的估算值。

在早期的区域聚落人口学研究中，研究者们使用过伊拉克城市埃尔比勒(Erbil)的人口调查数据,因为埃尔比勒市内的房屋在性质和间距上非常接近美索不达米亚的土堆(tells)。根据外插值法,埃尔比勒(Erbil)的人口密度大约是每公顷100~200个居民,用这个数值和遗址不同时期的居住面积,可以计算古代美索不达米亚城市的人口。在中国东部山东省的日照地区,基于当代村落的人口调查数据和现代村落面积,可以得出人口密度为72.2人/公顷,将这个数值乘以考古学中龙山、周、汉代等时期(前2600—220年)所对应的居住面积,研究者可以估算相应时期的人口数量。研究者们很少思考这些估算结果的准确程度,不过他们在区域聚落人口学研究的广泛实践中,通常会认为72.2人/公顷这个数值过于精细,而选择使用更加宽泛的数值(50~100人/公顷),并乘以考古聚落的面积,从而提供绝对人口估算的最大值和最小值,这样的结果可以让我们了解这些估算值的准确性。

在估算绝对人口数量时,面积很可能是最常使用的人口指标。通常从面积到绝对人口数量这一转换过程,就是将居住面积乘以民族学或人口调查中单位面积的居住人数。至于同一区域不同地点在单位面积居住人数上的变化,则很少有研究者慎重仔细地加以分析,这使得上述操作更具风险。因此,我们需要对数据进行批判式检验,在降低误差的同时,用它建立单位面积上的平均居住人口数值。

我们可以用秘鲁高地卡华拉索(Carhuarazo)河谷的数据作为一个例子,说明为什么仔细检验数据可以给分析带来好处。在这个地方,研究者获取到了1540年的人口调查数据,涉及11个小型聚落,由于在1540年之后,西班牙殖民地的管理者强迫当地居民搬迁到新的居住地点,因此研究人员可以非常精确地测量11个聚落留下的考古遗址的居住面积。经分析,发现人口数量和居住面积之间有非常强的相关性和显著性($r=0.905$,$p<0.0005$,$n=11$)。然而,就像我们在第二章中所举现代案例的情况一样,散点图显示存在一个异常值,严重地影响了分析结果(图4.4)。如果我们移除这个异常值(图4.4),结果就有些令人失望。尽管样本量足够大,但是我们有85%的把握相信这个相关性明显地减弱了($r=0.488$,$p=0.152$, n=10)。考虑到只有 24%（$r^2 = 0.488 \times 0.488 = 0.24$）的人口变化可以被居住面积所解释，那么能否使用面积作为人口指标就不得不让人怀疑。无需赘言，将面积转换为绝对人口数值也是令人怀疑的，因为最终得到的估算值可能根本就不可靠（换句话说，该分析得到的人口估算值会有一个非常大的误差范围）。

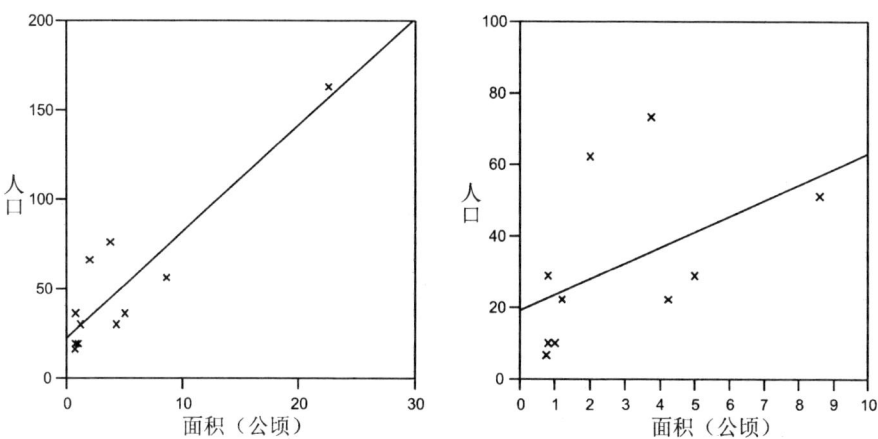

图 4.4　散点图分别基于卡华拉索（Carhuarazo）河谷中考古遗址测量的居住面积和 16 世纪人口调查记录的核心型地方性社群的居住面积。左图和右图分别是包括阿普卡拉（Apcara）在内以及将其排除后的分析结果。（数据来源于 Schrieber and Kintigh 1996：573-579。）

上述分析所带来的积极作用是，在进一步观察后，我们可以发现三种不同类型的聚落，分别是中心地点（central places）、普通村落（ordinary villages）以及受地形制约只能分布在特定地点的普通村落。当我们把原本已经够小的样本（11 个）进一步分为三类后，每一类中只有几个样本，但这个时候我们发现，普通村落的居住密度相对比较稳定（20～30 人/公顷）。中心地点的居住密度也相对稳定，但是人口密度稍低一些（少于 10 人/公顷），这很可能是因为人们利用更大的空间进行公共活动或满足其他特殊需要。而那些受地形制约的村落中，人口密度普遍超过 30 人/公顷，这可能是因为这些地点的居住空间狭小，居住者只能拥挤地生活在一起。

那么，在这个例子中，当我们使用面积作为人口指标时，一开始得到的结果是不理想的。但我们观察考古记录的"遗址类型（site types）"后，发现每一类遗址都有相对稳定的居住密度，而且不同类别遗址的居住密度又有明显差别，这样的认识就让原有的分析发生了变化。我们同时也注意到，不同类型聚落中居住密度的变化可以表现为一种非线性的相关性。如果我们能够在计算中考虑到考古遗存的密度，甚至可以获得更好的结果（见下面的讨论）。

在将面积转化为绝对人口数值的过程中，还有另外两个干扰因素，即共时性和季节性居住的可能性。这两个因素对使用面积进行计算所产生的影响，与它们对清点房子数量的影响完全相同，而关于这些影响，我们在之前的章节已经讨论过了。如果居住者在某个时期（a chronological period）中在一个区域居住了一半时间，然后移居到这个区域以外的其他地点，在那里度过了剩下的另一半时间，那么我们对人口的估算结果（居住面积乘以时间）应该是实际人口数量的两倍。这种情况可以表现为在一个区域中，前半段时间里人们还居住在某个地点，而在后半段时间中这些人（或者他们的后代）移居到区域的其他地点。又或者是另一种可能，即人们季节性地移居，在一个地点生活六个月，然后移居到另外一个地点再生活半年。无论哪种情况，最终的计算结果都是一样的：如果严格按照面积来计算人口，那么估算出的人口是实际人口的两倍。只要人们的居住模式保持不变，这种可能的误差来源或许不会严重影响历时性的相对人口估算。但是对估算绝对人口来说，只要估算的唯一依据是面积，那么计算结果就一定会受到影响。将考古遗存的密度带入到计算中，并且结合面积一起讨论，可以解决这个问题。

将密度与面积相结合

将地表遗物的分布面积和分布密度系统地结合，这一做法最早应用于墨西哥盆地的区域聚落人口学研究。我们在第二章讨论过，每一种密度分类(陶片个数/平方米)对应一种居住密度(人/公顷)。所有的居住密度都用最小值和最大值表示，以反映人口估算结果的精度。例如，一个中等程度的地表陶片密度(moderate surface sherd density)是100~200个/平方米，相应的居住密度是25~50人/公顷(值得注意的是100~200个/平方米这个陶片密度可能对很多区域而言都是很高的数值)。对于每一个居住区域(或者居住区域的一部分)，我们可以计算出相应的居住人口数量(也就是最小值和最大值所反映的一个人口范围)，计算依据是面积和某一时期的地表陶片密度。将估算出的居住人口相加就得到每一个地方性社群或者其他居住区域的人口数量，将全部结果相加，就得到一个区域中更大面积甚至整个河谷的居住人口数量。将平均每公顷的居住人口数对应于一种陶片密度类别，就是根据几种不同的信息所总结出来的。

对一些阿兹台克时期(西班牙征服者到来之前的最后一个时段)的居住区域而言，它们的房基保存得非常好，在地表清晰可见，因此可以清点房屋的数量。居住区域内的房屋密度从1~2个/公顷到20个/公顷，而且这个密度变化很好地对应了阿兹台克时期地表陶片的密度(陶片个数/平方米)。这为我们计算每公顷范围内的家庭数量(进而估算人口数量)并将其对应于不同的陶片密度类别提供了一个参考。我们通过观察墨西哥盆地中相对传统的当代村落，可以得到每公顷的房屋数量，这将进一步调整上述的估算结果。

对于最终估算出的人口数量，研究者可以采用两种方式进行核查。第一种方式是从西班牙殖民时期最早的人口调查数据着手，它们的年代约为1560年，反映了1519年，也就是西班牙人最早进入墨西哥盆地时的情况，当时尚处于阿兹台克时期的前西班牙时期人口高峰。当然，这样的追溯必须考虑到欧洲人带入疾病所导致的人口衰落。最终，根据历史文献中的人口调查，研究者估算出1519年的人口数量大约比根据考古学遗存估算的最大人口数量高出约20%。

第二种检查方法基于对墨西哥盆地文化序列早期居住遗址的广泛性发

掘,这些遗址的年代主要属于形成期(Formative period,前1500—前300年),其中阿尔沃利略(El Arbolillo)、萨卡特科(Zacatenco)和蒂科曼(Ticoman)遗址是在20世纪早期就被发掘过的遗址,而特里莫特(Loma Torremote)是在1974年墨西哥盆地项目中发掘过的遗址。在阿尔沃利略、萨卡特科和蒂科曼遗址上,研究人员发现了大量的墓葬和相对集中的年代序列,因此他们对地方性社群规模的计算也依赖这些墓葬所反映的死亡人数。研究人员用同样的方法对特里莫特(Loma Torremote)遗址进行了人口估算,此外,他们还利用复合式房屋(house compounds)的数量和间距估算人口数量。

上述人口估算结果与地表遗存所揭示的人口估算值之间的匹配程度因遗址的不同而不同,有些遗址中这两者的匹配程度要好于其他遗址。但是整体的人口趋势与历史文献中的人口数据分析结果十分相似:根据地表考古遗存估算出的人口数量,比根据墓葬和房屋的发掘信息所估算出的人口数量低了大约20%。而根据地表考古遗存估算出的人口数量,与西班牙殖民时期人口统计数据几乎有着相同程度(约20%)的差别。有研究者一定会认为这个20%的差别让人焦虑,但是我们更倾向于同意威廉·桑德斯(William Sanders)及其同事在墨西哥盆地研究中的判断,即认为这20%的差别反映了"很高程度的匹配性"。

研究者将每公顷的居住人口所反映的居住密度对应于墨西哥盆地中地表遗物密度的分类,这种做法可能也适用于其他地区(当然我们也没有理由相信它们一定能起作用)。研究人员还同时利用遗存的面积和密度,估算了巴拿马托诺西河谷(Tonosi Valley)中的绝对人口数量,他们根据对已发掘遗址中的家户数量和遗物密度的分析,得出了不同的陶片密度类别与居住密度类别之间的对应关系。所得到的结果与墨西哥盆地相似,但并非完全相同。

面积-密度指数

我们在第二章中讨论了面积-密度指数(area-density index),该指数包含了一个相对人口指标，与估算绝对居住人口时所需要的各种考虑完全不同。随之而来的一个问题就是如何将相对人口指标转化为绝对人口估算值。我们需要记住一点，面积-密度指数所量化的是某一特定时期中，某个地点或区域的景观所保存的垃圾堆积量。如果我们这样想，将有助于解释清楚如何把相对人口指标转化为绝对人口估算值，以及如何解读生成的绝对人口估算结果。

我们在第二章中计算过，面积-密度指数是将某一个特定时期的地表陶片密度（单位：陶片数/平方米）乘以居住面积（单位：公顷）。面积-密度指数中的一个单位（unit）相当于1公顷的范围中地表陶片密度为1个/平方米。站在人口学的角度，面积-密度指数的一个单位，相当于生活在某个时期的人口产生的垃圾堆积，对应在考古学中，就是某一时期在1公顷范围产生的陶片密度为1个/平方米的人口数量。面积-密度指数也可以假设这样的情况，即同样数量的人居住得比较近，且他们的垃圾集中堆积在0.5公顷范围内，由此产生的地表陶片密度为2个/平方米。

面积-密度指数的这些丰富含义，可以消除根据面积计算人口所引发的一些担心，例如我们对不同遗址类型对应不同的居住密度的担心。研究人员在卡华拉索河谷（Carhuarazo Valley）观察到三种遗址类型以及相应的居住密度，如果村落坐落在受地形制约的地点，那么将对应更高的地表遗物密度；如果村落坐落在正常的地形中，则相应地，地表遗物密度要稍低一些；而如果那些中心地点含有大型开放式公共场地，它们的地表遗物密度甚至要更低一些。在这种情况下，我们无需将遗址划分为三种类型，并且借助各种算法，计算出每一种类型遗址的居住人口。我们只需要将更高密度的村落面积，乘以村落相应的稍小一些的居住面积，就可以得到估算人口。与面积更大但居住人口更加稀少的村落相比，两者的结果可能是一样的。

我们在第二章中讨论过，考古学上的文化时期在时间跨度上差异很大，所以如果我们将面积-密度指数除以研究的时期所对应的世纪数（百年数），得到的结果就是同样数量的人在更长的时间段中会产生更多的垃圾堆积，因此在地表产生更大的活动面积或者更高的遗物密度。

"神奇数字"

最后，我们要探讨一个"神奇数字（magic number）"，也就是如果要在一个世纪的时间里，在1公顷面积上留下1个/平方米的陶片密度，需要多少人口能够实现。没有一个数值可以适用于任何时期或者任何地点，我们必须对每一个区域进行重新计算，得出相应的数值，而且很有可能在某个特定区域中，这个数值会随着时间的变化而变化。要得到特定情境中的上述数值，一个主要方式是将考古遗址中地表遗物的面积和密度与其他信息所得到的居住人口估算值联系起来，这里所谓的"其他信息"指的是从很小的区域（而非整个区域）中采集到的信息。在墨西哥盆地开展工作的研究人员最早提出了这个方法。

在一个小的空间尺度上估算绝对人口数量有很多种可能性。当然，其中的一种可能性就是根据当代或者历史时期的人口统计清点人头数，我们之前已经讨论过这种方法，并且把它和用面积作为人口指标的方法进行过比较。但真正要将所有的信息都整合起来则可能非常复杂。如果我们要把人口调查数据投射到某一个时间段，并且将这些数据与考古遗址联系起来（就像研究人员在墨西哥盆地开展的工作那样），这会是一个很大的挑战。鉴别考古遗址对应的地方性社群，同样会是一个挑战（当然，对于卡华拉索河谷来说，这不是个问题）。不过，即便如此，上述分析在原理上还是比较直截了当的。

如果人口调查数据显示，一些社群的人口数量相对稳定，大约是相应的考古遗址面积-密度指数的50倍，那么我们将面积-密度指数乘以50，所得到的数值就应该是特定区域和时段下考古遗址的绝对人口估算值，并且是一个相对准确的数值。如果人口调查数据和面积-密度指数的关系不那么稳定，但是人口调查数据与考古遗址的面积-密度指数的比值通常在35～65之间，那么将面积-密度指数乘以35就得到绝对人口的最小值，乘以65就得到绝对人口的最大值。如果样本数量足够多，我们还可以借助回归分析，对两者的相关性进行更细致的分析。最佳拟合线（best-fit line）公式可以作为最合适的数学工具用来计算人口数值，同时它还可以让我们在一定的置信度上建立误差的范围（也就是绝对人口的最小值和最大值）。上述思路还没有应用于面积-密度指数（很大程度上是由于缺少足够数量的案例），但是回归分析已经是非常成熟的方法，我们上面谈到的卡华拉索河谷（Carhuarazo Valley）的遗址面积分析就是一个例子。

利用考古学材料估算一些地方性社群的人口，进而得出与面积-密度指数相对应的绝对人口数量，这是一个非常有吸引力的研究思路，它有助于我们规避第二章所讨论的"其他条件保持不变"的一系列问题。但是这样的方法对考古学数据的记录提出了非常高的要求。理想情况下，我们应该研究一个区域内部或者区域附近大量年代各异的遗址，充分地发掘这些遗址或者对它们进行全面的抽样，以定性和定量两种方式记录和描述所有的结构、遗迹和遗物，而且应当发表详细的研究结果，以便其他研究者作进一步分析。有了此类的信息，我们就可以估算每一个遗址的绝对人口数量。最终，我们希望得到详细的量化信息，尤其在发掘遗址之前，需要知道遗址的面积和地表遗物的分布密度。

上述最后一点是将发掘遗址的绝对人口估算与面积-密度指数相关联的关键，而且正是许多详细的发掘报告中经常欠缺的信息。对这些信息的忽略可能来自发掘项目从一开始就持有的一个假设，即很多详细信息会随着发掘而出现，因此没有任何必要去记录地表的遗物。这样想是很让人惭愧的，因为在发掘之前对地表遗物的分布面积和密度进行系统性记录是很快可以完成的，而且能够在很大程度上提高区域聚落人口学研究的可靠性和精确程度。

赤峰地区是本书作者第一次应用面积-密度指数的地区，尽管我们不可避免地做了一些猜测（以获取某些信息），但相比很多其他地区，赤峰地区更好地满足了我们对于发掘遗址附属信息可用性的需求。将赤峰地区的面积-密度指数转化为绝对人口估算的这一过程，开始于对赤峰调查区域的面积-密度指数进行图形化描述，也就是对1234平方千米范围内、包括从公元前 6000 年到 1300 年的时间跨度的区域进行面积-密度指数的图形化总结（graphical summary）。虽然有些时期的面积-密度指数显著高于其他时期，但总体而言，每个时期的面积-密度指数都有一个比较宽的浮动范围（图 4.5）。图 4.5 中，代表指数浮动的上限并不是封闭的，表示我们忽略了一些高异常值，以便于图表所代表的浮动范围能够更加有效地反映出不同数组的数值信息。

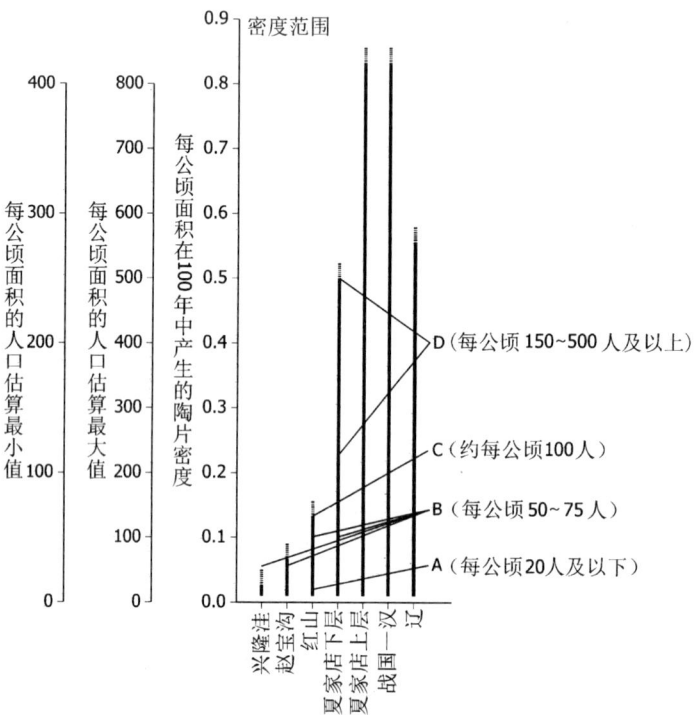

图 4.5　根据采集单位记录的面积-密度指数及其变化范围，对应了赤峰地区文化序列中的不同时期。图中的字母表示可以根据房屋数量估算遗址上的绝对人口，而这些遗址的所在位置反映了根据面积-密度指数计算出的人口范围。图中标注了最小人口和最大人口的估算结果以便和发掘遗址的人口估算结果进行比较。（数据来源于 Chifeng 2011a：72-78，2011b。）

如图4.5所示,我们已经将面积-密度指数除以相应时期的百年数(也就是世纪数)。接下来,我们统计了赤峰地区及其周边的遗址的绝对人口估算值,这些遗址通常都经过全面发掘或者保存了很好的地面遗存,可以方便我们计算同时期的房址数量。就许多案例而言,我们必须在发掘之前对遗址地表遗物的分布面积和密度做出有根据的推测,当然我们也从一些遗址上采集了更加系统性的信息。我们所做出的推测有其合理性,这些合理性来自从一些遗址的发掘者那里重新了解到的情况。

根据我们对遗址发掘前地表情况的合理性推测,我们依照地表遗物的密度范围以及相应的时期,将遗址放置到合适的位置。在地表遗物密度较低的区域,发掘的遗址数量是非常少的,这是因为考古学家很少发掘地表遗物稀少的小遗址(大多数情况下,考古学家充分发掘的遗址都是规模更大、居住遗迹更加密集的遗址,这个实际情况造成了抽样偏差,并严重影响到我们对古代社会组织和生活模式的复原,但是研究人员经常会忽略这种影响)。但是确实有一个红山时期的遗址(即图4.5中的A遗址),落在了低遗物密度范围,在这个遗址中只有一些短暂居住的迹象,我们之所以这么认为是因为该遗址上最密集的居住遗迹并不属于红山时期,而是另一个时期。有几个遗址的兴隆洼时期和赵宝沟时期的遗物密度更高一些(见图4.5中的B遗址),落在密度尺度靠近顶部的位置,但稍低于红山时期的最大密度值。而相比夏家店下层时期,这几个遗址的遗物密度就处于相对低的位置。图4.5中的C遗址拥有更高的遗物密度,几乎落在红山时期遗物密度值的最顶部。最后,有几个青铜时代早期的防御性遗址,它们的遗物密度差别很大,但都分布在夏家店下层时期遗物密度尺度的上半部分。

分析过程的最后一步就是使用这些遗址的绝对人口估算值,在此之前,我们已经根据遗物密度将这些遗址标注在面积-密度图中,因此可以在图4.5中将绝对人口的尺度(也就是绝对人口估算值的范围)标记出来。我们是这样做的:在最佳估算模式(best-estimate pattern)后面,用括号的方式注明了人口估算的最小值和最大值,这也相当于提醒我们:这些人口估算的精度相对比较低。一旦我们将这些人口尺度的位置确定好，就可以给原始的面积-密度指数乘以500，得到最小人口估算值；乘以1000，则得到最大人口估算值。这些就是我们所说的"神奇数字"，我们在将赤峰地区的面积-密度指数转化为绝对人口数值的过程中就使用了这种方法。我们要再次强调，并没有放之四海而皆准的常数值（universal constants），对其他地区而言，我们很可能会得到完全不同的数值。

虽然遗址的面积-密度指数和人口估算值各有不同，但它们在结果上出现了足够的重复，这再次确认了最早的四个时期（也就是文化序列中比较早的阶段）在面积-密度指数上的分布情况。也就是说，当遗址数量足够多时，通常会产生相互冲突的结果，然而我们并没有看到任何冲突的结果，这更说明了结果的可信程度。不过，对于面积-密度指数分布范围中比较靠上的部分（也就是最后的三个时期），我们却无法得出相同的结论，因为这三个时期的面积-密度指数范围远远超出了前四个时期。我们无法对单个遗址进行绝对人口的估算，这意味着无论是面积-密度指数值还是时间段，转化尺度都远远超出了转化所能够完成的范围。这使得我们对后段的人口估算结果不如前段可靠，但是人口尺度的转化确实提供了一种将面积-密度值转化为绝对人口数值的方式，而且适用于赤峰地区的任何一个采集单位、地方性社群、超地方性社群乃至其他区域。

由于上述转化是基于独立的面积-密度指数和遗址不同时期的绝对人口数量进行估算，它可以解决我们在第二章中所提到的"其他条件保持不变"所带来的部分难题。例如，上述人口转化潜在地将人均陶器使用速率的历时性变化考虑在内，无论人均陶片使用速率如何变化，面积-密度指数和遗址在某个时期的绝对人口数值之间的对应关系都是针对每一个时期的。如果每一个时期都有更多的遗址被发掘，而且我们能够在确认发掘遗址的面积-密度指数时少一些"有根据的猜测"，那么上述人口转化的结果将可靠得多。

从概念上讲，要想通过上述方式增加可信度一点都不困难，甚至都不需要花费像全面发掘遗址那样的大量经费。很多遗址已经被发掘过了。我们欠缺的只有两个东西,它们既不昂贵,在概念上也不麻烦。第一,许多有潜在价值的发掘项目的结果要么尚未发表,要么不容易获取(或者未发表足够的细节,使得我们无法开展分析)。第二,很少有考古学家习惯于在发掘遗址之前,收集和发表系统性的信息(例如地表遗物的面积和密度)。

我们迫不及待地想要补充一点,上述情况并非仅限于赤峰地区,世界上几乎所有地方都存在这个问题。如果更多的田野考古学家投入更大的精力,发表他们的数据时尤其注意到这个细节,那么就可能积累更多、更可靠的数据用于进行区域聚落人口学研究。这跟碳十四年代学在很多地区的积累过程一样缓慢,当考古学家发掘遗址的时候,往往只会增加一个、两个或者五个测年数据。

回溯研究

无论我们使用哪一种方式将人口指标转化为绝对人口估算值,我们都应该在回溯研究(ex post facto checks)中验证、校正或者验错分析结果。这通常要求我们寻找与绝对人口估算值相一致或者不一致的其他证据。如果其他证据倾向于支持这些人口估算值,那么我们应该对估算结果有更强的信心。如果其他证据得出完全不同的结果,那么我们的信心就会减弱。

以我们前面提到的日照地区为例,该地区的人口估算是以现代聚落和人口调查数据为基础的,如果将估算结果与汉代(公元2年)的人口调查数据进行比较,我们会发现汉代人口数据的细节信息很少,只是提到了包括日照调查地区在内的琅琊郡居住有1079100人(人口密度大约为50人/平方千米)。我们按照50人/平方千米的密度,计算出日照调查区域应该有20000人。如果我们采用考古材料,并利用最小值和最大值的计算方式,会得出日照地区的人口是42000～84000人,是根据汉代琅琊郡人口密度得出的人口数量的2～4倍。但是这个显而易见的差异可能正好表明两者之间有很好的一致性,因为汉代琅琊郡的地形差异很大,而且土壤生产力的差异显著,可以预料到大量的农业人口应该聚集在农业生产力高的地区,也正是日照调查区域所在的区域。所以，日照地区人口密度是琅琊郡人口密度的2~4倍也就是合理的。

在哥伦比亚的阿尔托马格达莱纳(Alto Magdalena)，人口计算是根据普遍很低的地表陶片密度得出的，这些地表陶片密度对应着1~2个家户/公顷(或者5~10人/公顷)。研究者对梅赛德斯(Mesitas)的中心社群进行了充分的调查，发现遗物的分布似乎对应着68个相对分散的区域古典时期(Regional Classic period)家户。由于阿尔托马格达莱纳区域调查包括了梅赛德斯遗址，那么这个结果就可以与区域调查结果相比较，对应着68个家户的区域。总面积大约为37.7公顷，由此得出平均密度为1.8个家户/公顷。

我们有理由相信，1.8个家户/公顷这个数值对于普拉塔河谷(Valle de la Plata)来说太高了，因为梅赛德斯包括了一小群间距很近的家户。如果把这一小群家户排除在分析之外，平均密度就会降低到1.2个家户/公顷。但无论如何，1.8个家户/公顷和1.2个家户/公顷这两个数值都在1~2个家户/公顷这个范围，这也是阿尔托马格达莱纳人口估算的基础。我们还对阿尔托马格达莱纳的人口估算进行了另外的回溯研究，也就是利用民族考古学观察来确定散落的现代小农庄周围垃圾分布的平均面积。我们在所有散落的现代小农庄周围画出代表垃圾分布的平均面积的圆圈，圆圈区域大致对应了考古学调查区域。因此，我们可以把这个遗物分布图看作当代农村人口未来会在考古学上留下的遗物分布图。圆圈区域的总面积为776公顷，对应着946个家户，产生的密度为1.2个家户/公顷，同样落在1~2个家户/公顷这个范围内，而1~2家户个/公顷正是我们进行考古学人口估算的基础。上述两条线索各自独立，但又与考古学人口估算的结果非常一致，这就提高了我们对人口估算的信心。

赤峰地区的绝对人口估算基于上面讨论的面积-密度指数，但它同样与其他证据得出的人口估算结果相一致。在第二章中，赤峰地区编号342的遗址经过地层发掘后，只发现有很稀疏且分布不均的战国时期的居住遗迹，相应的人口估算(根据区域调查采集和面积-密度指数)结果是35~70人。而根据地层发掘，更早一些的夏家店上层文化居住遗存明显更加密集并且分布范围更广,这与人口估算结果也是一致的,根据区域调查所得到的面积-密度指数,计算出这一时期的人口是 550~1100 人。地层发掘表明,在更早的夏家店下层文化时期,人口估算结果与夏家店上层时期相当,根据面积-密度指数得出的人口为 600~1200 人。而根据地层发掘,更早的红山文化居住遗迹则小得多,由面积-密度指数估算出人口 15~30 人。面积-密度指数还指出,在红山时期之前,只有非常稀少的居住遗迹,赵宝沟文化时期人口约为 2~5 人,兴隆洼文化时期只有 8~15 人。这些居住遗迹并不是地层发掘所揭示出来的。因此,将面积-密度指数转化为人口估算,得到的结果与该遗址地层发掘结果(前 6000—200 年,超过 6000 年的时间跨度)非常一致。赤峰地区的福山庄村,根据遗物分布所代表的家户数量,可知红山时期的村落有 90~180 人,这与面积-密度指数得出的人口估算完全一致。

流动性、季节性、共时性及其解释

我们根据考古遗存的面积和密度可以得到人口估算值,其结果有助于我们解决人口分析中长期存在的一些复杂问题。其中的一个问题经常被看作三个不同的问题:我们所记录的考古遗存中,居住遗迹是否存在共时性?在以定居为主的人群中,季节性居住究竟是怎样的情况?高度流动性的人群有着怎样的定居模式?从根本上看,这三个问题可以合并为同一个问题,即人群并不会在相同的地点一直居住下去。人群确实是游走在景观中的,唯一能够区分共时性、季节性和高度流动性的东西就是人群移动发生的时间尺度。被我们称为"高度流动性"的人群,在一年中会几次甚至很多次地,从一个地点流动到其他一个或多个地点;季节性定居的人群,则会在一年中数次改变他们的居住地点(一般是两次);至于流动模式,可能就是在夏冬两个季节,往返于相同的两个地点。

那些我们认为缺少共时性的遗址,同样对应的是从一个地点移动到另外一个地点的人群,只不过这种移动在时间上的间隔要长得多而已。也就是说,人们可能在一个地点居住 50 年、100 年或者 200 年,然后迁居到其他地点，从而形成多个遗址。如果我们把这些遗址都划到一个500年的时期中，它们就变成了具有共时性的遗址，但它们显然不是真正意义上同时存在的遗址。经常有人对上述人群移动的形式表示担心，认为我们很可能会把同一个考古时期中居住在不同地点但实际上是相同的一群人重复多次计算，从而夸大了人口估算的结果。

将考古遗存的面积和密度结合，作为人口估算的基础，能够有效地帮助我们克服上面的顾虑，前提是我们需要从概念上搞清楚基于面积和密度的人口估算结果究竟意味着什么。将面积和密度带入到人口估算中的第一步，就是考虑地表垃圾的堆积量与丢弃垃圾的人口数量的比例，以及与这些人生活的时间的比例（当然，这是在其他条件保持不变的前提下，我们之前已经讨论过其他的一些条件以及如何保证它们是稳定的）。我们提出将考古遗存的分布面积与在这个面积之内考古遗存的密度相结合，作为量化垃圾的一种方法。正如我们在第二章中讨论的那样，面积-密度指数量化的是一定数量的人在某一时间内生产的垃圾数量，也就是制造垃圾所需的人年数（person-years of garbage）。这个"奇妙数字"可以将面积-密度指数转化为绝对人口数量，但实际上它真正完成的是把指数转化成兼顾人数和时间的更加复杂的东西，也就是类似居住遗迹的人年数。

如果我们换一种方式思考上面的问题，那么根据特定时期陶片的分布面积和分布密度估算出的绝对人口数量实质上是对这个时期平均人口数量的估算值。因此，正如之前提到的那样，如果我们估算出某一时期某一地点生活过大约100人，这意味着这100个人或许在此居住了整个时期的时间，又或者有200人在此生活了一半的时间，甚至是400人在此生活过四分之一的时间。这三种情况的最终结果都是一样的，也就是整个时期的平均人口数量是相同的。因此，根据面积和密度估算出的绝对人口数量，并不是对应某个时间点的绝对人口数量，而是就整个时期而言的平均人口数量。

这样处理似乎给数据解释工作带来了额外的困难，从某些方面来讲确实如此，但从其他角度看的话，它恰好将问题简单化了。或许最重要的是，这样做完全消除了由于遗址可能并非同时期从而导致重复清点人数的问题，因此避免了过高地估算人口。如果100个人（包括他们的后代）在某个地点生活了整个时期的时间，那么这一整个时期的垃圾都应该是这100个人制造和堆积的。换一种情况，如果这100个人只在这个地方生活了一半的时间，然后迁居到另一个地点，在那里继续生活了剩下的一半时间，那么景观中所堆积的垃圾应该跟之前的垃圾量一样多，只不过这个时候两个地点各有一半的垃圾量。如果100个人在四个不同的地点分别生活了1/4的时间，那么每一个地点应有垃圾总量的1/4。

将遗物的面积和密度结合，可以让我们对垃圾堆积的总量有一个合理的估算，对同一个区域来说，上述三个例子所产生的面积和密度的总值应当是一样的：如果只有一个居住地点，那么该地点会得到一个比较高的面积-密度指数；如果有两个地点，那么它们的面积-密度指数将是前一种情况的1/2；如果有四个地点，则它们的面积-密度指数都将是第一种情况中面积-密度指数的1/4。无论人群在什么样的时间尺度上流动，上述结论都是正确的。对于100个人来讲，如果他们在某个地点居住了时间段的一半时间，在另外一个地点又居住了剩下的一半时间，无论他们是否真的居住了时间段的前、后半段，还是说他们每年中的前半年在一个地点居住，后半年又在另一个地点居住，其结果都是一样的。一群人每年在四个地点分别停留三个月与他们在整个时间段中移动四次，所得到的面积-密度指数是完全相同的。

以上所说的等价关系，假定人群移动是发生在同一个区域内，或者至少是当一群人离开该地区后（无论是以年或者以更长的时间为周期单位），同时有相似平均数量的其他人进入这个区域，并替代了前面的一群人。另一方面，假如人们只在一个区域居住六个月（冬季），然后完全遗弃该地点，选择在区域之外的一个地点生活六个月（夏季），那么在夏季的时候就没有人居住在这个区域，意味着冬季时居住在这个区域的人口是整体上平均估算人口的两倍。那么，我们根据地表遗存的面积和密度所估算出的人口数量，仍然是对整体人口的准确描述，只不过这种描述是针对整个时期而言。

只要我们把根据面积和密度得出的绝对人口估算值看作整个时间段的平均人口，那么关于非共时性、季节性以及高度流动性的一些问题就迎刃而解了。尽管对某些研究而言，我们仍需要估算出某个时间点上的人口数量，即某个时刻出现在某个地点的人口数量，而不是用一些时期的人口去平均其他时期。如果我们将区域尺度上的人口总数与居住时长信息（通常来自区域中的遗址发掘）相结合，则无论这个居住时间以世纪、年、月、周或者天为单位，都有望解决这个问题。如果对几个遗址的发掘表明人群是长期、常年的定居，那么我们对地方性社群在长时段中平均人口数量的估算，就不会显著区别于短时段中的平均人口估算。大多数区域聚落人口学分析就是这么完成的。已知人群是长年定居，并且在某些地点居住了很长的时间，甚至超过某一个时期的时长，这是研究者们时常默认出现的情况，但如果他们能说清楚作出这些假设的理由和依据，那就更好不过了。

对那些拥有陶器序列的区域来说，如果陶器序列只能区分出一些长的时段，那么就面临一个风险，即我们将不同时间点的人口进行平均化处理时，会模糊人口在更细微的时间尺度上的变化。当然，解决这个问题的方法之一就是在陶器分析和计时测年（chronometric dating）上寻求突破，将时间序列划分成更短的时段。只不过即便付出这样的努力，也不能保证对很多地区都有用。因此，我们需要考虑清楚我们现有数据的意义。

以中国东北地区大凌河上游流域的红山文化时期来说，我们在调查区域中界定了多个超地方性社区。根据面积-密度指数，估算出最大的超地方性社群可能拥有500~1000人。结合其他证据，我们知道这是一个长年定居的人群，但是红山文化时期长达1500年（前4500—前3000年），这就存在一个可能性，即这个超地方性社群的人口很可能在红山时期有过很大的人口变化。尽管测年结果并不多，但确实表明这个超地方性社群的居住时长跨越了整个红山时期。最大的一种可能性是，一个中等规模的人群建立了这个聚落，然后逐渐增长，一直到达人口峰值，而此时可能已经到了红山文化时期的末期；当然，也可能是早期人口比较多，之后人口逐渐衰落。如果我们真的想知道这个红山时期地方性政权所达到的最大人口规模，就必须考虑人口增长的模式。无论人口变化是按照怎样的序列发生，有一个事实是肯定的，那就是这个遗址在整个红山文化时期的人口是比较少的，即使在它的人口高峰时期，这个政体的人口也不可能超过整个红山文化时期平均人口的两倍。我们可以非常有信心地说，这个红山文化的区域性政体的人口从来没有超过2000人，而且在任何时刻都远低于2000人。

这个结论可能看起来有点含糊，但这是对我们研究的发现以及我们目前所知的最为准确的描述。此外，我们还需要指出一点，中国东北地区夏家店下层文化时期的后段，见证了许多超地方性社群以及整个时期平均人口数量的发展，根据估算，整个时期的人口是3500~7000人。与红山文化时期相比，夏家店下层文化时期的延续时间更短，因此，它在某个时刻的人口数量可能更接近于整个时期的人口平均值。但是，毋庸置疑的是，一些区域性政体的人口峰值可能接近甚至超过了10000人。因此，我们的立场是，从红山文化时期到夏家店下层文化时期，政治一体化带来的人口规模变化，至少导致人口数量翻倍或者增长到三倍，从几千人一直到接近10000人。当人口的变化幅度十分剧烈时，即便是非常粗略的估算，都是很有信息量的，因为这种幅度的变化超出了估算本身的误差。

如果我们转向另外一种时间尺度，从几个发掘过的遗址，我们获取到季节性的数据信息，或许说明一个地区中的某些居住遗迹并不是长年使用的，而是人们在长达六个月的冬季所居住的营地。那么，在人们实际居住的冬季，这些居住营地的人口数量大约是整个时期平均人口数量的两倍。我们可以举一个更加复杂的案例，在哥伦比亚境内的安第斯山地区的图拿博（Tunebo）社群，他们每年有大约7个月的时间居住在海拔1300米的哥巴里亚（Cobaria），有4个月的时间居住在海拔1000米的斯科奎萨（Sircurquesa），以及有1个月的时间居住在海拔500米的德拉巴瑞阿（Drabaria）。民族学观察可以证实我们的一个预估，那就是在每一个居住地点发现的破碎和废弃的陶片，都与人们在该地点停留的时间成正比。在哥巴里亚，某些陶器的比例是最高的，但是同样类型的陶器到了德拉巴瑞阿则比例降到最低。在这种情况下，如果对少数遗址进行细致的发掘，可能会为认识这种模式提供信息，并帮助我们认识在一个广阔的区域中，由分布遗物构成的地表采集所反映出的不同器物类型的相对比例。

经常有人表达这样的一个观点，即本书中用于区域聚落人口学的方法并不适用于流动性很强的地区。实际上，情况并非如此悲观。只要我们结合其他信息来源（例如遗址发掘和相关的民族学观察，这些信息能够记录季节性和流动性的模式），就可以更加充分和精确地解读区域聚落人口。目前，在区域聚落人口学研究中，还没有研究者探讨过这种可能性，但将区域尺度和遗址尺度的数据结合起来探讨流动性问题，从原理上来说不仅可能，而且再清楚不过。

近似值、精确度和比较

总而言之，根据考古学材料，在区域尺度上进行绝对人口数量的估算，并且估算结果达到一定的精确度，这是可以实现的。但是，我们在探讨这个话题的时候需要非常小心，而且至少到目前为止，我们基于考古材料所得出的结论还都是近似值。正是出于这个原因，当我们看到有人估算出人口数量是7638人时，会觉得十分尴尬。实际上，这个数值真正的含义是人口估算值在5000~10000人，要是我们看到有人说某个地区不存在人口压力，原因是该地区史前时期的人口只有7638人，而该区域的可承载人口数量是8765人，我们的内心就更加不舒服。但如果我们换一种说法，效果上就全然不同，例如一个区域的人口是5000~10000人，而该地区可以承载6000~12000人（即使我们忽略掉与"载荷能力"有关的概念性问题，所谓的"载荷能力"也同样只是近似值）。后一种估算方式更加接近事实，但会得出一个不同的结论（同时也是不太确定的结论），即可能存在人口压力（甚至是很严重的人口压力），但我们并不能百分之百确定这一点。

不幸的是，我们现在所能做到的对区域人口的估算，从本质上讲，就是非常近似的数值，这就让我们的结果和上面举例的那样，出现了不确定因素。不过，现实也并非总是如此，有可能我们估算出一个区域的人口是1500~3000人，但在生计方式保持不变的情况下，相同的资源在之后的时间中甚至可以轻易地养活10000~20000人。在这种情况下，早期的人口压力和对生计资源的集中竞争就宛如一缕青烟，消失不见了。但正因为我们敢于估算绝对人口，并且允许绝对人口值可以是近似值，我们才会有上面的认识。

绝对人口估算值作为近似值，提供了一种比较不同地区人类社群的通用方法。我们惯常使用小农庄（hamlet）、村落（village）和集镇（town）这样的词语，描述我们所认为的不同的人类生活环境以及与相邻人群的互动。我们给不同种类的社群赋予不同的属性，但它们在很多方面都反映了不同的人口尺度：集镇当然比村落大，而村落又比小农庄大。

如果使用上述概念但又没有意识到人口尺度的不同，我们在比较地区之间的人口时，就容易栽跟头。研究者们认为，中国东北夏家店上层文化时期（前1200—前600年）已经非常确切地出现了集镇，社会和经济模式随着集镇的出现而形成。而南乌拉尔地区的辛塔什塔现象（Sintashta phenomenon，前2100—前1700年）突然出现了一种新的生活方式，有人将其称作小镇之国（country of towns），也有人认为是原始城市（proto-urban）。研究者对夏家店上层文化时期和辛塔什塔时期的描述，听起来似乎建立了某些共性，有可能成为比较的基础。但我们要做出任何比较，都需要意识到夏家店上层文化时期的集镇可能意味着大多数人口聚集在地方性社群中，社群人口大约为10000人，而且有一些社群的人口甚至可能在20000以上。而相比之下，即使是辛塔什塔文化规模最大的集镇，人口也很可能少于1000人，甚至有些镇子只有100~200人。如果我们要明确和具体化绝对人口的估算值，我们必须清楚，无论夏家店上层文化时期和辛塔什塔文化时期的地方性社群之间存在何种其他相似性，它们在人口规模上的差别都超过了一个量级。

在中国东北地区，类似辛塔什塔文化集镇规模的地方性社群，在夏家店上层文化时期之前就存在了至少四千年。如果辛塔什塔文化的集镇出现在墨西哥盆地，人口规模比较大的集镇可能会被称作核心型大村落（large, nucleated villages），稍小一些的则被称为核心型小村落（small, nucleated villages）。而关于地方性社群的产生有一个特别有意思的问题就是当更多数量的人口被某种向心力吸引到一起时，这种越来越大的人口尺度如何解决合作和冲突的问题。如果我们不能对绝对人口数量做出估算，就无法回答这个问题。

从考古上对绝对人口数量做出估算是可能的，而且值得我们为此做出努力，因为它可以告诉我们一些我们所需要知道的信息。与此同时，我们（即本书作者）很早就强调过，这项工作并不适合保守的人。估算的结果只能是近似值，包含大量有依据的推测（educated guessing），而且需要持续不断地精细化和改进。不过，又有哪些有意义的考古学结论不是面临同样的问题呢？

问题和答案

1. 在普拉塔河谷（Valle de la Plata），探铲勘探（shovel probes）工作是在植被很茂密的地方开展的，这为论证整体的低遗物密度以及根据每公顷平均居住密度估算人口数量提供了基础。假如勘探结果表明，不同居住区的遗物密度存在很大的差异，那我们还能做些什么呢？

如果我们在植被茂密的地区进行探铲勘探，发现不同地点的遗物密度存在很显著的差异，那么这些勘探地点的遗物密度或许为我们提供了一个基础，用来估算那些能够进行地表采集但遗物密度难以准确估算的区域的遗物密度。举例来说，假设在一个平坦的河谷地中，我们在居住区域选择了200个勘探点，结果表明陶片的平均密度是8个/平方米，标准偏差是2个/平方米。而在高地地区的300个勘探点，得出的陶片平均密度是2个/平方米，标准偏差是4个/平方米。这等于说，在95%置信度上，对河谷地的居住区而言，抽样估算的结果是8±0.28个/平方米，而高地地区的抽样估算结果是2±0.45个/平方米。考虑到误差范围很小，我们可以很自信地做出判断，即河谷地的陶片密度是 8 个/平方米，高地地区的陶片密度是 2 个/平方米（哪怕高地地区的地表遗物密度并不见得十分准确）。然后，我们可以根据面积和计算出的密度进一步得到面积-密度指数以及绝对人口估算值。

在探铲勘探的基础上估算遗物密度的这一过程，可能会涉及更多的变量和更加复杂的统计学分析，但这一方法所遵循的基本原理是不变的。尽管在估算绝对人口的时候，我们会留意到遗物密度的变化所带来的问题，但只要我们将面积和密度同时作为人口指标，那么这个问题就包含在内了。这个问题跟第二章或者第四章提出的问题是一样的，对那些无法直接估算出遗物密度的地点（例如只能在不同地点进行探铲勘探），我们在计算面积-密度指数的时候，可以使用估算的密度，只要后续分析都基于此得到的人口指标以及绝对人口估算，最终的计算结果就会更加精确。

2. 有些地区的地表情况允许我们对一些地点的遗物密度做出评估，但有的地区则完全无法开展这样的工作。如果我们怀疑一些聚落的遗物比其他一些聚落更加密集，但客观条件不允许（例如无法得到开展考古学研究的官方许可）开展探铲勘探工作，那么我们还能进行绝对人口的估算吗？

这是一个可能会发生的情况，不只是针对绝对人口估算，对相对人口估算而言也同样是个问题。相比将面积和密度合并，面积本身似乎是一个不那么可靠的人口指标，但在上述情况下，面积就成为在区域尺度上开展人口分析的最佳变量。将面积这一指标转换为绝对人口估算时，我们可以利用已发掘遗址的信息或者人口调查数据，得到每公顷居住面积上的平均人口数。毕竟，任何一组数值都有一个平均值，只不过这一组的平均值可能附带一个更大的标准误差罢了，这也就意味着，基于这个平均值得出的绝对人口估算值可能比正常情况下还要更合适一些，而且我们可以给出一个更宽泛的人口区间（介于最大人口估算值和最小人口估算值之间）。

3. 第二章末尾的问题表明，近东地区土堆（tells）的体量可以作为与面积-密度指数相似的人口指标，那么我们可以根据土堆的体量估算出绝对人口吗？

事实上，这正是我们之前所提出的看法。这个看法的逻辑在于，由于绝大多数土堆的体量是由泥砖建筑坍塌后形成的，对绝对人口估算而言，一个关键的问题就是如何确定单个家庭建筑中的平均土砖体量。那些经过充分发掘的土堆可以为我们提供大量建筑的平面布局信息，甚至于保存状况好的话，我们还可以估算墙体高度。除此之外，生活在当地的现代人仍然在修建与土堆类似的房子。这些信息都有助于我们估算一个家庭建筑的平均土砖体量，而且鉴于不同时期房屋的平面结构有所不同，我们还可以根据房屋大小的历时性变化调整房屋的体量。我们估算出某一个特定时期土堆的堆积体量后，再除以该时期一个家庭的平均土砖体量，就得到平均家庭数。我们可以用一个家庭成员数的最大值和最小值，计算出最大人口数和最小人口数。如果房屋的平面结构表明房子的大小存在历时性的变化，那么我们也可以相应地调整家庭规模的最小值和最大值。

4. 为了进行区域聚落人口学研究，我们希望使用胎质、羼和物、表面处理以及其他能够在细小陶片上观察到的特征，完成对陶器的分类（第二章中讨论的内容）。但是，一个依然可能出现的问题是，我们从某些遗址上获取到的陶片受到了很严重的破坏，以至于无法鉴别。考虑到无法鉴别出类别的陶片无法计入统计并转变为相应时期的陶器密度，这就导致相应时期的陶片密度可能比实际密度要低得多，进而降低这些遗址的人口估算结果。我们该做些什么来解决这个问题呢？

有时候，我们根据识别出的陶片比例可以将一个地点的整体陶片密度划分到不同时期。例如一个系统性调查采集范围是10平方米（见第五章），可能得到6个A时期的陶片，14个B时期的陶片，以及16个无法鉴别到时期的陶片。整体的陶片密度是36/10，也就是3.6个/平方米。由于在20个可以鉴别的陶片中，30%的陶片来自A时期，70%的陶片来自B时期，那么我们可以把30%的整体密度（也就是1.08个/平方米）划分到A时期，而将70%的整体密度（也就是2.52个/平方米）划分到B时期。这样可以避免我们将整体陶片密度由3.6个/平方米缩小到2个/平方米（如果只计算能够识别出所属时期的陶片，那么相应的陶片密度为20/10，也就是2个/平方米），从而保证 A、B 时期的人口估算更加准确。在这个例子中，因为土壤侵蚀的影响，导致大量陶片无法识别出所属的时期，而且这种影响可能对所有时期的陶片都一样，那么就增加了我们这么处理的信心。最终，相比根据可识别陶片完成的估算结果，我们的人口估算值可能会差不多，又或许会相差很远。

如果我们运用上述方法将整体的平均密度应用到对整个区域的分析，这是相当简单的，而且这样做还规避了土壤侵蚀可能对不同区域造成的不同影响。但是，如果某些时期出现了高比例且烧制更好、更坚硬、更耐侵蚀的陶片，上述逻辑就被打乱了。如果事实真是如此，那么我们将整体的平均密度进行分配时就会产生偏差，除非我们能够在计算过程中补偿侵蚀对不同时期陶片产生的不同影响。正如第三个问题那样，这个问题对绝对人口估算的影响特别值得我们关注，但它和第二章讨论的问题相同，因为它涉及的不仅仅是分配绝对数值的问题，还包括如何从一开始就很好地计算出密度。

5. 我们可能会觉得，相比普通人，精英人士会拥有更多的财产（包括陶器），又或者他们会组织一些特殊的活动（例如宴享），因此可能产生大量的垃圾。那么，在估算绝对人口数量时，我们可以评估这些因素的影响并做出补偿吗？

大数情况下，如果我们想估算绝对人口数量，并不需要对上述因素进行评估和补偿。当我们在面积-密度指数和绝对人口数量之间建立关系时，这些因素已经被自动考虑在内了。如果它们之间的关系主要基于已发掘的遗址，那么这些遗址所代表的地方性社群可能就包含着平均来说相同的活动内容以及相同类型的精英人士，就好比区域尺度上所记录的地方性社群那样，而对于后者我们是可以计算出面积-密度指数的。

在一个景观中，每个人堆积在地表的平均垃圾数量，实则是针对整个区域的平均值，无论这个人是精英人士还是非精英人士，而且生产垃圾的活动内容也包含了在居住地发生的各种各样的活动，包括宴享和其他特殊活动。当然，这些活动的密集程度会因为地点的不同而有所不同，而且不同的家户往往因为各种原因在制造垃圾的数量上也有所不同。不过，人均制造的垃圾数量就是上述所有因素的平均值，而最大值和最小值之间的差别就是围绕这个平均值产生的变化区间。因此，精英人士对陶器的使用、宴享活动或者其他因素都已经被考虑在内了。

推 荐 读 物

1. Raoul Naroll. Floor area and settlement population. *American Antiquity*, 1962, 27: 587-589. 该文从跨文化的视角，探讨了房屋地面面积与居住者人数的关系，得出人均室内居住面积为10平方米。

2. Barton McCaul Brown. Population estimation from floor area: A restudy of "Naroll's Constant". *Cross-cultural Research*, 1987, 21: 1-49. 该文重新讨论了纳洛尔（Raoul Naroll）文章中提出的问题，指出了许多复杂因素，并得出人均室内居住面积为6平方米。虽然纳洛尔和布朗（Barton McCaul Brown）强调自己的研究结论是探索性的，但他们提出的人均室内居住面积经常被用来估算人口。

3. T. Patrick Culbert, and Don S. Rice (eds.). *Precolumbian Population History in the Maya Lowlands*. Albuquerque: University of New Mexico, 1990. 该书汇集了不同作者的研究论文，内容涉及玛雅文化低地区域不同尺度上的人口、人口变化以及绝对人口的估算方法等。

4. Jean-Pierre Bocquet-Appel. Explaining the Neolithic demographic transition. In: *The Neolithic Demographic Transition and Its Consequences*. Jean-Pierre Bocquet-Appel, and Ofer Bar-Yosef (eds.). New York: Springer-Verlag, 2008, pp. 35-55. 该章节探讨了人口增长与家庭规模变化之间的关系。

5. Catherine M. Cameron. Structure abandonment in villages. *Archaeological Method and Theory*, 1991, 3: 155-194. 该文从跨文化的视角调查了影响房屋的废弃以及房屋使用时长的因素。

6. Jean-Luc Houle. Emergent Complexity on the Mongolian Steppe:

Mobility, Territoriality, and the Development of Early Nomadic Polities. Unpublished Ph. D. dissertation. Pittsburgh:University of Pittsburgh, 2010. 该博士论文直接将民族学观察和青铜时代的考古证据关联起来,在人群每年存在相当程度的季节性流动的背景下,用面积-密度指数估算了人口数量。该博士论文与本书第五章中讨论的田野工作方法有直接联系。

7. Fang Hui, Gary M. Feinman, Anne P. Underhill, and Linda M. Nicholas. Settlement pattern survey in the Rizhao area. *Bulletin of the Indo-Pacific Prehistory Association*, 2004, 24:79-82. 本章提到的例子就来自这篇文章,该文中对考古人口的估算是以当代人口调查数据为基础,然后用汉代的人口调查数据进行回溯研究。

8. KatharinaW. Schreiber, and Keith W. Kintigh. A test of the relationship between site size and population. *American Antiquity*, 1996, 61:573-579. 该文使用了考古数据和卡华拉索河谷(Carhuarazo Valley)在西班牙殖民时期的人口调查数据,指出面积和绝对人口数量之间的关系虽然复杂,但仍是可以处理的(特别是如果能将额外的一些变量考虑进来的话)。

9. Victor Gonzales Fernandez. *Prehispanic Change in the Mesitas Community:Documenting the Development of a Chiefdom's Central Place in San Agustin, Huila, Colombia*. University of Pittsburgh Memoirs in Latin American Archaeology, No. 18, 2007. 该书在区域聚落调查和密集的探铲勘探的基础上,从一个分布非常分散的社群中,识别出单个家户的所在位置。该书为我们提供了一个前面讨论过的案例,在案例中直接把根据考古学材料估算出的人口与区域尺度上的面积和密度信息联系起来。该书中提到的探铲勘探也是本书第五章所讨论的田野工作方法之一。

第五章 如何采集人口分析所需要的区域聚落数据？

区域聚落人口分析所依赖的田野工作通常被称作区域考古学调查（regional archaeological survey）。考古调查是很多关于田野考古工作方法的书籍中都会谈到的内容，而且有一些书的内容完全是围绕考古调查方法的。通常认为，不同地区产生的考古记录有其自身的特点，而调查方法与发掘方法一样，需要研究者根据工作情况进行调整。

需要更加注意的是，调查方法（再次强调一下，与发掘方法相似）需要根据研究所要解决的问题进行调整，并且有些区域调查方法无法得出可信的人口指标。这不仅意味着我们可能无法估算出绝对人口的数量，也意味着第三章讨论的那些分析的基础可能不太稳固，因为它们假设分析数值与人口成比例关系。如果我们无法验证这个假设（即遗址数量或遗址面积与人口成比例关系），那么就无法展开第三章中所提到的那些分析（我们假设只是针对遗址或者面积进行分析，并且假设可以回避考古人口学分析中的困难或不合适的田野工作方法）。

找到要发掘的遗址

长期以来，考古区域调查的两个最普遍的目的，就是确定要发掘的遗址位置和出于文化遗产管理需要而进行的考古资源登记工作，这两项内容在未来也仍将是区域调查的关键。虽然这两项工作内容很有价值,但如果区域调查只是针对这两个工作而展开的,则可能对人口分析没有多大帮助。当然这并非说基于此类调查得出的一些非常不可靠的人口结论就不能发表。

举个例子,考古学家在1970年前后,曾在巴拿马中部的托诺西(Tonosi)地区开展了第一次区域调查,目的是寻找能够发掘出大量陶器的遗址,以便研究陶器的类型及其来源。考古人员调查了大约500平方千米的范围,确定了一些遗址的位置,在很多地点进行了地层发掘,甚至对少数遗址进行了全面、充分的发掘工作。研究人员分析了墓葬和随葬品,并最终揭示出该地区的社会组织信息,而发表成果中就包括不同时期的遗址分布地图。研究人员将遗址数量当作人口指标,估算了调查区域内的人口分布以及人口增长的历时性变化。

40年之后,研究人员对这个调查区域中的50平方千米进行了更加细致的研究,目的是获取用于人口分析的数据。研究者们发现,前西班牙时期的居住遗存数量超出了之前遗址分布图所标识出的遗存数量。这其实一点都不奇怪。根据遗存的面积和密度,50平方千米范围内的最早居住遗迹属于印第奥时期(El Indio,200—500年),当时居住了大约400个居民。之后是卡纳扎时期(La Canaza,500—1000年),居住人口增加到大约2500人。到了比哈瓜尔斯(Bijaguales,1000—1522年),人口数量又进一步增长到3700人。而1970年的调查中完全没有发现过印第奥时期的遗址,只发现了1个卡纳扎时期的遗址,以及4个比哈瓜尔斯时期的遗址,这就给出了完全不同的历时性人口变化,特别是从卡纳扎时期到比哈瓜尔斯的人口增长,显然比之前所看到的要剧烈。几个方面的问题共同导致了这一结果:(1)1970年区域调查的主要目的是寻找待发掘遗址,因此并不系统和全面,而且空间分辨率更低一些;(2)遗址数量不是一个合适的人口指标(见第二章)。这些问题会产生大量的随机干扰(random noise),并且影响到人口分析。

然而,一个更加重要的问题是1970年区域调查中存在的抽样偏差。在

50平方千米调查范围内所记录的上述5个遗址,之后都经过了更加全面、细致的调查,它们都有着极高密度的遗物,其中三个遗址的地表还保留着土堆(mounds)。如果调查的主要目的是确定遗址发掘位置以及获得大量的精美陶器,那就不难理解为什么调查人员特别留意地表遗物密度高或者有土堆的遗址。然而,这种做法给人口分析带来了麻烦,因为它完全忽视了那些遗物密度低且无土堆,但实际上可能生活过大量人口的遗址。在托诺西(Tonosi)地区,一种普遍的情况是调查人员对高遗物密度的遗址或者有土堆的遗址有明显的偏爱,并且这种偏爱与遗址的年代相关。印第奥(El Indio)时期,高遗物密度的遗址尤其少见,但到了卡纳扎时期(La Canaza),高密度遗物的遗址就变得比较常见,进入比哈瓜尔斯时期(Bijaguales),这种遗址的出现频率就更高了,而且还出现了这一时期特有的土堆。除因为调查的不系统、不全面以及低分辨率所产生的随机干扰外,1970年的调查还引入了一个系统偏差(systematic bias),就是调查者们特别倾向于寻找卡纳扎时期的证据,而对比哈瓜尔斯时期来说,这种偏向甚至更加强烈。

如果调查的目的是寻找待发掘的遗址,但调查数据却被用来进行人口分析,那么就会存在各种各样的抽样偏差,这个问题可能会导致非常极端的结果。哥伦比亚阿尔托马格达莱纳(Alto Magdalena)一直以来以其前西班牙时期的纪念性墓葬(monumental tombs)和雕刻而闻名。有那么一段时间,人们认为这个地区没有人类居住,而只是一个朝拜圣地,从远方而来的朝拜者将地位尊贵的死者埋葬在这里。我们可以肯定的是,当时做出这种论断的人一定没有想过史前人口学的问题,但这个论断实则与阿尔托马格达莱纳曾经生活过多少人口有关。而实际情况是,研究人员在阿尔托马格达莱纳地区超过10%的地表(有些地方这个比例可能超过20%)发现了前西班牙时期的居住痕迹。即便就全球范围而言,这都是一个相当高的比例,说明在这一地区中生活过大量的古代人口并且留下了他们居住的痕迹。还有一些区域的地表遗物分布就不那么突出,研究人员甚至没有将它们命名为"遗址(site)",并完全忽略了这些遗物分布,因为他们的注意力主要集中在那些纪念性遗存上。

中国东北地区的红山文化遗址与前面提到的情况基本一样，一些研究者仍然生硬地把遗址划分为居住遗址（habitation sites）和祭祀遗址（ceremonial sites）两类，祭祀遗址上有石堆台地（stone-faced platforms）和墓葬。有时候，人们把祭祀遗址看作是完全没有居住行为的区域，并且认为它们远离居住区域。而我们在赤峰地区、大凌河上游流域以及牛河梁地区进行的调查工作非常明确地指出，居住区域是确实存在的，而且很多带有祭祀建筑的遗址就在居住社群的中心位置。红山时期的居住遗址与阿尔托马格达莱纳的情况一样，地表分布的陶片不那么让人印象深刻，因此被过于关注公共建筑的研究者所忽略。而居住设施和遗迹的保存状况也常常比较糟糕，即使地表有陶片和红烧土块并表明有居住痕迹，也很少能发掘出什么东西。

在阿尔托马格达莱纳和中国东北这两个地区，调查偏差明显地倾向于记录那些有可能发掘出大型建筑的遗址，而研究者则用这些带有偏差的数据推断人们曾经生活过的区域。

大空间尺度上的文化遗产登记

出于遗产保护的目的，研究者有时候会在很大的空间尺度上登记遗址，而这种记录明显属于另一类数据，且更加适合人口分析。近年来有人利用《中国文物地图集》进行这样的人口分析，非常明确地将中国北方不同地区、不同时期的遗址数量作为人口指标，从而推断较大空间尺度上人口的增长、衰减和流动的模式。这一全国性的调查肯定是所有此类文化遗产登记工作中规模最大、最全面和最系统的，全部工作完成并且发表后有32卷，其中大多数由两本很厚的书组成。人口分析并不是这一全国性调查的目的，但如果说有哪个全国性的文物调查可以帮助人口分析的话，那很可能就是这样的调查。

研究者在中国北方的赤峰和大凌河上游流域进行了较小范围的系统性调查，调查目的完全是为了采集数据以便进行人口分析，所用的数据采集方法也正是为了这一目的而设计的，这就给我们考虑人口分析问题提供了一个切入点。赤峰地区的数据收录在内蒙古自治区地图卷，而大凌河上游流域的数据收录在辽宁省卷。全国地图集中将相关时段的遗址只区分为新石器时代或者青铜时代，但区域调查工作将相同时间段划分为六个时期。当然，越精细的年代学框架在分析中会有越多的优势，但如果我们使用全国调查进行人口分析，即便所研究的时期实则由六个时期组成，这也不会是一个致命的缺点。为了与全国调查对比，我们将赤峰地区和大凌河上游流域的数据划分为两个相对长的时期。

对赤峰地区而言，在1234平方千米的调查范围内，全国调查记录了8个新石器时代的遗址以及81个青铜时代的遗址。在大凌河上游流域调查的200平方千米范围内，全国调查记录了15个新石器时代的遗址以及26个青铜时代遗址。全国调查中的遗址数量表明，大凌河上游流域的新石器时代人口密度是赤峰地区新石器时代人口密度的10倍以上（前者为7.5个遗址/100平方千米，后者为0.6个遗址/100平方千米）。出于人口分析目的而开展的系统性区域调查也确实表明大凌河上游流域的人口更加密集，但就密度而言只不过大约是赤峰地区人口密度的两倍。就青铜时代而言，系统性区域调查指出大凌河上游流域人口密度比赤峰地区低25%左右，但全国调查中根据遗址数量得到的结果却是大凌河上游流域人口密度比赤峰地区高出一倍。

如果我们换一种方式考虑这个问题，那么全国调查和基于遗存的面积与密度的系统性估算都表明了一点，即赤峰地区和大凌河上游流域在青铜时期都出现了人口的增加，只不过人口增速有显著的差异。对全国调查来说，赤峰地区的人口增加到原来的10倍，而根据遗存的面积和密度，计算出人口增长达到原来的24倍。在大凌河上游流域，全国调查指出人口增长低于2倍，但根据面积和密度指示，人口增长接近9倍。即便我们坚持人口估算只是近似结果，这种截然不同的景象仍然让我们对人群数量产生了非常不同的结论。

除随机干扰和低分辨率问题外，我们如果使用全国调查进行人口分析,还必须依赖遗址数量这个比较差的人口指标。最重要的是,似乎至少有两个系统性偏差会影响到全国调查所得到的数字。首先,大凌河上游流域包含了一个广为人知的红山文化时期祭祀遗址(东山嘴)以及文物部门认为属于红山文化时期的其他遗存。随之产生的后果就是,研究者很好地记录了大凌河上游流域的红山文化遗存,那么在使用全国调查数据时,我们会对大凌河上游流域的新石器时代遗址更加关注,这给比较研究带来偏差。其次,在赤峰地区,夏家店下层时期和夏家店上层文化时期的青铜时代遗存非常丰富,而且令人印象深刻,包括了地表的石构居住设施、墓葬以及偶尔出现却令人惊叹的防御性设施。这些数量众多且重要的遗址让很多人忽略了同样数量众多的陶片及其价值,甚至在全国调查中都没有提及陶器。其结果就是,赤峰地区的青铜时代人口被严重低估了,对比大凌河上游流域对新石器时代遗址的详细记录,这种影响就更加突出。

  这些分歧不再只是随机干扰的结果,也不是更大空间尺度调查的低分辨率的结果。它们是一系列复杂的、强烈的偏差的结果,尤其是关于记录什么和不去记录什么以及区域和区域之间、时期与时期之间的巨大差异。我们无法通过平均化处理得到一个精确的结果,从而反映更大空间尺度上的人口情况。这些偏差会始终存在,并导致我们对人口的历时性变化以及人口在空间上的分布产生错误的认识。即便撇开这个问题不管(虽然它很严重),我们能否通过数万平方千米范围内的人口平均值了解人类社群的进化本质、社会或政治组织,以及他们的环境适应性、生计方式以及经济体系,这些都是令人怀疑的。导致这些现象及其变化的过程,都发生在更小的区域和地方性尺度上,如果我们采取一种更加"粗颗粒(coarse-grained)"的视角(哪怕得出的认识是正确的),也会冲洗掉这些局部尺度上的细节信息。

  需要说清楚的是,开展人口分析所需的调查,当然可以依托以文物资源管理为主要目的的项目进行,这里所指的是那些充分记录整个国家或省份中考古遗址的项目,尤其是关注那些需要被保护、即将被基础建设所毁坏的遗址的项目。只不过,虽然这些调查项目对于保护考古记录至关重要，但它们的结果却无法为人口学结论提供足够的基础。

用于人口学研究的调查数据

我们有必要思考一下，为什么好的人口学信息不是来自那些寻找遗址或者进行大空间尺度上文化遗产登记的项目。这种思考将有助于我们搞清楚如何更好地收集用于人口分析的数据。

适用于区域人口学分析的调查方法与人口调查有很多共同之处。诸如"完全的""充分的""系统的""一致的""无偏差的"等形容词，在人口调查的情境下有着相对清晰、明确的意义。要想让数据有用，人口调查的数据必须是完整的和全面的。也就是说，调查必须统计到每一个人，如果调查人员只选择调查区域中的一些特定地点进行人口调查和统计是不行的。人口调查必须是系统性的，并且必须用完全相同的方式从头到尾地统计人数。例如，调查者必须事先决定好究竟是统计宿舍里的学生和士兵，还是说去学生或士兵的家中统计人数。如果一些人口调查员采用的是一种方式，另外一些人口调查员采用的是另一种方式，那么就会破坏人口调查的数据质量。虽然很可能两种方式都行得通，但是在调查方法上必须保持一致。

最复杂的情况是，如何确保人口调查是无偏差的。抽样偏差的出现可以有很多种情形，而且经常是以很隐蔽的方式出现。比如当人口调查员敲门的时候，家里并没有人。如果我们不统计这些家庭的人口，那么最终的人口数量显然会低于实际人口数量。因此，人口调查员必须再次返回，而且很可能要反复多次（哪怕人口调查总要在某个地方停下来，并且总有一些人永远都不会被统计到）。如果人口调查员只在正常工作时间内工作，那么很多在家工作的人可能永远不会去开门，与那些正常工作的人相比，这将会引入一个严重的偏差。比统计人数少了更加糟糕的是，它还会低估基于人口数据所得出的就业率和收入水平。

与之相似的是，如果一个区域考古调查旨在获取用于人口分析的数据，那么这个调查必须是完整的和全面的。单纯只在一个区域中寻找遗址，哪怕这些遗址按照一些标准来说非常重要，这种方式都不会奏效。调查人员在寻找考古学证据的时候，必须检查整个区域的地上景观。我们需要知道地图上的空白区域并不真的是空白的，而只是考古学家从没有去过那里。我们必须有充分的把握确认这些空白区域真的缺少考古学遗存。对研究区域进行系统的和一致的检查，这是一定要做的事情。关于如何检查景观，我们有很多种工作方式可以选择（见下文）。而一旦我们做出了选择，就必须在整个区域中用完全相同的方式开展工作。类似下面的情况是不被允许的，例如研究人员有意降低在调查区域最西边的调查强度，以便于加快工作进度，原因是最西边的区域留到最后进行调查，但因为雨季的关系，调查人员浪费了一些时间。抽样偏差这个话题涉及很多方面的因素，但如果我们能确保调查范围是完整的，并确保调查是全面的、系统的和一致的，那么我们将朝着避免这些偏差的方向迈进。本章的剩余部分将探讨一些田野方法的问题，都和这些思考有关。

确定调查区域

确定调查区域的第一步，或许是提出一个这样的问题："调查区域应该多大？"当亚伯拉罕·林肯（Abraham Lincoln）被问到一个男性的腿应该有多长时，他回答说男性的腿应当长到可以接触地面。相似的道理，为了达到人口学分析的目的，一个区域应当大到可以包括所要研究的人口学现象（尽管我们在研究之前，可能并不知道这种所谓的"人口学现象"是什么）。

如果一个区域只有几平方千米大小，那么它能够囊括一个地方性社群（a local community），但却不足以让我们观察到这个社群的邻居，或者不足以让我们探讨超地方性社群组织（即那些可能由基本的社会、政治和经济单位组成的定居复杂社会）。我们通常可以完整地调查一些小型政体，甚至可以调查几个相邻的小型酋邦政体（small chiefly polities），并且界定出它们的空间范围和其他与人口有关的参数。大的国家政体则可能远远超出了本书讨论的调查方法所能调查的面积。从人口学角度来说，流动的狩猎采集者或者游牧者的社群组织规模要小很多，但他们可能在很大的区域内分散活动，本书所介绍的调查方法可能无法覆盖他们的活动范围。全国性的遗产调查并不是一个可靠的方式来让我们分析这么大尺度上的人口问题，但如果多个区域性调查范围（每一个调查覆盖几百平方千米）同属于一个大政体的不同部分，则会启发和帮助我们理解在一个分布如此广阔的组织中，不同的部分之间存在着怎样的联系。

划定一个研究区域的边界常常需要采取一些标准，这些标准经常把自然因素与超地方性社群的人口模式结合起来。这些因素当然要从调查本身出发，区域调查项目通常是延续多年的工作，随着工作的开展（或者至少保证我们对数据的分析和解释与田野工作保持同步，而不是推迟到最后才完成），这些浮现出的模式能够帮助我们决定如何扩大和界定一个调查区域。

一些区域案例

在墨西哥盆地，环境因素对确定一个调查区域非常重要。这个区域一直以来都是一个河流盆地，面积大约有7000平方千米，其中心位置分布着由河流和沼泽组成的生态系统，周围环绕着肥沃的平原湖区，再往外是山麓坡地，最后是高山陡坡。这些山脉屏障可以作为界定调查区域的参考，并且有环境、社会、政治和人口学上的意义（当然这并非说这些边界之内一定存在着社会或者政治实体）。从调查获取的人口数据中我们看到在人类定居活动的早期，墨西哥盆地存在过数个独立的小政体，之后出现了政治一体化，并且最终伴随着盆地中首府城市的政治主导力延伸到周边更大的范围。由于中心位置的湖泊和现在的墨西哥城占据了整个区域的一大部分，调查实际上分为两大块进行，面积合计为2500平方千米（图1.1）。

阿尔托马格达莱纳（Alto Magdalena）是一个面积广阔的切割地形，在环境上有其多样性，它沿着哥伦比亚安第斯山中部科迪勒拉（Cordillera）山区的东侧坡地分布。这个区域在前西班牙时期有着具有纪念性质的墓葬和塑像，吸引着那些明显已经复杂化的社会和人群，这些墓葬和雕像出现在很多遗址上，总分布面积达到约3500平方千米。该地区的西北方位受高海拔的制约，那里的人群定居现象非常少见，但这样的环境制约在其他方位并不明显。研究人员首先在普拉塔河谷(Valle de la Plata)的西区进行区域调查(见图1.1)，调查面积约317平方千米。这里的地势比较陡峭但有很好的水源灌溉，海拔为1200~2400米，调查显示这里的人口密度高得惊人，而且存在小型的区域性政体，每一个政体的分布范围大约100~150平方千米。研究人员随后在东区开展了169平方千米的区域调查，那里的海拔比较低，属于干旱、平坦的河谷地区，人口密度非常低，而且几乎不受高海拔地区的区域小政体的影响。普拉塔河谷的中心区域大约为73平方千米，研究者在这里注意到一个明显的转变，即西区方向人口密度更高，而靠近东区方向人口密度较低。这个鲜明的对比正好呼应了两个调查区域在环境条件上的显著变化。

最后，研究者在普拉塔河谷的西南地区进行了一个323平方千米的区域性调查，调查范围囊括了纪念性墓葬和塑像最密集的区域以及出土这类遗存最多的遗址。调查区域中的超地方性社群很可能由小型的区域性政体组成，与普拉塔河谷西区的超地方性社群非常相似。在3500平方千米范围内，研究人员调查和记录了其中的四块区域，调查总面积882平方千米。这样的调查策略是成功的，原因是环境因素和人口模式共同决定了超地方性社会组织是由相对小的竞争性社会单元组成，同时也共同决定了调查区域的边界。

在中国东部的山东省日照地区，研究人员在确定调查范围时，将龙山时期(前2600—前1900年)的两个城镇作为区域调查的中心，旨在全部或者尽可能多地囊括这一早期中心地点(同时可能是区域政体的首府)的腹地(图1.1)。调查区域随后向南扩大，囊括了大约1120平方千米，并包括一个临近区域性政体的首府城址及其管辖的大部分腹地。在之后的调查中，调查范围甚至延伸到更远的地方。调查区域中囊括了两条河流，根据对已有调查结果的分析，研究人员注意到，相比墨西哥盆地或者阿尔托马格达莱纳，河流是决定日照地区调查边界的重要因素。

研究人员在墨西哥瓦哈卡州开展了约40年的合作研究，十几个调查项目覆盖了大约1万平方千米的范围，研究方法就是本书中所描述的那些方法。每一个项目都被当作一个独立的区域聚落研究，但最终积累的结果是一个丰富、详细的、可以称之为宏观区域的景象。在这样一个宏观区域中，复杂社会的发展有各自独立的轨迹，但彼此之间也会相互缠绕（interwined）。将区域尺度上的调查合并会得到一个宏观区域的整合分析，并且将收集到的数据用于人口重建，相当于用一种令人信服和有效的方式扩大了分析的尺度，并且捕捉到宏观区域不同部分的联系和变化，这些对于理解社会、政治与经济变化都非常重要。

更小一些的调查区域（例如100平方千米以下）通常为我们认识某一个独立的小型超地方性酋邦社群提供了珍贵信息。当然，这一规模的区域也有可能将一个城邦国家（city state）包括在内。对许多史前时期的国家（states）而言，以首府城市为中心的100平方千米只可能包含整个政体中心的一小部分。在地中海沿岸地区，一个"区域调查"甚至可能指的是以某个主要聚落为中心的几平方千米的范围。在这种小的空间尺度上开展研究，可能会取得非常重要且具有启发性的成果，同时它的大小又正好满足本章中讨论的地表采集方法对研究尺度的要求。只不过，我们在写这本书的时候，脑中设想的人口分析尺度要大很多，而且世界上大多数地区的考古学家所说的"区域"即便不是指几百或者几千平方千米，也至少是几十平方千米。

开展区域调查

在调查区域内，每一个调查小组由三名左右调查成员组成，若干个调查小组彼此间保持固定的间距，以巡回的方式系统地走遍整个调查区域。相比之下，只调查可能存在遗址的地点属于非系统性调查，这样的做法是不可取的，势必会在数据中引入很大的抽样偏差。在不同的调查项目中，调查小组的间距可能相差很大。显而易见的一点是，如果调查人员的间距是50米，那么他们可能会遗漏地表分布范围小于50米的散落遗物。即便研究人员经常将区域调查描述为"全覆盖式（complete coverage）"，每一个区域调查都有自己的"发现阈值(discovery threshold)"，低于这个数值就会遗漏一些地表遗物(无论是遗物分布较小而落在两个调查组之间，还是遗物过于分散导致调查者走过但没有看到遗物)。调查者经常在覆盖面积和分布密度之间做出妥协。如果他们增大步行调查的间距，意味着会遗漏更多细小的和稀疏的遗物，但这样做的好处是可以扩大调查范围。研究者需要根据调查区域、考古记录和调查所想解决的研究问题，找出一个平衡的方法。

在地势非常平坦的区域，样带调查(survey transects)有时候严格按照网格布置，调查人员随身携带 GPS 工具，沿着网格进行调查。但许多区域因为地形的关系，根本无法采用这样的调查方式，"样带(transects)"实际上比它的字面意思更加不均匀、更加具有随机性。调查人员完全靠自己的肉眼来判断与相邻调查人员的间隔。即使在地势平坦的地区，如果调查人员未严格按照 GPS 指出的直线轨迹行走，就会改变方向。同样地，如果他们试图在地表可见性好的情况下寻找遗物并且做出其他相关判断，也会导致调查方向的改变。那些最有效率和最有成效的调查者不会把他们的注意力放在 GPS 设备的显示屏上，而是时刻注意观察地表以及其他任何可能提供古人活动的线索。

显而易见的是，根据调查结果绘制的地图必须显示调查区域的边界，以便读者知道哪些区域经过了系统性的调查以及哪些区域因为超出调查边界而没有显示出遗址。当然，这些可能并非不言自明，因为在我们的图书馆中，许多调查报告正好缺失了这方面的信息。

在田野中测量居住面积

在世界上的很多地区，研究者无法在区域尺度上统计房屋和居住设施的数量，那么想要得到很好的人口指标，测量居住面积就至关重要。如果开展田野工作的地方有很好的地表可见度，那么调查人员可以直接测量地表遗物的分布面积。考虑到同一个地点不同时期的居住规模或许有很大区别，那么调查人员需要根据时期的不同，测量并记录相应地表遗物的面积。调查者可以通过许多不同的方式记录地表遗物的面积。我们在这里将介绍其中的几种方法，并利用图5.1中的遗物分布作为例子加以说明。为了简单方便，我们的讨论将主要针对具有共时性的遗存，但我们对面积的测量都是根据每一个时期的遗物而进行的。

遗址大小与单个遗物分布图

如果图5.1中的遗物分布被一个没有任何遗物的区域所围绕，那么它就接近于我们通常想象的一个清晰可辨、组成单一的考古遗址。如果研究人员发现了图5.1中的遗物分布，并把它想象成一个遗址，那么就可以测量出这个遗址的面积。根据图中三个椭圆所划定的遗址边界，这个遗址的面积可以是0.25公顷、1.7公顷或3.4公顷。关于遗物分布密集到何种程度可以被视为代表着一个遗址，或者遗物分布密度低到何种水平可以被视为遗址的边界，不同的调查项目往往采用不同的判断标准。但在发表调查结果时，极少有研究人员能说清楚这个密度是怎么回事。即使在田野工作中，调查者们对这一点也说得不够清晰明确，因为同一个调查项目中的调查人员可能以相同的方式对所谓的"遗址"采用了一种粗略的、不明确的、先验性的判断标准。他们在对待田野中出现的少量遗物以及是否记录方面，也都保持着相似的判断。

对一个遗址的面积进行测量是一件可以很快完成的工作，只要调查人员围绕着遗址稍微转一下，就可以估算出这个遗址大约是一个60米长、50米宽的椭圆（就如同图5.1中稍微小一些的椭圆）。那么，这些测量数值的大小就取决于考古学家在不同方向上行走的距离、选取的路径以及如何确定遗物密度低到了一个程度并让他们觉得"那就到这里为止吧"。这些测量遗址面积的方式都有可取之处，但并不表示它们是最好的测量方法。比较普遍的情况是，采用这种面积测量方式的调查项目几乎很少关注不同时期遗物在分布区域上的差异。而缺少这些信息会大大降低将面积作为人口指标的有用性（毕竟，组成比较单一的遗址是极其少见的）。很显然，在这样

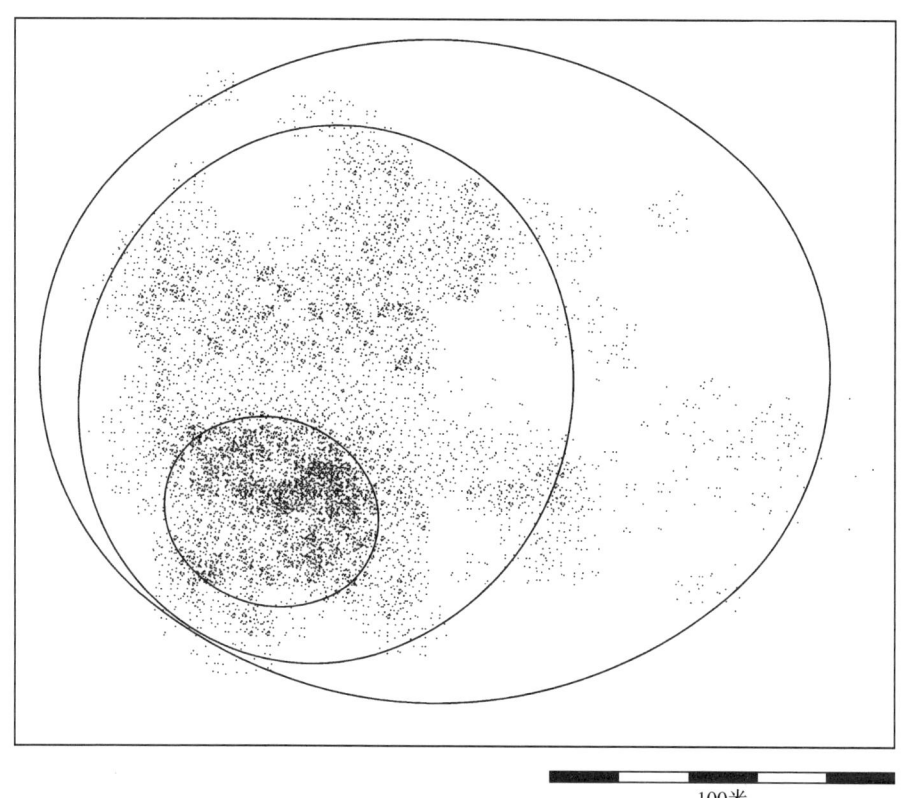

100米

图5.1 大凌河上游流域红山文化时期的真实遗物分布情况。在估算遗址大小的时候，根据不同调查项目采纳步骤的不同，这三种椭圆都可能是对的。

的调查中，要估算出每一个时期所对应的遗址面积，最多只能得到非常粗略的近似值。最后一点，如果只有考古遗址(表现为遗址点)的分布地图以及记录下的遗址估算面积，这将并不适合进行某些分析研究，因为遗物分布形成的多边形边界及其之间的相互关系非常重要，而以上做法没有考虑到这个方面。

与上述方法完全不同的做法是"无遗址调查(siteless survey)"，在这种调查中，每一个遗物及其在地表的位置都会被绘制在地图上。与本书所探讨的分析尺度相比，这种方法只适合很小的区域。但即便我们有条件将所有遗物在几十、几百甚至上千平方千米的分布都在地图上绘制出来，也并不意味着这么做是明智的。

根据采集单位多边形确定遗址面积

研究人员已经提出了其他方法，能够在此类空间尺度上更加有效地记录遗物分布的面积，从而提供一个更合适的空间分辨率。方法之一就是将调查区域想象成由很多个小的空间单位组成，正如考古发掘通常习惯于在发掘区域布置探方一样。这些空间单位经常被称为采集单位（collection unit），但它们并不完全是正方形的格子，而是根据景观特征进行调整的多边形（在很多案例中，所谓的景观特征就对应着遗物分布的边界）。通常，研究者会给采集单位设置一个最大的尺寸，这同样体现出调查的空间分辨率。

调查人员在景观中沿着基本相同的样带（transects）系统地往返走动，可以设想他们在行走路径中不断经过并审视着那些空间单位。调查人员脑海中想象着这些采集单位，如果没有发现地表遗物，就从脑海中把这些单位删掉。如果在地表发现遗物，那么调查人员需要辨认并重新确定采集单位的边界，进而按照每一个采集单位来收集地表遗物（我们将在下一节中详细讨论采集方法）。如果遗物分布小于采集单位的最大面积，那么遗物分布的边界就是一个采集单位的边界（因此也就小于采集单位的最大边界），而且我们可以用采集遗物代表这个采集单位。如果遗物分布的范围大于采集单位的最大面积，那么遗物分布就被分割成几个不同的采集单位，每一个采集单位的边界都需要被重新确定，并且有各自对应的遗物分布。

大多数使用上述方法进行调查的考古学家发现，将航拍图或卫星地图打印出来随身携带是一个很方便的方式，这些图纸方便调查队员在田野中使用。调查人员调查过某一个区域并且未发现遗物后，就将该区域从地图上划掉，按照这种方式，调查人员在检查调查区域的过程中会得到一个连续的记录，不同的调查组在调查区域上不会出现重叠，也不会浪费时间重复调查相同的区域。与此同时，调查人员还会根据地形或者GPS设备，在地图上画出采集单位的空间界限，同时标注出采集单位的编号（图5.2）。

第五章 如何采集人口分析所需要的区域聚落数据？

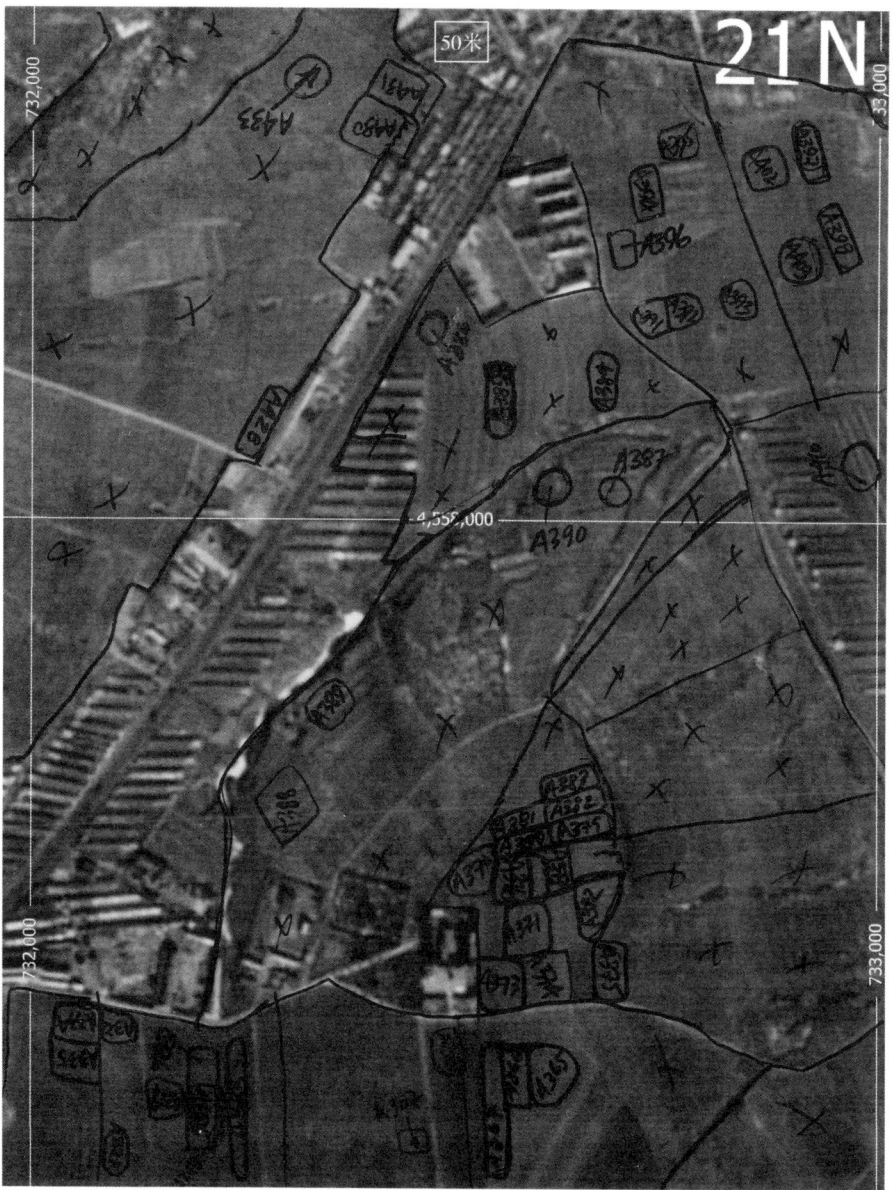

图 5.2 一张在田野工作中使用的卫星地图，用来记录调查进度以及带有编号的采集单位界限。这张地图东西宽 1 千米，根据 1 : 5000 的比例打印在美式信封（US-letter）大小的纸张上。图片中的网格使用了 UTM 坐标系，并提供了 GPS 坐标。地图正中间顶部有一个 50 米×50 米的格子，用来提醒调查人员在这个比例尺上，这个格子对应的是面积为 0.25 公顷的采集单位。以往想象的遗址清晰地出现在这张地图上，有些遗址比较小（比 0.25 公顷的采集单位还要小），而一些大的遗址被细分为几个不同的采集单位。

有些调查区域欠缺地形特征，这样的话需要调查队员围绕着采集单位的边界走动，同时记录GPS(Global Positioning System)轨迹，哪怕考虑到可以从GIS(Geographical Information Systems)软件下载采集边界而不用对纸质地图进行数字化处理，这样做也还是会严重降低田野工作的效率。只要有好的软件，对纸质地图进行数字化处理是一件很容易的事情(当然，即使是一些常用的GIS软件，它们所提供的数字化工具也并非都很好用)。对图5.2中的采集单位多边形而言，走完9.3千米并用GPS工具记录路径需要花一个多小时，然而一个人可以在十分钟之内通过数字化纸质地图来完成这项工作。关于这一点，发行黄页(Yellow Pages)的出版社在很早以前就有高见：让你的手指代替你去行走(let your fingers do the walking)。在本书写作之时，能够帮助我们把田野工作全部数字化的硬件和软件都已经到位了：平板电脑小巧且便于携带，调查人员可以将卫星地图在平板电脑上放大或缩小到合适的尺寸，而且平板电脑还整合了GPS定位技术，调查人员可以在触摸屏上划出采集单位的边界，并且给采集单位编号。

这种调查方法由墨西哥盆地调查方法直接发展而来，很多区域调查(最早是在中美洲，随后是南美洲，最近是在旧大陆的一些地区)都使用了这种方法的改进版。高质量的地理校正卫星地图日益普及并且容易获取，这也是推动该区域调查方法的一个重要因素。说到按区域调查(field by field)，虽然很多项目使用了这种方法，但它们没有明确"采集单位"的概念甚至未曾使用过"采集单位"这样的词。有些调查(尤其是地表考古遗存非常密集的区域)将它们的发现称作"遗址(sites)"。我们在描述此类调查时，将暂不使用"遗址"这样的词语。

缺少标准化的术语以及田野工作方法的显著不同向我们提出了一个挑战，哪怕研究人员充分地描述了他们的调查方法(但通常他们不会这么做)，我们也很难明确不同调查项目的田野工作方法究竟有多大程度的相似性。从某种程度上讲，没有哪两种方法是真正一模一样的，但我们还是按照我们自己所期望看到的那样，将调查方法中一些核心的概念性元素表述清楚，虽然这种做法还不普遍，但我们认为研究人员想要获得满足基本人口学分析的数据,就必须把数据采集时所普遍使用的概念解释清楚。

调查人员通过上述方式(设置1公顷左右的采集单位),有时候可以连续调查超过1000平方千米的范围。调查组沿着间距30~50米的样带(transects)行走,这意味着只要有2到3个调查人员就可以确保他们不遗漏任何一个可能的调查单位。有时候,样带之间的间距(spacing)还可以设置得更大一些。当然了,不同地区的调查速度有很大差异,这取决于地形、植被、发现和采集材料的丰富程度、调查组员到达工作区域所需要的时间以及田野工作中的其他常见问题。很多时候,一个3人组成的调查组每天可以调查完1平方千米,如果可以确保这个工作速度,那么一个12个人组成的调查队就能够在三个调查季度(每个季度持续3个月时间)完成1000平方千米的调查区域的工作。只要调查工作有效率或者有组织性,那么这个空间尺度上的区域调查未必是一个超级工程。为避免调查样带过宽而导致遗漏很多小面积、低密度的遗物分布,调查人员可以将采集单位设置为0.25公顷(50米×50米)或者0.0625公顷(25米×25米),调查人员彼此间隔10~25米。但这样做势必会降低田野工作的速度,因此,调查人员要么花更长的时间和更多的人力、物力,要么就只能减少调查面积。没有什么空间分辨率是绝对正确的,完全取决于地区、考古记录的性质、研究问题的性质以及回答这些问题所需要的人口数据的精确程度。

按照上述调查方法,我们可以把图5.1中的遗址分割为11个采集单位(每一个0.25公顷)或者37个采集单位(每一个0.0625公顷)。图5.3显示了这些采集单位,如果我们在田野中认真画出所有采集单位,那么得到的图就如同图5.3所示,每一个采集单位的边界同时由两个元素决定:一是遗物分布的外边界;二是边界内具有随意性的界线,例如田埂、道路或者其他地形特征(尤其是特定时期中能够区分居住和非居住区域的地形特征)。在这张图的东部边缘处,有很少的遗物被遗漏掉了,这也是田野工作中很可能发生的事情。如果采用更小的采集单位,自然会产生更高的空间分辨率,尤其是考虑到这些结果可能被算入总面积并用于计算不同时期的居住人口(当然,这要取决于哪些采集单位能够产生不同时期的遗物)。

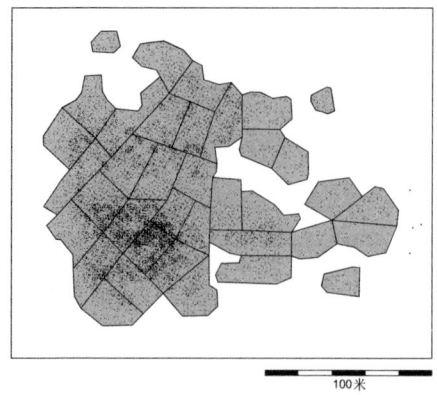 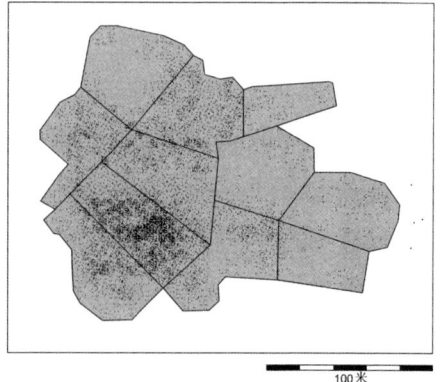

图 5.3　图 5.1 中的遗物分布被细分为面积为 0.0625 公顷的采集单位（左图）和面积为 0.25 公顷的采集单位（右图）。

有一点或许不那么显而易见，即采集单位的大小不同，得到的总面积也不同。如果设置更大一些的采集单位，那么总面积是 2.4 公顷；如果设置更小一些的采集单位，则总面积是 2.0 公顷。采集单位越小，空间分辨率越高，因此会将遗物分布之间的一些小空白区域排除出去，而更大的采集单位可能就忽略了这种微小差别，而将这些小的空白区域算入总面积。这种因为采集单位大小不同而产生的面积测量结果的变化，在一些比较分析研究中尤其突出，因此，比较性研究必须将这些差别考虑在内，以确保比较结果的有效性。

点思维及其带来的隐患

考虑到经济型手持 GPS 设备已经得到广泛使用，另外一种在田野中计算面积的方式也逐渐普遍起来。这种方式发端于一种完全不同的数据记录和数据分析的思路，我们可以将其称作"点思维（point-think）"，以区别于我们之前讨论的"面思维（area-think）"。面思维直接发源于墨西哥盆地的调查方法，其目的是确定地表遗物分布的面积，而不是要记录所有遗物在几千平方千米范围内的位置，因为这显然是不可能完成的事情。点思维与面思维的出发点是相同的，只不过它的目标是详细并且高效地记录遗物在地表的分布。

面思维需要把一个调查区分割成很多小的区域或者多边形，而点思维则不同，点思维将一个调查区想象成规则网格（regular grid），网格上的每一个点代表着一个遗物采集单位的位置。设想一下，如果我们把之前讨论的地表遗物分布按照5米×5米的方格进行采集，相邻两个方格间隔25米，那么结果就如图5.4左上所示。如果我们根据这些结果绘制出居住区域的

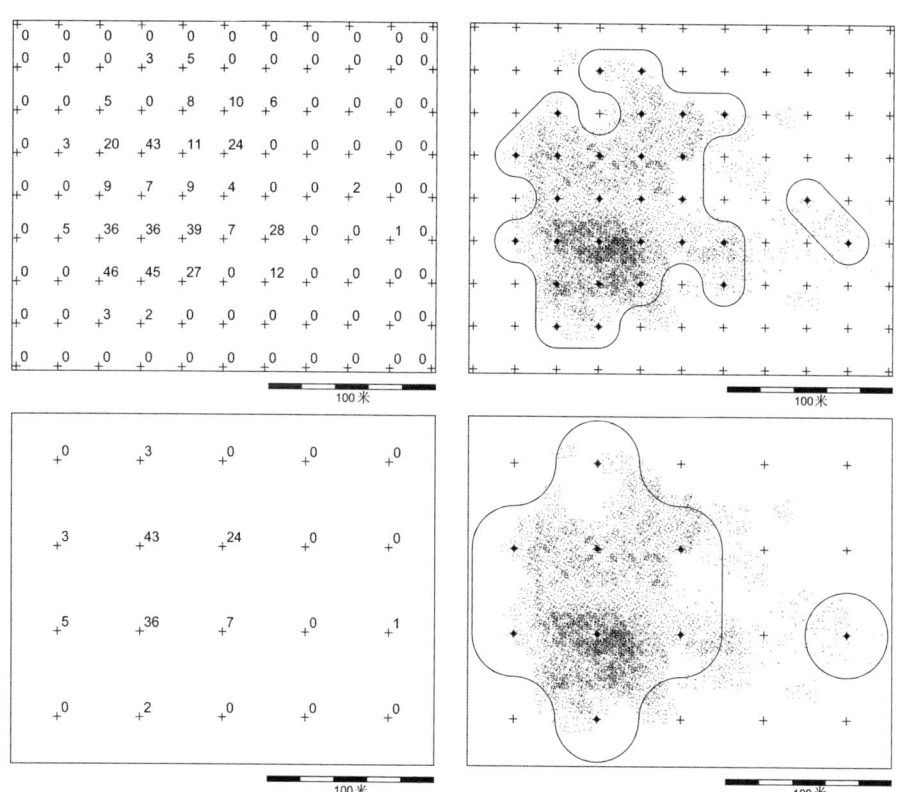

图5.4　图5.1中相距间隔25米的5米×5米采集单位（上图）和相互间隔50米的5米×5米采集单位（下图）中的遗物分布情况。左图显示了每一个采集中的遗物数量，基于这些遗物数量界定出右图中的分布界限。

边界(也就是在遗物采集点与无遗物采集点的中间位置画线),那么就如图5.4右上所示,计算出的居住面积是1.8公顷,与我们根据25米×25米的采集单位计算出的居住面积没有很大不同,只不过这里的边界依旧是对遗物分布界限的一个粗略呈现,包括一些无遗物的区域,也遗漏了相当数量的低密度遗物分布区域。如果采集点的间隔增加到50米,那么得到的居住面积是2.1公顷,它的边界甚至更加粗略(如图5.4右下所示),并且再次将一些低密度遗物分布区域排除在外,同时将一些根本没有任何遗物的区域包括在内。

基于面积的采集单位和基于点的采集单位之间有时候会有很显著的差别,在地表遗物比较分散而且密度比较低的情况下尤其如此。图5.5对比了四种记录面积的方法,且针对的是低密度和较分散的地表遗物。如果将采集单位设置为0.0625公顷,这样只遗漏很少的一些遗物,而且可以非常紧凑地划出遗物分布的边缘,得到总居住面积为1.9公顷。如果将采集单位设置为0.25公顷,这样只能划出大致的边界,而且只区分出极少数的空白区,得到总居住面积为3.2公顷。如果每隔25米设置基于点的采集单位,虽然采集点附近有时候能看到遗物,但在采集单位中经常未获得任何遗物,其中一些小区域彼此间隔但又相距不远,它们的总面积是0.5公顷。根据点采集数据,我们不知道该如何处理这样的居住证据。而同样是基于点的采集但将采集点间距增加到50米,得到的结论基本不变,只不过居住面积达到了1.1公顷。

有的调查人员使用GPS设备,沿着调查组行走的样带,绘制遗物的分布图,由此形成一种类似线思维(line-think)的方式。在地中海附近开展的考古研究虽然认为它们的研究是"区域性的",但远远小于本书强调的空间尺度,而且这些考古调查所使用的方法尤其以点思维和线思维为主,在几十平方千米甚至更大的范围中,非常详尽地记录下调查数据,这样的数据采集精度所需要的花费是极其高昂的,但同时也是不必要的。

以点状网格或者线状网格的形式在指定区域中进行地表采集,这对调查人员来说很有诱惑力,我们从采用这种数据采集方式的项目数量上就可

第五章　如何采集人口分析所需要的区域聚落数据？

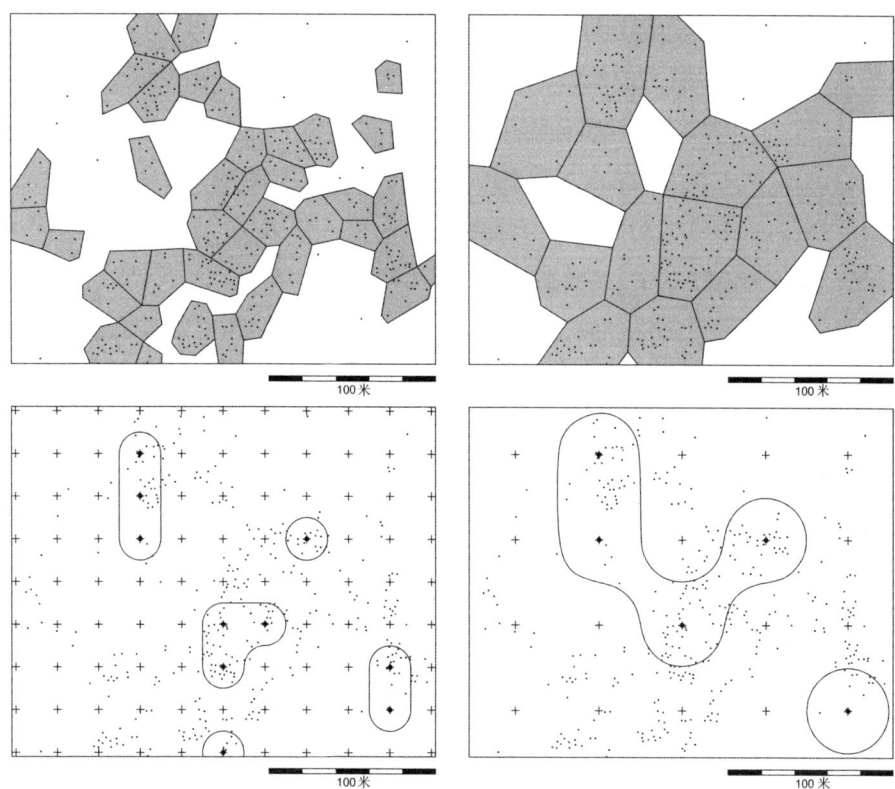

图 5.5　在面积为 0.0625 公顷的采集单位（左上图）、0.25 公顷采集单位（右上图）、相互间隔 25 米的 5 米×5 米的采集单位（左下图）和相互间隔 50 米的 5 米×5 米的采集单位（右下图）中的低密度遗物分布。遗物分布是真实的，在这个案例中，遗物来自稀疏的狩猎采集人群的居住区域，但在一些散落式农庄中的陶片分布也具有完全相同的特征。（数据来源于 Drager and Ireland 1986。）

以看出这一点。这种采集方式不需要调查组成员做出主观判断，调查人员只需要根据 GPS 设备的指示从一个采集点走到下一个点，然后进行地表采集就可以。用这种工作方法可以对田野调查成员实现快速培训，而且能够确保不同组之间在方法上保持一致。在一个区域内严格地布置规律性分布的点状网格，对一些人而言很有吸引力，尤其是当他们忽略了一个事实，即所谓的"规律性的分布（regularity）"是针对 GPS 设备所说的地点而言，但

· 171 ·

事实上这些点与它们在田野中的位置可能偏差 5～10 米甚至更多。所谓的"刚性(rigidity)"和"规律性(regularity)"只在平坦并且地形上没有明显区别的地区适用，而对山区而言，这个方法简直就是噩梦。当然，我们可以人为地调整这个工作方法，让它适用于那些地形不平坦的地区，例如按照与目标间距大致相等的距离，进行采集点的采集工作并记录这些点的位置。但是，在这样的区域中，我们仅靠地形因素就基本排除了两个采集点之间存在居住区域的可能性，但这样的信息通常不会记录在数据集中。

对基于点的采集来说，数据更容易受到随机干扰(random noise)的影响，这是因为采集点周边的空间会有什么东西完全取决于采集工作进行的那一刻。对基于面的采集而言，要用这种方法调查一个区域，将更多依赖调查人员在田野中的灵活观察，有时候他们会做出主观的判断。调查人员会聚集在遗物分布周围，根据观察到的遗物分布界限、遗物密度的变化、内部空白区域以及相关建筑和遗迹等信息，最终划出边界。当地表遗物组合的特征出现变化时，我们就将这些遗物划归到不同的采集单位。按照采集单位进行数据记录，可以为我们界定地表遗物分布的边界提供更加准确的信息，并因此得到更准确的面积测量结果。虽然我们在此不讨论地表的建筑或其他遗迹，但如果它们出现在地表，是很容易按照采集单位来记录相关信息的。

我们借助以上案例，说明了不同方法对居住面积的测量结果是存在差异的，但不论调查项目采用上述哪一种方法，其结果在同一项目内部是保持一致的。然而，如果想对不同地区进行比较分析，而它们采用不同方法测量居住面积，那就会成为一个大问题。像表面分布面积这样一个在概念上非常简单的东西，却有着如此多样且互不兼容的测量方式，而且至少在一些情况下没有哪一种测量方式是完全合理且一致的，这倒是出乎意料了。

如果遗物密度很高，而且地表可见度很好，那么基于面的采集单位和紧凑排列的点采集应该得到相似的结果，当然，基于面的采集有助于确定遗物分布的边界，因为容易判断遗物的所在地，不像点采集那样需要在发现遗物和无遗物的两个采集单位之间划界限。如果地表遗物密度很低，或者地表可见度很差，那么在规则网格中进行点采集会受到更多随机干扰的影响，例如调查人员很可能在设定地点看不到遗物，但却在前往该地点的路上遇到遗物。

在划定遗物分布范围的时候，基于面的采集单位自然而然地将建筑遗存、地形以及其他因素考虑在内。举个例子，如果遗物集中于一个相对平坦的山顶，除山顶外其他各个方向都是陡坡，那么这个地形特点就有助于我们将山顶确定为居住区域，调查人员在田野中可以直接观察到这些现象并划出居住区域的界限。在大多数情况下，基于面的采集单位提供了详细和准确的居住面积的边界，因为它们允许调查人员参考其他信息。从这个角度看，如果遗物密度低或者地表可见度不太好，这一优势甚至更加凸显。根据我们自己的经验，面思维方式可以取得更好的数据采集结果，同时也让工作更加有效率。然而如果地表可见度非常差，那我们可能就没有更好的替代方法，只能借助网格式采集方法，同时使用表面抽样。这个问题将我们直接带入到下面两节的主题中去讨论。

在田野中测量遗物的密度

到目前为止，我们只是简略地提到了遗物采集，而几乎没有讨论遗物采集是如何进行的。进行地表采集的理由有很多，但是测量地表遗物密度却设置了一些最为严格的方法学要求，我们接下来就在这个背景下讨论采集方法的问题。

系统性采集

如果地表采集按照规则网格（regular grid）的方式进行，那么在哪些地点进行的采集就无需说明了，因为网格或者点就已经确定了采集单位的位置。在每一个点的位置上，首先划出一个预先设定的面积，采集这个面积内的遗物，将遗物打包、贴标签，然后带回实验室进行清理和分析。通过画绳圈(dog-leash circle)的方式,调查人员可以快速、简单地划出一个采集区域。一个调查人员站在选定的采集地点的中心,手里拿着绳子的一端,另外一个调查人员拿住绳子的另一端,然后用脚或者棍子在地面上画一个圈。在田野中,调查人员也可以划出方形的采集区域,但这样做比较花时间。如果圆的面积在数值上等于某个偶数,我们就可以方便地计算出密度,例如半径为1.78米的绳子可以画出一个面积为10平方米的圆,一个半径为2.82米的绳子可以画出面积为25平方米的圆。总之,我们用采集到的陶片数量除以采集面积,就是该采集地点在单位面积上的陶片密度(陶片数/平方米)。

　　如果调查按照多边形采集单位进行,那么我们需要做出的决定就更多。在地表遗物密度相对高的区域,想把0.0625公顷(等同于25米×25米)范围内的遗物全部采集走是一件不太现实的事情,更何况是0.25公顷或者1公顷的区域。我们可以在采集单位内布置已知面积的绳圈,然后用绳圈内的遗物代表采集单位总面积的平均遗物密度以及采集遗物的性质,而不是把它们仅仅看作绳圈本身。用画绳圈这种方法采集遗物,实际上就是从多边形采集单位所代表的整体遗物样本中进行抽样,好的抽样设计可以帮助我们从这些采集中得到更好的结果。在这一情境下,一个好的抽样设计的目的就是获取具备以下两个特征的遗物抽样:(1)抽样量足够大,并且可以在一定精度和置信度上帮助我们鉴别出采集单位的遗物组合;(2)抽样过程必须将抽样偏差降到最小(也就是说抽样应该最大限度地反映整体样本)。

　　抽样量的大小取决于我们想对抽样所代表的整体样本进行什么样的讨论。我们需要明确的一个基本信息就是一个采集单位中不同时期陶片的比例,因为这些比例将成为我们确定不同时期遗物密度的基础。我们对不同样本量的样本进行抽样,所能得到的精度和置信度其实是一个简单而直接的统计学问题。对于一个由384个陶片组成的抽样,我们有95%的信心认为,如果计算特定时期陶片在采集单位获取陶片中的比例,那么这个比例的误差是±5%。在一个区域调查中,需要记录的采集单位可能有几千个,而其中的任何一个采集单位都有大量的陶片需要被采集并带回到实验室。当然,还有一种情况,就是地表所有的陶片加起来也没有达到384个(关于这一点我们稍后会再讨论)。

区域调查通常可以接受较低的置信度和较大的误差范围,而且经验告诉我们这样做并不会给调查数据引入难以接受的随机干扰。如果我们将标准降低到80%置信度,将误差范围扩大到±10%,那么我们只需要采集41个陶片就可以完成抽样。如果抽样是通过设置绳圈完成的,那么目标抽样量就是对绳圈大小的一个简单和直接的反映。如果对一片遗物分布区域而言,陶片密度是4个/平方米,那么一个面积为10平方米的绳圈就能获取到40个左右的陶片。这个大小的圆圈正好符合我们的目标抽样量(41)。如果采集单位中的地表遗物密度更低一些,我们可以设置更大的绳圈,但通常更好的解决方法是多设置几个绳圈,一直到我们采集的陶片达到目标抽样量。

关于要采集多少遗物的统计学分析,是把采集的遗物当作采集单位中遗物总数的一个简单随机抽样。但如果遗物抽样是通过在采集单位中心位置设置绳圈并采集圈内遗物得到的,那么从技术上来说,这41个陶片就不是一个简单的随机抽样,而是聚集在同一个圆圈内的遗物。我们由此得出的误差范围和置信度就有所不同,但实际上我们不会对每一个采集单位的抽样都去计算误差范围。之前的讨论目的是让读者意识到小样本量会产生更大的随机干扰,那么统计分析作为一个有用的方法可以帮助我们思考应该从采集单位中采集多少个陶片,才能把随机干扰降低到可接受的程度。如果所有抽样都来自采集单位中的某一个点,那么随机干扰会更大。如果抽样是从采集单位的不同地点获取的,可能会更加准确地反映采集单位内的整体遗物情况,因为它将更加有效地降低地表采集单位中出现的密度变化和遗物组成比例上的变化。

图5.6来自一个真实的案例,显示了0.2公顷采集单位中的遗物密度变化。就整个采集单位而言,平均陶片密度是2个/平方米。如果我们随机选择一个地点,设置面积为5平方米的绳圈进行抽样,得到的结果可能差

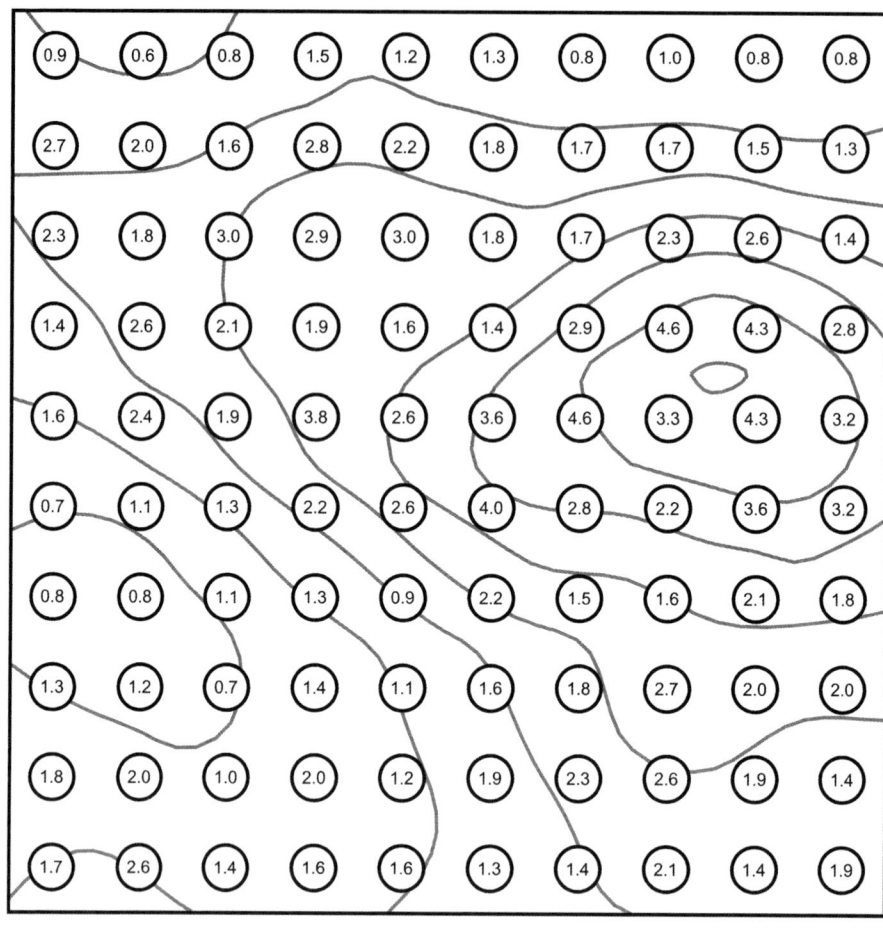

图 5.6 大凌河上游流域红山文化遗物的实际分布情况（图中显示的是面积为 0.25 公顷的采集单位中的遗物分布）。灰色等高线显示的是采集单位中陶片密度的变化趋势。采集单位中分布了大小为 5 平方米的绳圈，圆圈内标注出了每个绳圈中的陶片密度。

异很大，从 0.6 个/平方米到 4 个/平方米都有可能。大约 80% 的测量结果为 0.9～3.1 个/平方米。相比只选择一个圆圈，如果我们选择四个相邻的圆圈，然后计算平均值，那么结果会更接近平均值，大约 80% 的测量结果为1.3~3.2个/平方米。这个平均数值的提升并不特别剧烈，而且基本上是通过增加抽样量来实现的。但相比只有一个采集圆圈，我们从四个相邻的绳圈所获得的抽样仍然在一定程度上降低了采集单位的密度变化。

克服采集单位中密度变化的最佳方式是增大绳圈的间隔，这同样有助于获取更加精确的测量结果。如果我们仍然设置四个绳圈采集遗物，但这次不选择相邻的圆圈，而是选择采集单位的四个角（西北角、东北角、东南角、西南角）进行采集，那么随机干扰就很显著地下降了：80%的测量结果在1.5~2.5个/平方米。我们认为这样处理后数据的随机干扰会显著降低，从而在评估每个时期或每种陶器所占比例的时候能得到更好的结果。

如果多边形采集单元中的遗物组合在空间分布上呈现变化，应该如何进行抽样呢？我们把上述思考综合在一起，可以得出一个简单、有效的田野工作策略，进而将随机干扰降到最低。假如我们要测试不同时期陶片所占的比例，并且要求在80%的置信度上误差范围不超过±8%，那么目标陶片数量是64，也就是需要从每一个采集单位中抽出64个陶片样本。如果调查区域的陶片分布密度相对较高，达到3~4个/平方米，那么我们可以在采集单位内的两个不同位置设置两个10平方米大小的绳圈（半径为1.78米）。在高密度的遗物分布中，通常会有60~80个陶片，因此可以满足（或者接近满足）目标抽样所需要的64个陶片。在采集单位内、两个不同位置的绳圈将为我们提供两个独立的遗物密度，通过计算其平均值，可以降低数据集中的随机误差（如果设置四个绳圈，我们可以将随机干扰降到更低）。另一方面，陶片数量如果很大，也可以将随机干扰降低更多。如果我们没有采集到64个陶片，可以在采集单位设置第三个绳圈。仍然不能采集到64个陶片的话，那么继续增加绳圈，直到得到64个陶片样本为止。我们只要始终保持对绳圈采集情况的记录，就能够计算出每一个采集单元真实的陶片密度，而且不会出现从某些采集单位采集过多或者过少的陶片的情况。

至少对一些特定情境而言，类似上面的抽样步骤是很有道理的，因为它同时兼顾时间投入和降低随机干扰。更重要的是，它避免了抽样偏差。

当然，目标抽样量、绳圈的面积和个数以及其他信息，取决于具体的调查区域、考古记录、研究问题以及其他因素。

一般性采集

上述采集过程至少从一个很重要的角度来说仍有不完善的地方。即便区域内的地表遗物密度达到 3 或者 4 个陶片/平方米甚至更高，也总有一些采集单位的密度远远低于这个数值。研究人员要从这样的采集单位中收集到 64 个陶片，可能需要花费一整天的时间，一个接一个地布置和采集绳圈，直到结束一天的工作，才发现整个采集单位都没有 64 个陶片。这显然不是最有效的时间分配方式。对于那些遗物密度偏低的采集单位，我们必须采取不同的采集策略。如果一个采集单位的地表陶片密度是 1 个/平方米，那么我们需要设置 6 个绳圈（10 平方米大小），才能采集到 64 个陶片（目标样本量）。这样听起来我们似乎为了测试一个采集单元内的陶片密度，降低了设置绳圈的意义。因此，有的研究人员会在开始工作之前，快速地对工作区域做出一个主观判断，如果陶片密度似乎小于 1 个/平方米，那么根本不需要划出任何的绳圈。如果陶片密度高于 1 个/平方米，则调查人员应该在调查单位中四处走动，采集所看到的遗物，直到采集了 64 个陶片（或者达到设定时间）为止。这种仓促的采集方式有时被称作"定时取样（grab samples）"或"一般性采集（general collections）"，从而区别于在圆形或者方形采集范围内的"系统性采集（systematic collection）"或"可控性采集（controlled collection）"。

如果我们在遗物密度低的区域设置这样的一般性采集，那么所有采集单位都会得到一个很低的密度值。可以设想，上述案例中的陶片密度小于 1 个/平方米，而且实际密度可能远远低于 1 个/平方米，我们就只能开展一般性采集。对于开展一般性采集的采集单位，我们可以将 0.5 个/平方米赋值给它们。或者我们可以进一步假设，认为一些低密度的采集单位中甚至连 64 个陶片都采集不到。如果采集单位有 60 个以上的陶片，我们可以将 0.75 个/平方米赋值给它们；如果采集单位有 30~59 个陶片，则将 0.59

个/平方米赋值给它们；如果采集单位的陶片不足30个，我们就将0.25个/平方米赋值它们。按照这个思路，我们会希望将一个一般性采集的时间控制在10分钟之内，以避免调查人员在一个采集单位中花费太多时间去寻找陶片。调查组必须捡起他们看到的所有陶片，而不只是捡起那些少见的、年代较早的或者带纹饰的陶片，却忽视部分晚期的或者素面的陶片，从而避免引入抽样误差。一旦采集单位的面积和地表遗物密度被测量出来，那我们计算面积-密度指数的两个必要因素就有了。

对地表采集来说，这或许听起来像是一套复杂繁琐的程序，但真正的复杂性其实来自采集单位的多样性以及根据这些状况所做出的灵活调整，以便有效地为采集单位计算出一个相当准确或是基于主观判断的地表遗物密度。如果区域内不同采集单位中的地表遗物密度变化很小，或者因为地表状况（例如植被）无法很好地测量遗物密度，那么我们可能得把注意力集中到对遗物分布面积的测量上来，并用面积作为人口指标，从而节省下计算遗物密度的时间。这种情况下，我们可以在所有的采集单位中开展一般性采集。

有许多调查项目只开展一般性采集，并记录调查人员对每一个采集单位中遗物密度的主观判断。在这些案例中，研究人员可能给每个遗物密度类别赋予一个相应的人口范围，然后根据采集单位的面积以及主观判断得出的遗物密度，计算出绝对人口数量（这基本上是研究人员在墨西哥盆地所使用的方法）。一些富有经验的调查人员会避免采用系统性采集，因为担心降低工作速度；还有一些人采用过系统性采集，但是却没有在记录数据上花多少时间。以上所描述的步骤适用于借助系统性采集测量高遗物密度区的遗物密度，或者利用一般性采集测量低遗物密度区的遗物密度。根据采用这些调查步骤的调查项目，如果是三个人组成的调查小组，那么每天可以调查1平方千米的面积。

作为总结，我们有必要指出的是考古遗址并不是数据记录的单位，我们也不建议在任何测量居住面积和地表遗物密度的分析中将考古遗址作为分析单位。我们上述所讨论的方法完全避开了一些毫无根据的假设，例如认为只要遗存形成紧凑的集群并且集群之间完全没有任何遗物，那么我们就可以把遗址作为数据记录和数据分析的基本单位。这些方法提供了一个准确、有效的方式，能够详细地记录区域尺度上遗物分布的信息，其揭示的居住模式包括了从高度散落式农庄（甚至流动人群）到紧凑的核心型地方性社群这样一个变化范围，而所有这些在考古学家眼中都是"遗址"。

田野中可见度很差的应对措施

到目前为止，我们在讨论如何测量居住面积和遗物密度时，都假设调查人员可以迅速在地表发现遗物，区域调查和聚落人口学研究能够在一些地区蓬勃发展，也正是因为地表情况很利于工作的开展。在一些情况不是那么理想的地区，此类研究同样取得了成功，甚至在地表调查非常糟糕的情况下，也仍然有一些研究取得了成功。通常影响工作开展的罪魁祸首就是植被，包括很高的林地、厚厚的落叶、茂密的灌木丛以及草地很厚的牧区。

至少在以上所说的部分情况中，区域调查主要依赖快速的探铲勘探调查（shovel testing）。虽然不乏对这种方法持有异议的人，但不可否认的是探铲勘探调查在地表可见度很差的区域得到了广泛的应用。其田野工作方法类似于我们在规律的网格中进行基于点的地表采集（见前面的描述）。唯一的区别就是在原本应该设置地表采集的地点，我们布置了一个小的发掘探方。这些探铲勘探调查的尺寸通常是1米×1米或者更小。调查人员可能会一直发掘到生土，或是发掘到固定的深度为止。在收集遗物方面，他们要么用手掰开并检查土壤，要么借助筛土这种方式。

确定居住面积的方式，就是在通过探铲勘探获取遗物的地点周围划出界线，通常这样的界限会将居住区域与非居住区域区分开，而且一般取发现遗物的勘探点和未发现遗物的勘探点之间的中点划线（参见我们对规则网格基于点的地表采集的讨论）。至于遗物的密度，可以根据表面积计算（探铲勘探的表面积是50厘米×50厘米，如果获取到4个陶片，相应的陶片密度就是 16 个/平方米），也可以按照体积计算（探铲勘探的表面积是 50 厘米×50 厘米，如果深度为 40 厘米，并且获取到 4 个陶片，那么相应的密度就是 40 个/立方米）。关于如何在规律网格中布置地表采集，我们前面谈论了很多，其中大部分结论适用于探铲勘探。特别需要指出的是，即使是在一片居住区域进行勘探，也有可能根本发现不了任何遗物。更何况探铲勘探的面积比可控性地表采集的面积要小很多，那么对探铲勘探来说，这种风险就更大了。无论是地表采集还是探铲勘探，如果我们调查的是居住区域的低密度遗物区，这样的风险就会显著增加。

研究人员在阿尔托马格达莱纳（Alto Magdalena）把探铲勘探与地面采集相结合使用，应用的对象不是点构成的网格，而是按照面思维的方式，将小型多边形采集单位作为数据记录的基本单位。调查工作按照一个个的采集单位进行，当地表可见度尚可接受时，就进行地表采集（如果未发现遗物，也同样做出记录）。如果植被影响到地表可见度，就使用探铲进行勘探，以观察该区域作为采集单位是否含有遗物，或者发现遗物后进行遗物的抽样工作。通过这个步骤，研究人员可以把地形以及其他表明居住边界的因素进行综合考虑，进而确定出采集单位的边界并且把它们画在纸质版本的航拍图上。每一个探铲勘探点都可以代表一个采集单位，但如果能在每个采集单位中多布置几个探铲勘探点（正如我们对设置绳圈的讨论一样），哪怕会降低田野工作速度，最终的效果也会更好一些。因为这样做不仅可以降低密度测量中的随机干扰，也可以减少探铲勘探在低遗物密度区发现不了遗物的风险。

如果我们要把探铲勘探和地表采集得出的遗物密度整合到同一个数据集，就必须确立两种测量结果之间的对应关系。研究人员在巴拿马的埃尔哈提娄（El Hatillo）地区，将探铲勘探和地表采集结合，在每个采集单位同时进行了这两种采集工作，以便在两者的结果之间建立一个转换系数。而在托诺西（Tonosi）地区，研究人员提出探铲勘探和地表采集的结果可以作为相同样本库中的两个随机抽样，并随后对比了两种方法得到的陶片密度的频率分布的形状。

在田野中开展抽样工作

在区域调查中采用抽样方法是一个有争议的话题,这对充分意识到区域聚落分析的目标从本质上来说就是人口学研究的那些人而言尤其如此。研究人员在美国和加拿大开展的不同尺度上的文化资源调查中,对抽样持一个非常包容的态度。地中海地区开展的调查在空间尺度上远远小于本书中所关注的区域调查,但那里的研究人员同样密切关注了抽样方法。与抽样这个话题相关的文献资料涉及很多实验性研究,旨在揭示将抽样应用于已经取得全覆盖式调查数据的区域后所得到的结果。大多数实验建立在很差的抽样策略设计上,最普遍的错误是选择抽样的单位太大,以至于样本量过小。

我们可以用普拉塔河谷(Valle de la Plata)西区全覆盖式调查中的两个抽样方法作为例子来阐释以上的观点,与此同时,我们也可以探讨一个好的抽样设计可以起到什么作用。在图 5.7 中,我们抽取了 1283 个方形单位,每一个面积为 1 公顷,它们组成了第一个抽样。调查总面积是 317.2 平方千米,抽样总面积是 12.83 平方千米,这等于说抽样占所有样本的 4%(如果与许多已发表区域调查中的抽样相比,这是一个很低的抽样比例)。但重要的是,抽样量达到了 1283,这比很多同类实验中的抽样量要大得多。

所有面积为 1 公顷的抽样方格均按照 500 米的等间距排列在调查区域内。学术界对于在空间上进行抽样的最佳方式有很多不同看法,有些观点甚至相互矛盾。类似上面这种系统性抽样设计,它是从整个调查区域中均匀地抽取样本,避免了抽样单位过于聚集,同时确保选样没有遗漏掉任何区域。这是空间抽样方法中最有吸引力的部分,而且我们有理论依据相信这样做确实会改进结果,因为空间自相关(spatial autocorrelation)会让相距很近的单位变得多余,而那些未做抽样的区域很可能成为误差来源。有些系统性抽样设计会避免将抽样单位均匀、有序地排列,但对图 5.7 中的山

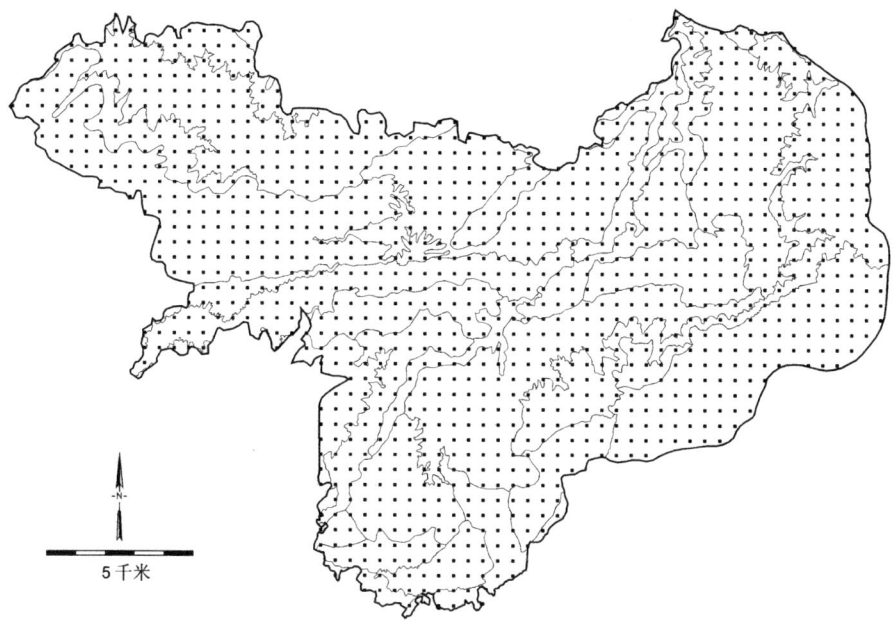

图 5.7 普拉塔河谷(Valle de la Plata)西区 1283 个面积为 1 公顷的抽样单位。在调查区域中，标注出了本书所讨论的土壤生产力分类。(数据来源于 Drennan 2006a，2006b。)

地地区，我们几乎不需要去担心将抽样单位均匀、有序地排列会导致最终揭示出的居住模式与聚落分布模式不相符。

考虑到普拉塔河谷中所有采集单位的遗物密度都很低，而且测量密度非常困难，那么我们使用的人口指标就只能是面积。正因为如此，对该区域的整体人口进行估算就成为一个简单的问题，即根据面积为 1 公顷的抽样单位，估算出整个调查区域平均每公顷的居住面积。对每一个时期而言，人们在 1 公顷抽样单位内的居住面积可以通过区域调查数据得到，而面积平均值和标准差则可以用 1283 个抽样单位来计算。这 1283 个抽样结果将非常准确地反映出整个区域调查数据集及其历时性变化的情况，估算出的结果在 95% 置信度上也只有非常窄的误差范围(图 5.8)。

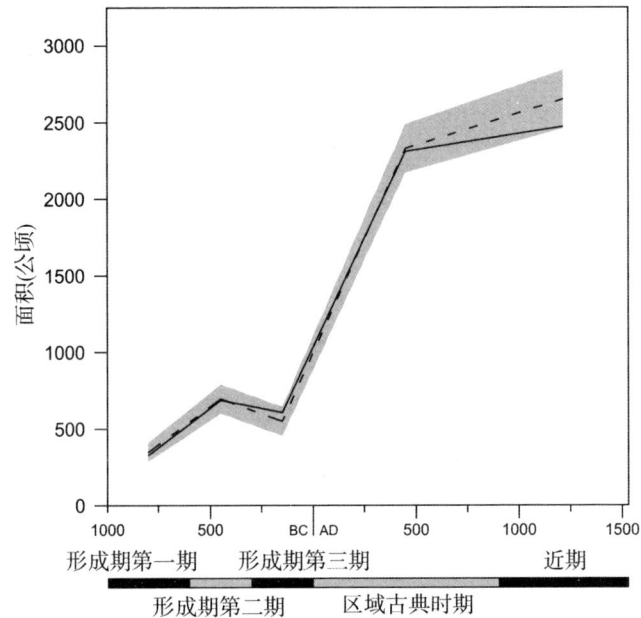

图 5.8 根据图 5.7 中的抽样(灰色区域表示 95% 置信度下的误差区间)估算出的普拉塔河谷(Valle de la Plata)西区的居住总面积(虚线部分)和根据全覆盖式区域调查数据估算出的居住总面积(实线部分)。

在第三章中,我们研究了人口和农业生产力之间的相关性,其中采用的 13 个土壤区(soil zones)数据就来自普拉塔河谷的调查区域,而且我们注意到在形成期第一期(Formative 1)中,人口与农业生产力之间存在一个中等强度和高显著性的负相关关系($r_s = -0.680$,$p = 0.011$,$n = 13$)。我们将完全相同的分析方法应用于本次的抽样数据(也就是估算每一个土壤区的居住面积),结果同样支持上述结论($r_s = -0.600$,$p = 0.030$,$n = 13$)。根据完整的区域调查数据集,我们得知在区域古典时期(Regional Classic period),人口与 13 个土壤区之间存在一个微弱的、不显著的正相关关系($r_s = 0.345$,$p = 0.248$,$n = 13$)。我们对抽样的分析结果再一次支持了之前的结论($r_s = 0.229$,$p = 0.451$,$n = 13$)。

我们的抽样样本无法进行等级-规模曲线分析,而且对整个调查区域而言,也无法进行这样的分析,这是因为该河谷中都是散落式的农庄,并没有形成地方性社群,也就无法提供等级-规模分析所需要的分析单位。我们可以利用抽样中每一个圆环所含有的居住面积,进行基于同心圆环的集中化分析(centralization analysis)。我们如果在一个光滑处理过的密度面上观察人口分布的整体趋势,就会发现区域调查数据集和抽样在结果上高度相似(图 5.9),很容易看到两个主要的人口聚集区,而在调查区域的边缘还散落着一些小的居住区域。我们从区域调查数据和抽样数据中还可以确定出超地方性社群,并且抽样数据很好地捕捉到了介于超地方性社群之间、只有零星居住迹象的缓冲地带(buffer zones)。

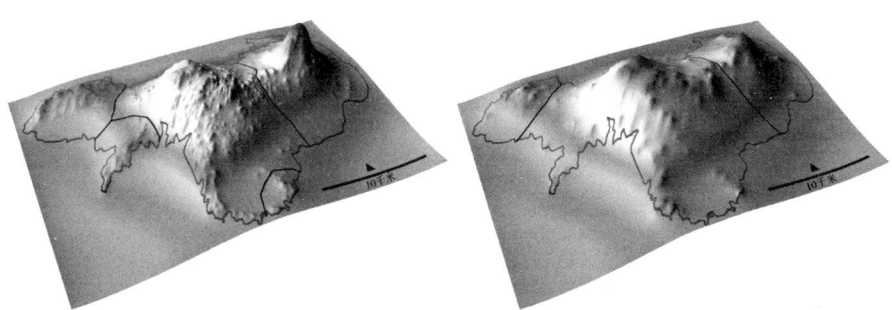

图 5.9 经过平滑处理后的密度面所揭示的普拉塔河谷(Valle de la Plata)西区的人口分布。左图的数据来自全覆盖式区域调查数据集,右图的数据来自图 5.7 中的抽样。两个密度面中都显示了根据人口聚集情况划定的超地方性社群。

同样是这个调查区域,我们还可以用 1 平方千米作为取样单位,但是过程就不那么容易了(图 5.10)。这么大的抽样单位很容易在边界上产生问题,因为一些潜在的抽样单位可能部分落在调查边界之外。为了在处理方式上保持统一,我们将调查面积扩展到 364 平方千米,确保所有 1 平方千米的采集单位都囊括在调查范围中。我们随机选择了 15 个 1 平方千米的采集单位,抽样率约为 4.1%,略微高于之前 1 公顷采样单位的抽样比例,但这并不重要。真正重要的是,由于这是一个很差的抽样设计,样本量从原本的 1283 变成了现在的 15。在系统性设计中，面积为 1 公顷的采样单位均匀地分布在调查区域内，但这种设计现在也完全被抛弃了，而换成了一种简单的随机抽样，从而导致一些抽样单位过于集中，同时留下大片未抽样的区域。

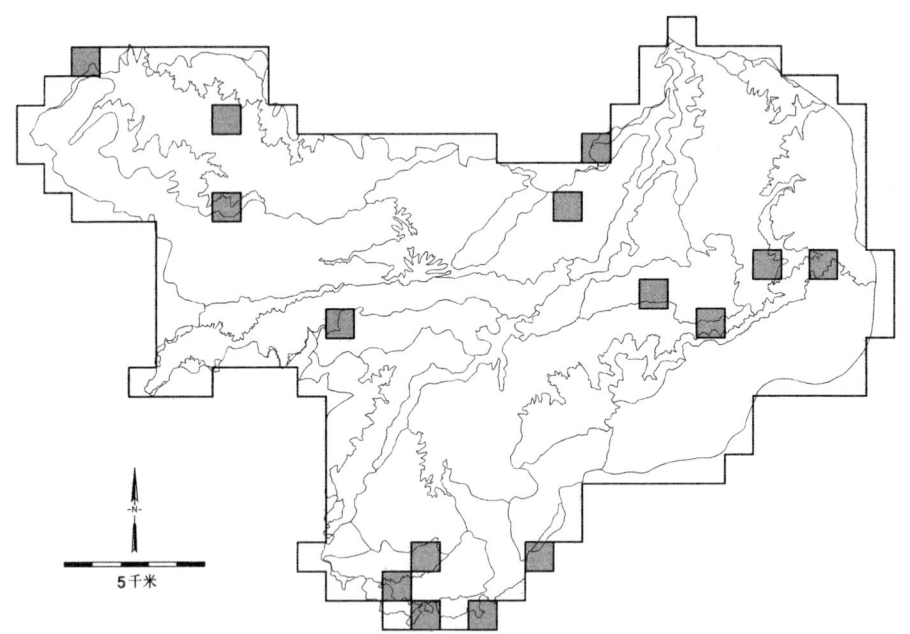

图 5.10　普拉塔河谷（Valle de la Plata）西区布置的 15 个面积为 1 公顷的方形抽样。这些抽样来自调查区域边界之外的方形界线所确定的空间范围。（数据来源于 Drennan 2006a，2006b。）

不出意外的话，我们会发现上述抽样方法在预测区域内居住面积的历时性变化方面，并不能给出很好的结果（图 5.11）。在其他分析方面，它同样表现得很差劲。这种抽样设计与已发表的案例有相似之处，其中一个案例采用 1 平方千米作为最小单位，并且在此基础上获得了 4 个抽样单位。这种实验的结果很糟糕，但却不能说是抽样本身不起作用，而是表明如果抽样设计得很差劲，那么抽样就会完全不起作用。

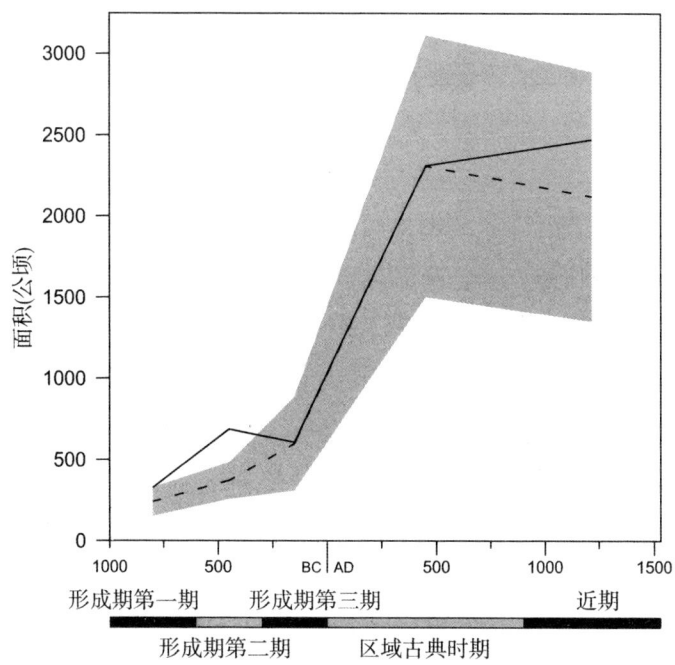

图 5.11 根据图 5.10 中的抽样(灰色区域表示 95% 置信度下的误差区间)估算出的普拉塔河谷(Valle de la Plata)西区的居住总面积(虚线部分)和根据全覆盖式区域调查数据估算出的居住总面积(实线部分)。

什么时候进行抽样比较好？

关于抽样策略，一直以来都有一个很现实的顾虑，即可能要花很多的时间来找到那些散落的抽样单位并调查它们，所花的时间可能跟调查整个区域差不多。不过，对普拉塔河谷来说，显然不是这样。研究者对东区的一小块区域进行全覆盖式调查后，发现那里几乎没有多少前西班牙时期的居住遗存(尤其是和进行过部分调查的西区相比)。然而，仅凭一个小区域的全面调查，就对一个广阔的自然区域做出这样的论断是有风险的。同时试想一下，如果我们花时间在一个很大的区域进行全覆盖式调查，但这个区域中几乎不会有前西班牙时期的居住遗迹，那该多么让人沮丧。

我们的策略是从很大的调查区域中抽取面积为 1 公顷的采集单位。抽样结果让我们在很高的置信度上相信，东区的任何一块地方都不曾有过太多前西班牙时期的居址遗迹。分析结果显示这个聚落由许多散落的农庄以及小的农庄群组成，之所以这么说是因为我们全面深入地调查了所有抽样单位中的居住面积，并且非常确定相邻的居住遗迹在空间上是如何分布的。抽样结果同样揭示出居址特别倾向于靠近永久性水源（对一个非常干燥的地区而言，这一点都不奇怪）。调查人员非常高效地完成了抽样工作，调查组对整个地区进行了抽样，所花的时间大约是开展全覆盖式区域调查的 1/4。如果按照在东区开展抽样调查所需要的时间，那么同样的时间里全覆盖式调查只能完成 1/4 的面积。

相比之下，尽管上述对普拉塔河谷西区进行的 1283 个 1 公顷采集单位的抽样试验获得了成功，但研究人员一开始就决定在该地区开展全覆盖式调查也同样是明智的。因为全覆盖式调查可以提供抽样调查无法提供的重要信息。例如，依据抽样调查的结果，我们可能难以判断出前西班牙时期的主要居住遗址并非核心型村落（nucleated village），而是由很多散落的农庄组成。这些重要并且在意料之外的结论并非直接来自抽样调查。而只要观察一下地图，看一看地图中的居住模式，我们就能很快得出这些结论（如图 5.9 所示，根据抽样调查制作的遗址密度面确实可以记录同样的信息）。

在普拉塔河谷西区开展的全覆盖式调查为我们研究阿尔托马格达莱纳的区域聚落人口开了一个好头。在开展全覆盖式区域调查之前，我们对这个地区的聚落或者人口模式一无所知（图 5.12）。之后，研究人员首先对东区进行抽样调查，在节省了资源的同时，也发现了他们一直寻找的东西。研究人员还对中部的一个小区域进行了全覆盖式调查，发现了一些过渡性质的东西，截然区别于东、西区的环境和人口状况。最后，研究人员对圣奥古斯丁伊斯诺斯（San Agustin-Isnos）地区进行了 323 平方千米的全覆盖式调查。随着调查的开展，他们得以对图 5.12 所示的一个更大的区域进行抽样，采用了面积为 1 公顷的采集单位，抽样设计与普拉塔河谷西区的实验性抽样设计基本相同。需要提到的是，这些工作为我们了解阿尔托马格达莱纳地区的古代聚落人口学提供了更多有用的信息。从普拉塔河谷得到的认识让我们可以进行抽样设计并且评估抽样策略，因为之前的聚落分布与待抽样地区的特征基本相似。

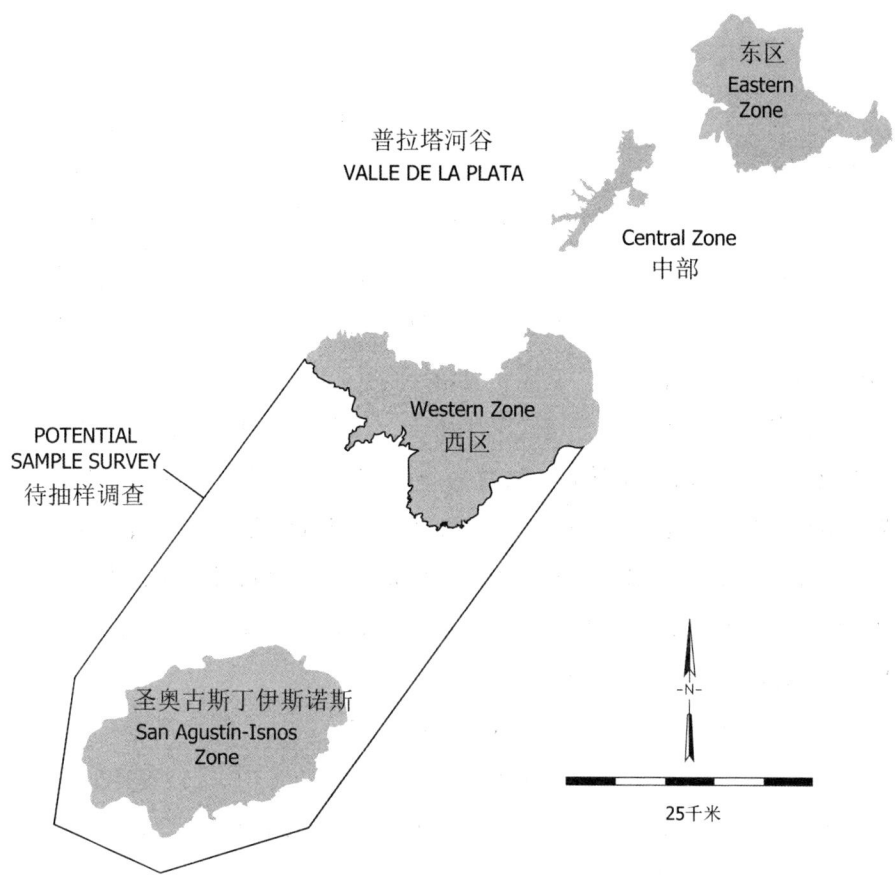

图 5.12 阿尔托马格达莱纳（Alto Magdalena）经过区域调查的地区。

这个更大面积的抽样将包括整个圣奥古斯丁文化（San Augustin culture）区域，其文化特征表现为纪念性的墓葬和雕塑。之前我们对这个地区的认识是，整个地区存在着十几个小型政体，到现在为止这个结论就更加可靠了,因为这些政体全部被包括在抽样分析中。或者换句话说,普拉塔河谷西区和圣奥古斯丁伊斯诺斯地区的少数政体以及两者之间过渡地带的稀疏居住区可能都被囊括在分析中。如果抽样中确实存在这样的一个区域,那么就暗示着区域政体分裂为不同的群体,从而意味着在更大的空间尺度上存在着一个未知格局(unknown structure)。

在沉积物之下抽样

到这里为止,我们还没有考虑过一个可能性,那就是我们想要研究的古代人群所生活的地表或许因为地质过程(例如侵蚀和堆积)发生过重大改变,以至于无法在地面或者接近地面的位置直接观察到。然而,早期复杂社会的一些经典考古学案例都分布在宽阔平坦的冲积平原上,从人类在这些地方生活开始,就不断有大量的沉积物堆积。特别是在中国南方以及中部地区的广阔平原上,考古学家借助取土钻(soil augers)成功从地下10米甚至更深的地点发现了被掩埋的居住遗迹,甚至还测量了它们的面积。研究人员通过直径10厘米的取土钻孔(auger holes),获取了地下的遗物和人为形成的土壤。钻芯(coring)工作虽然繁重,但可以在大的空间尺度上完成。在中国南方的成都平原上,遗物的埋藏深度不会超过2米,根据傅罗文(Rowan Flad)的报告,在这样的区域中,8个人可以在一个月之内钻探2400个深度2米左右的取土钻孔(auger holes)。

在中国东北的大凌河上游流域,居住遗迹没有被沉积物覆盖,研究人员对这一地区进行了全覆盖式调查,这为开展抽样实验提供了条件。我们可以想象一下,整个聚落分布在200平方千米的范围内,并且被埋藏在地下2米甚至更深的地方,只有通过钻孔(augering)才能发现。在普拉塔河谷的抽样实验中,研究人员布置了面积为1公顷的采集单位,并在整个区域的3197个点进行了钻芯(cores),这些点的位置是严格按照网格分布的,彼此间距250米(图5.13)。对每个时期而言,如果全覆盖式区域调查数据能指出有多少个点的采集单位正好落在居住区域,就用这些点的数值除以3197,从而得出落在居住区域的点抽样的比例。这个结果等同于一个抽样比例的估算，也就是估算调查区域所有可能的点采集所占的比例；同时我们还可以通过抽样统计学，计算某一个置信度上的估算比例的误差范围。然后，用计算出的比例和误差范围乘以200（调查区域的总面积），得到的就是在一定置信度下某一时期居住总面积的估算值及其误差范围。借助这样的抽样分析，我们最终得到大凌河上游流域居住区域的历时性变化图（图5.14），这与全覆盖式区域调查的结果完全一致，还附带了一个95%置信度下的误差范围。

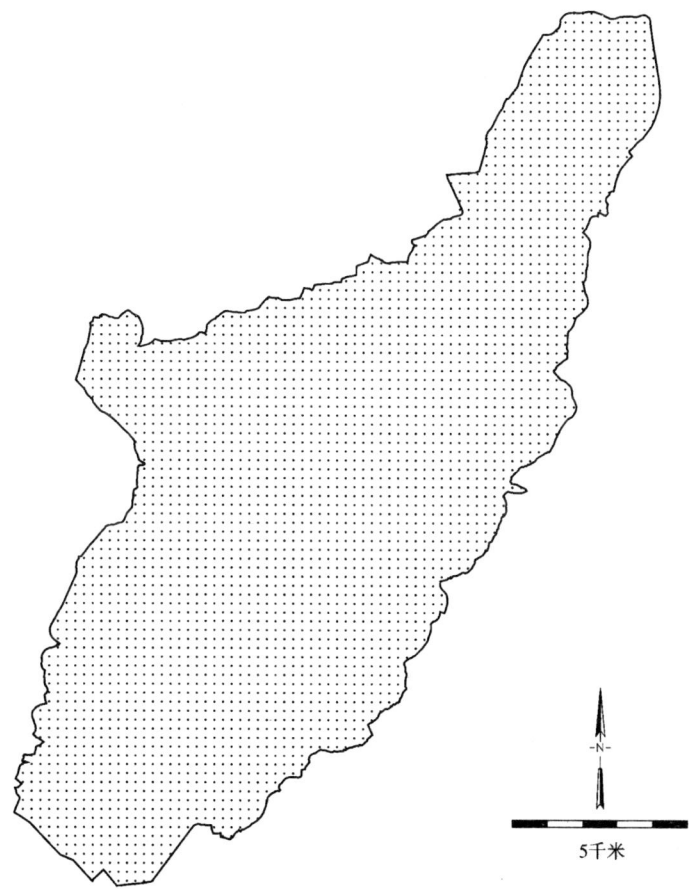

图5.13　大凌河上游流域中按照250米间距布置的用于探铲钻探的点抽样。（数据来源于Peterson et al. 2014a, 2014b。）

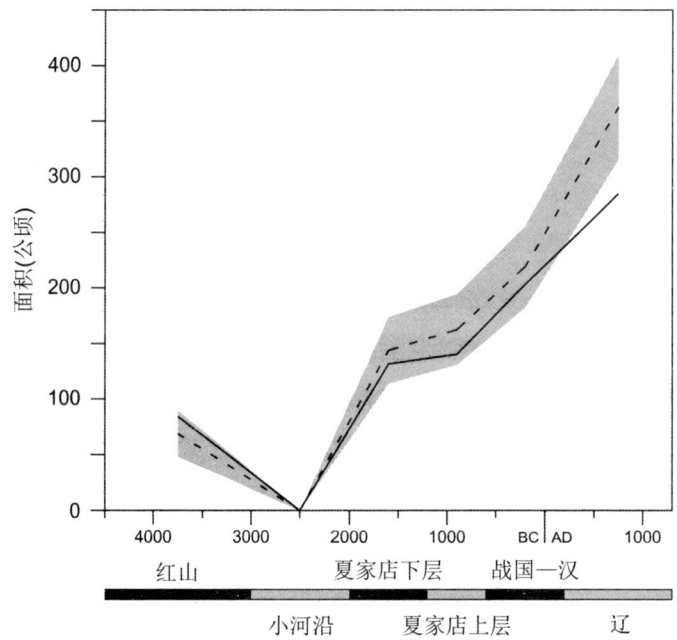

图 5.14 根据图 5.13 中的抽样(灰色区域表示 95% 置信度下的误差区间)估算的大凌河上游流域的居住总面积(虚线部分)以及根据全覆盖式区域调查数据估算出的居住总面积(实线部分)。

对大凌河上游流域调查区域来说,面积-密度指数是比面积更好的一个人口指标。一个钻芯抽样不太可能在发现遗物的地点得出一个很好的密度估算结果,因为取土钻孔(auger hole)所代表的只是非常小的面积。事实上,由于钻孔的尺寸很小,可能会造成很大的风险,即便钻孔落在居住区域内也发现不了文化遗物。因此,有人会在选择地点同时布置几个钻孔,而不是只安排一个钻孔,以此增加采集到的沉积物的体积。这样做可以降低遗漏居住遗迹的风险,但却不能提高每个地点遗物密度的估算精度(也就是每个地点不同时期陶器的比例)。

如果采取两步法开展钻芯(coring)工作,或许结果会更好。也就是说,先利用布点的方式采集一个钻芯(cores)的抽样,之后在发现遗物的地点布置间隔更小的网格进行钻芯,用来界定居住区域的分布范围。这种钻芯的间隔可以是 25 米、50 米或者 100 米,取决于调查地区中的居住面积、居住密度以及调查项目所要解决的研究问题的精度。在很多居住区域,这相当于设置足够多的钻孔,从而更加精确地计算遗物的密度以及同一地点不同时期的遗物密度。我们可以通过这样的估算细化区域内居住总面积的初步估算结果,从而得到一个更加令人满意的人口指标。当然,更重要的一点是,抽样估算必须基于第一个步骤中的随机样本。而从第二个步骤得到的额外数据,则不能简单地等同于第一个步骤中的抽样,因为前者是基于已经出现遗物的地点而被选择的,这样会导致我们在估算遗物数量以及遗物在区域中的分布情况时出现偏差。

我们在大凌河上游流域的全覆盖式调查是由大约 15 名考古学家和考古专业的学生在大约 6 个星期的时间内完成的。如果我们在设想出的 3197 个布点位置分别进行 4 个取土钻孔,每一个深度为 1~2 米,哪怕并非所有的田野调查人员都需要进行钻探训练,完成钻孔所需要的时间也可能是完成这个地表调查所需时间的两倍。更进一步的钻芯(coring)能够给已经发现的居址划出界线,并因此增加工作时间,不过所有这些都有可能在同一个考古项目中完成,而不需要开展新的项目。

在一些散落分布的地点以相对小的间距开展两步法的钻芯(coring)策略,可以为发现的居住遗迹提供更加详细的信息,这比我们将所有目标都放入到一个步骤中要更加有效和有用。在抽样中,研究者可以沿着间距很小的钻芯(cores)所形成的线条对整个区域进行抽样,一般情况下设置的间距要足够小,以防止一些遗址落在钻芯之间并因此被遗漏。然而,有意识地选择钻芯的分布线(lines)其实不是一个好的抽样设计,因为可能会遗漏那些与抽样地区完全不同的区域。从技术层面讲,抽样的大小并不等同于钻芯的数量,而应该是钻芯形成的线(lines of cores)的数量,因此有意识地选择钻芯形成的线势必会造成抽样偏差。相比之下,全面的布点网格可以提供一个很好的统计学基础,让我们把整个区域作为一个整体进行估算。如果有人担心在网格中设置钻芯(cores)会有问题,那么我们可以从250米×250米的网格中随机选择一个点,而不是固定用250米的间距进行钻芯(cores)。

全覆盖式调查和抽样调查的区别似乎很简单,但事实上却异常复杂。我们以250米间距的钻芯作为例子。其实更准确的说法是,这个间距代表着全覆盖式调查中遗址的空间大于250米,只有这样才能确保遗址不会被遗漏。研究人员在普拉塔河谷设置的面积1公顷的采集单位,使用了500米作为间距,如果这里的遗址在空间分布上大于500米,那么这个调查同样可以被看作是全覆盖式调查。当地面调查人员所走过的钻芯形成的线在间距上只有100米甚至更少时,那这个调查就是全覆盖式调查,而不会有人认为它是抽样调查,这对空间分布超过100米的遗址来说显然是对的,但如果遗址在空间上的分布小于50米,那上面的说法就不成立。在一个全覆盖式的调查中,如果调查人员沿着相隔100米的线条行走,他们所发现的都是空间分布在50米左右的遗址。将调查中基于空间分布在50米的遗址的抽样结果与全覆盖式调查中基于空间分布在100米以上的遗址结合起来研究是很有道理的,但目前我们还没有听说有人使用过这种研究方法。

问题和答案

1. 调查人员有时会产生一种不可抗拒的冲动,即想要在一个地点的某个采集单位附近尽可能地找到更多的遗物,并划出绳圈进行系统性采集。为什么你建议我们不要这样做?你如何避免这种情况发生?

我们在更大的采集单位区域设置绳圈,进而在绳圈圈出的范围内进行系统性采集,目的是准确地测量采集单位内遗物的平均密度。如果调查人员只在地表遗物很密集的地方设置绳圈,就会引入抽样偏差,最终导致过高地估计了遗物密度。事实上,调查人员很可能把高遗物密度的"热点"当作普遍现象。由于采集单位内部的遗物密度经常呈现小范围的变异性,这种偏差的影响可能会比较严重。所以我们必须避免这样做。

解决方法之一是在比较远的地点设置绳圈,这样可以观察远处的地表都有什么东西，然后决定是否"在那堆灌木丛的左侧设置一个系统性采集"。这相当于是一种快速的、随机性的地点选择。另外一种方式是观察地面，确定这个采集单位的正常密度可能是什么样子，然后在脑子里计算最大密度和最低密度的平均值，这样就可以确保所选择的地点确实符合采集单位的正常情况。

2. 为什么调查人员不应该有意地设置绳圈并进行系统性采集，以确保可以把一个小的人头像、一个绿石珠或者一个少见且精美的新石器时代早期陶片包括在内？在这种情况下，调查人员们应该怎么做？

系统性采集提供了一个很好的机会，可以让我们准确地估算稀有物品和普通物品（例如陶片）之间的比例。如果我们有意地设置绳圈，目的是把一些稀少物品囊括在内，那么就会引入一个严重的抽样偏差。而稀有物品的比例就会被人为地增大。有一个好主意就是鼓励调查人员收集稀少但是有信息价值的物品，哪怕他们并不在采集圈内。但调查人员应当分开采集并且打包这些物品，从而将它们排除在密度或者比例计算之外。

3. 假设在一个调查中，基本数据记录单位是 25 米×25 米的采集单位，研究人员要在采集单位的不同区域布置并开展四个系统性采集（系统性采集的数量取决于想要收集的遗物数量）。那么我们应该用 GPS 设备记录每一个系统性采集的坐标吗？为什么？

由于 GPS 设备的应用，调查人员可以很容易地记录很多事物的坐标，因此使用 GPS 的这个趋势一直在持续。如果有几个系统性地表采集是按照使用 GPS 这种方式记录的，那么这将有助于精确地测量一个采集单位中分布遗物的平均密度和百分比，除此之外，我们从这些地点能够获取的信息就非常有限了。另外，在田野工作中使用手持式 GPS 设备，有可能产生 5~10 米或者更大的误差（这与生产商的产品参数有关）。这就意味着在 25 米×25 米的采集单位中，GPS 记录的坐标点除了提供系统性采集在采集单位内的位置信息，再无其他用处。事实上，GPS 坐标经常将系统性采集圆圈的位置放进错误的采集单位。虽然记录坐标位置并不需要花太多时间，但真的是在浪费时间：我们不能因为可以快速、方便地记录下 GPS

坐标就去做一些毫无意义的事情，这不是一个好的理由。

顺着这样的思路思考，研究者们习惯于将几个系统性采集的遗物全部收集并打包在一起，而设置几个采集圆圈的目的是计算一个采集单位的平均遗物密度。无论是在田野还是在实验室，以上做法都会节省一些时间。只要我们记录了采集圆圈的数量，那么就可以准确地知道出土这些遗物的采集面积，如果我们不记录哪些遗物来自哪个圆圈，或者不记录每个圆圈的准确位置，我们也没有丢失有意义的信息。

4. 我们需要做点什么才能弥补植被变化对不同采集单位中遗物密度测量的影响？

如果植被非常密集，我们当然要考虑比较低的地表可见度给遗物密度测量带来的麻烦。评估并减轻这些影响的一个简单方法，就是主观上将每个采集地点的植被划分为重度（heavy）、中度（medium）和轻度（light）。我们之后可以对比不同植被类别所对应的遗物密度值。如果三组植被类别对应的遗物密度值有强烈且显著的差异，那么我们可以把这些差异转化为一个数值或者比例，添加到重度或中度植被所对应的遗物密度值上，这样的话，它们的数值就跟轻度植被所对应的遗物密度值可以在同一个尺度上相互兼容。

这个方法有一个潜在的假设，即我们没有理由相信，植被和"真实"的遗物密度值之间一定存在着某种联系。也就是说，但凡我们怀疑低密度的遗物分布倾向于出现在很陡的坡地上，同时高密度的遗物也倾向于出现在这些地点，那么我们就不应该使用此类方法。在这种情况下，我们绝对不能对重度植被下的低遗物密度进行校正，以便于将它与轻度植被下的遗物密度相互兼容。

5. 假设我们要设置绳圈进行系统性采集，进而估算面积为1公顷的采集单位内的平均遗物密度，但采集单位中的遗物密度实在太高，导致我们无法开展系统性采集。而在密度很低的采集单位中，我们能否用一般性采集得到的遗物数量除以采集单位的总面积，从而得出平均遗物密度？

在低遗物密度区进行这样的密度测量是错误的，很可能得出有严重错误的比值。如果研究人员清理出一个 10 平方米大小的采集圆圈,并进行地表采集,他们调查这个采集圈的细心程度绝对要强过在一个 1 公顷大小采集圆圈中的调查。几个人组成调查小组,可以 100%地采集绳圈中的地表遗物。而如果调查人员面对的是 1 公顷的调查面积,那他们将永远不可能 100%地采集完地表遗物。这两种计算密度的方法是完全不兼容的。

6. 在区域调查中,为什么我们只采集陶瓷片,而不把所有遗物都采集回来?

在我们的表述中,对于地表采集需要收集哪些东西一直比较含糊。有些区域调查中,调查人员会采集所有的遗物,也有一些区域调查的调查人员只采集陶瓷片,甚至有一些调查项目明确采集除打制石器以外的所有其他遗物。如果研究对象是生产陶瓷器的社会,那么陶瓷器就是最重要也是最需要被采集的物品。通常情况下,陶瓷器数量最多,而且为我们判断垃圾的数量和性质提供了一个很好的指示,并且陶瓷片是最可能具有年代学特征的人工制品(也就是说,一个陶片的自身特征就可以告诉我们它所属的时期)。

打制石器有时候也可以告诉我们不同地点的活动内容及其差异,而且许多区域性项目也都收集了打制石器。但相比陶瓷器,打制石器在很大程度上不具有指示年代学的特征,我们也很难通过它们得到什么新认识,在那些组成复杂(multi-component)的居住区域,我们甚至很难将石器划分到它所归属的时期。即便受过专门训练的调查人员,也可能很难从地面的石头中找出打制石器,那么打制石器的采集率可能就是错误的。出于类似的原因,一些项目并不收集打制石器。如果我们希望开展细致、充分的工作,而打制石器又比较少,那么我们可能就将打制石器保留在原地,留给以后的人更好地研究它们。另外,不同地点的打制石器揭示出一些特定的信息,可能有助于回答特定的研究问题。

从这个联系来看,我们注意到有的调查根本不采集任何东西,研究人员完全在田野中完成对遗物的分析,记录下不同种类材料的数量,然后将所有的遗物留在发现地。至于这样的遗物分析是否可靠,学者们有一些疑感。这样做就意味着如果后续需要制定更加精细的陶瓷年代学框架，研究人员根本没有东西可以研究。但是，如果没有采集物，调查人员就不必面对"采集困境"，也就是需要想方设法地保存在田野中采集的遗物。

7. 在一些地区，人们会担心低密度的遗物分布不能代表古代人口的居住情况，它们不过是当代农民在施肥或者堆肥过程中从其他地方带过来的。我们在使用区域调查中的采集数据时，如何评估这个可能性？

我们可以借助地层勘探或者遥感探测（例如磁力仪探测或者探地雷达），明确建筑遗存或其他遗迹是否与低密度的地表遗物有关。如果没有这些技术，我们可以利用区域数据集中的内在模式解决这个问题。播撒堆肥或者肥料可能意味着农民要把肥料堆积在村中或村外，等肥料堆积到一定数量，再将它们运送到农田中。越是接近现代村落，这些行为可能越明显，因为这些材料就来源于村落。如果越靠近现代村落，越容易观察到低密度的古代遗物，那么我们就有理由怀疑这些低密度的遗物分布可能就是通过这种方式形成的。从现代村落中运输出来的堆肥或者肥料，可能不仅含有现代村落中保存的古代陶片，还含有现代陶片和塑料。如果我们在调查过程中发现了塑料，就可以观察遗物分布是否与塑料堆积有某种对应关系。如果我们收集了所有的陶片（包括现代陶片），可以分析一下是否低密度的古代陶片中还包含了比较多的现代陶片。

8. 有一种普遍的担忧认为，文化序列中早期的物质材料很难出现在地表采集中，因为它们会被相同遗址上的晚期堆积所覆盖。那么，我们如何评估这种情况对调查数据集的影响？

垃圾堆积的地层学原理是更新的材料一般堆积在更早时期的材料之上，而这个堆积规律深深地扎根在考古学的专业知识教育中。既然如此，早期遗物如果出现在地表采集中就会令人疑惑。如果调查区域存在长时段的人类居住行为，那么这个现象似乎就更可疑了。我们可以把基于地表采集的区域调查数据，与地层试掘的结果或者相同地点更大尺度上的发掘材料进行比较，进而评估不同时期遗物的比例。开展这种比较研究的一个障碍就是，发掘早已完成但事先没有针对遗物开展地表采集或者系统性观察,并且发掘行为已经在事实上改变了地表遗物组合的性质,这样的话,将发掘数据与发掘之后的地表采集遗物进行比较就会令人怀疑了。如果能在发掘工作开展之前对遗址进行更系统的观察(并且将观察结果一并发表),将会为我们从方法学上探讨这个问题提供机会。

很明显地,任何涉及地层试掘的区域调查项目都为我们研究这类问题提供了诱人的机会。我们在赤峰地区编号 374 的遗址开展了地层试掘,没有发现属于该地区文化序列中最早的两个时期的遗物,但是这两个时期的遗物却都出现在之前进行的地表采集中,同时还包括数量较多的其他四个时期的遗物。这个遗址上的堆积深度超过 4 米,年代上以后面四个时期为主,但即便如此,新石器时代早期的陶片也还是进入到地面遗物中。相比在遗址上布置几个点进行发掘,如果能在遗址上进行全面的地面采集,其结果中的那些零星遗物可能更好地反映了早期人类的居住行为。

如果区域调查中同时包含了探铲勘探或者其他形式的地下探测工作,那么可以把地下探测结果与地表采集结果进行比较。如果探铲勘探不是区域调查的内容,那么可以单独开展一个探铲勘探项目,专门用来与地表采集结果进行比较。在普拉塔河谷(Valle de la Plata),研究人员对比了几千个地表采集和几千个探铲勘探(有的深入到生土中)的遗物组合,发现最早的遗物事实上更好地反映在地表采集中(而不是探铲勘探中)。

9. 研究人员还有一些常见的顾虑,例如担心考古遗址因为土壤侵蚀而被破坏,进而被自然堆积所掩盖。专业的地貌学家可以对景观进行细致的重建,并帮助我们评估这种可能性。那么如何在考古调查中加入这方面的考虑呢?

自然过程(尤其是与风和水有关的过程)会持续不断地改变景观,而后者(景观)正是我们试图通过区域调查而研究的对象。如果我们已经知道遗存被沉积物所覆盖,那么用取土钻开展钻芯工作是解决这个问题的一种思路。但此处的问题是,我们如何从一开始就能判断出是否需要开展类似钻芯这样的工作。如果我们调查一个区域,未发现任何居住遗存,就认为没有人在这里生活过,这就有些想当然了。我们可能在侵蚀很严重的高地上发现遗址,但这并不能证明侵蚀的影响不重要,因为原本可能有更多的遗址,而不少遗址都因为侵蚀而消失了。我们也可能在冲积山谷平原找不到一个遗址,但也许它们就埋藏在地下几米深的地方。

田野调查为观察上述问题提供了机会。特别是对一些沉积区域(例如冲积平原)而言,关注它们很可能会很有收获。如果区域调查人员在这些沉积区发现很少的居住遗迹,那他们需要检查水井以及其他发掘的回填土,看看是否包含古代遗物。即使是一般规模的现代建筑,在建造的时候可能都需要挖几米的深度,大型建筑甚至需要更深的建筑地基。只要条件允许,研究人员就应该开展一些发掘,寻找被掩盖在地下的活动面、可识别的考古遗迹以及剖面中的遗物。自然侵蚀形成的冲沟有时候也为我们的研究提供了机会。另外,对居住在调查区附近的人进行访谈也很有用。有了以上这些随意但丰富的观察,如果还是没有发现被掩埋的考古遗存,那就表明它们确实不在这些地方。我们还可以将上述观察量化分析,将它们作为可能存在被埋葬遗址区域的一个抽样。

这些观察对解决遗址是否因为侵蚀而消失同样有用。如果流水沉积不断沉淀在山谷中,那这些沉积物就来自正在发生侵蚀的高地,并且是由水流所带动的。如果遗物以相同的方式发生移动,那说明这个过程并不会毁坏遗物,而只是移动它们的位置。最终,遗物与沉积物应该停留在相同的地点。对那些不断产生沉积物的地区而言,如果我们对它们做完全相同的观察,就有助于评估侵蚀和沉积在区域尺度上对考古学记录的破坏和影响。如果我们在此过程中发现了遗物,说明要么存在被掩埋的遗址,要么遗物来自位于更高地点、正在被侵蚀的遗址。如果遗物成群出现,而且在原地还看得到遗迹,那就表明存在被掩埋的遗址。如果遗物非常分散,而且出现在地面以下的不同深度,那说明它们更可能是高地侵蚀所带来的遗物。如果我们在此过程中没有发现任何遗物,那说明遗址因侵蚀或掩埋而消失的可能性非常小。

推 荐 读 物

1. E. B. Banning. *Archaeological Survey*. New York：Kluwer Academic/Plenum Publishers，2002；James M. Collins, and Brian Leigh Molyneaux. *Archaeological Survey*. Walnut Creek，CA：Altamira Press，2003；Gregory G. White, and Thomas F. King. *The Archaeological Survey Manual*. Walnut Creek，CA：Left Coast Press，2007. 这三本手册讨论了考古学调查中很多与实际操作、技术细节以及统计分析有关的问题，其中后两本手册主要关注文化遗产管理情境下的调查。整体来说，这三本手册对人类社群和社会层面上研究问题的关注度十分有限，几乎完全没有关注到人口学问题。

2. Mayke Wagner, Pavel Tarasov, Dominic Hosner, Andreas Fleck, Richard Ehrich, Xiaocheng Chen, and Christian Leipe. Mapping of the spatial and temporal distribution of archaeological sites of northern China during the Neolithic and Bronze Age. *Quaternary International*，2013，290-291：344-357. 该文所持的观点与本书本章节完全相反，认为全国性的文化遗产登记可以在几十万平方千米的空间尺度上进行，为开展有意义的人口学分析提供基础。

3. Andrew K. Balkansky. Surveys and Mesoamerican archaeology：The emerging macroregional paradigm. *Journal of Archaeological Research*，2006，14：53-95. 该文认为，如果应用本书讨论的这些方法进行区域尺度的考古调查，并且将结果与上万平方千米的空间尺度上的认识相整合，那么就能够得出关于社会动态的新观点。

4. Alan P. Sullivan III. *Surface Archaeology*. Albuquerque：University of New Mexico Press，1998. 该书收录的论文主要围绕地表考古遗存所能够揭示出的各种信息，也有文章探讨了数据采集的方法，但焦点主要放在如何认识人类社群及其活动上，书中所讨论的分析尺度小于本书涉及区域的空间尺度。

5. Robert C. Dunnell, and William S. Dancey. The siteless survey: A regional scale data collection strategy. *Advances in Archaeological Method and Theory*, 1983, 6: 267-287. 该文的观点产生了很大的影响，认为把遗址作为数据记录和分析中的基本单位可能会导致田野工作或模式分析中遗漏一些重要信息。该文提出的数据采集策略是在地图上标识出每一个遗物的位置，与文章所讨论的这种策略相对应的，是总共约 8 公顷的区域。

6. Robert D. Drennan, and Xiangming Dai. Chiefdoms and states in the Yuncheng Basin and the Chifeng region: A comparative analysis of settlement systems in North China. *Journal of Anthropological Archaeology*, 2010, 29: 455-468. 该文试图对比两个区域的人口发展轨迹，在此基础上，作者思考了一个问题，即如果研究目标基本相同但采用不同的面积和密度的测量方法，那么可能会得出不一致的人口数值，作者指出，这一现象说明为了有效地开展比较研究，需要对数据进行特殊处理。

7. Susan E. Alcock, and John F. Cherry (eds.). *Side-by-side Survey: Comparatigve Regional Studies in the Mediterranean World*. Oxford, UK: Oxbow Books, 2004. 该书中的不少章节都涉及田野工作方法，而且绝大多数属于更加细致(more intensive)且关注的区域尺度小于本书中所讨论的区域尺度。该书同样讨论了不同田野工作方法所得到的数据在进行比较分析时面临的困难。书中的调查在空间尺度上有明显变化，而且有些调查中只记录了那些"重要"的遗址。

8. Nathan Goodale, David G. Bailey, Theodore Fondak, and Alissa Nauman. iTrowel: Mobile devices as transformative technology in archaeological field research. *SAA Archaeological Record*, May 2013, pp. 18-22. 该文充满热情地介绍了如何利用配置 GIS 软件的 iPad 在田野考古调查中采集数据。文章的关注点在于整合不同的技术，并使之服务于考古调查。

9. Jack D. Nance, and Bruce F. Ball. No surprises? The reliability and validity of test pit sampling. *American Antiquity*, 1986, 51: 457-483; Michael J. Shott. Shovel-test sampling in archaeological survey: comments on Nance and

Ball, and Lighfoot. *American Antiquity*, 1989, 54: 396-404. 南丝(Nance)和鲍尔(Ball)关注了小遗址以及低遗物密度的遗址可能会被遗漏的问题,并最终指出探铲勘探(shovel probes)是一种实用、可靠的方法,在结合了其他数据采集方法的情况下尤其如此。对于南丝(Nance)和鲍尔(Ball)以及肯特·莱特富特(Kent Lightfoot)发表的关于探铲勘探方法的文章,肖特(Shott)提出了激烈的批评,而南丝(Nance)和鲍尔(Ball)在同一期刊的同一期中回应了肖特(Shott)的批评。

10. Robert D. Drennan. *Statistics for Archaeologists: A Common Sense Approach* (2nd edition). New York: Springer-Verlag, 2010. 该书以非常基础的语言介绍了本书所讨论的抽样统计以及其他统计学工具,书中所持的观点与本书本章节对这些方法的应用情况是相兼容的。

11. Suzanne K. Fish, and Stephen A. Kowalewski (ed.). *The Archaeology of Regions: A Case for Full-coverage Survey*. Clinton Corners, NY: Eliot Werner Publications/Percheron Press, 2009. 该书的主编以及大多数作者贡献了各自的案例研究,并且表示相比较抽样,更倾向于全覆盖式调查。而由评论作者撰写的三章内容则以一种更加同情的语气讨论了抽样法调查的应用条件。

12. Zhichun Jing, George (Rip) Rapp, Jr, and Tianlin Gao. Geoarchaeological aids in the investigation of early Shang civilization on the floodplain of the Lower Yellow River, China. *World Archaeology*, 1997, 29: 36-50. 该文的作者们开展了七个季度的调查,用螺旋式钻芯法采集了7000个土壤钻芯,采集深度达到12米。这些钻探主要集中在一个6千米×6千米的范围,钻探的主要目的是探知自然沉积所掩埋的一处商代城市的信息。当然,钻探也发现了新石器时代的遗物。

13. Rowan Flad, Timothy H. Horsely, Jade D'Alpoim Guedes, He Kunyu, Gwen Bennett, Pochan Chen, Li Shuicheng, and Jiang Zhanghua. Survey, excavation, and geophysics at Songjiaheba: A small Bronze Age site in the Chengdu Plain. *Asian Perspectives*, 2013, 52: 119-142. 该文的主要目的是利

用螺旋式钻芯法获取一个被沉积物掩埋的遗址的信息。该文同时还讨论了这一方法在一个几百平方千米调查区域中的应用情况,当然,绝大多数的钻芯都是人为地设置成长的条带状分布。

14. Michael R. Waters, and John J. Field. Geomorphic analysis of Hohokam settlement patterns on alluvial fans along the Western Flank of the Tortolita Mountain, Arizona. *Geoarchaeology*, 1986, 1: 329-345. 该文将地形学分析作为考古调查的补充,并指出霍霍坎姆(Hohokam)遗物主要分布于霍霍坎姆人的居住地以及其他活动的地点,而与自然侵蚀和沉积物的堆积没有多大关系。

第六章 结 论

　　我们并不把这本书看作是关于考古学中区域聚落人口研究的最后定论。我们所期望的是，清楚地解释为什么我们不像一些研究者那样将人口学当作一个特殊的视角应用于区域聚落分析，反而将人口学作为区域聚落分析的基础（而且几乎涉及聚落分析的所有方面）。回顾过去半个世纪中的考古学区域聚落人口研究，我们认为研究方法上的进步至少受到两方面因素的阻碍。一个方面是研究者没有意识到人口学在区域聚落分析中的核心位置；另一方面则是那些关注人口学的人不必要地划分成两个阵营：相信者和不信者。

　　对区域聚落人口学的怀疑导致了一些问题的出现，这值得我们讨论。实用主义者并不太关心这些我们原本应该关心的问题，而持两种态度的双方各自都有很多的宣传。我们认为在区域聚落人口分析中，已经发展出了很多有用的田野调查和分析技术，关于这些无需多加说明。我们也强调过，看到了很多致力于提升和改进这些方法的研究工作。因此，我们在这里列举一些我们希望未来研究者进一步探讨的方向。

认真思考结果

　　到目前为止，考古人口学所能达到的精度都还是有用的，但如果我们能获得更高的精度,那将会更上一层楼。在这方面,当前的缺陷之一就是缺少详细的数据集,尤其是能将发掘设施、遗迹、地层到地表遗存等信息相关联的数据集。遗址尺度上的研究(通常包括发掘)所揭示的信息,对解释区域尺度上的数据(通常来自地表)至关重要。只有通过发掘各个地区的大量遗址,才能得到更多的信息,但目前最欠缺的一环是这些遗址在发掘之前地表遗存的系统性数据。更多、更丰富的信息一旦发表,将有助于我们对古代区域人口学做出更加精确的重建。

年代学尺度的缺失同样限制了人口学重建工作的精度。根据陶器风格确定出延续时间更短的时期,显然有助于我们的人口重建工作,而且这种改进很可能会发生在一些地区中。然而,在一些研究已经充分开展的区域中,研究者在这方面的努力却始终没有取得成功。未来,我们更期望陶片断代方法有新的进展,比如虽然热释光测试费用很高,但它显然是一个可能性,不过,即便未来测试费用可以降下来,我们仍然感到有必要将这个方法应用于区域尺度上的遗物采集,并且使用复杂、成熟的统计抽样来回答特定的年代学问题。

在更加严格的数学分析手段的帮助下,我们可以鉴别出空间模式,而且可以进行区域之间的比较。那些能够补充(而不是取代)空间模式可视化的数学方法尤其具有巨大的潜力。在空间分布的可视化方面还有更多强大的方式和方法,与基于少数样本所得到的可视化效果相比,抽样可以应用于各种不同的情境,因此会是一个更加有吸引力的选择。用于分析区域考古学数据的方法可以充分地在当代的聚落和人口调查数据中探讨和检验,而与前几年相比,后两者现在已经很容易被获取到了。

做出更有说服力的解释

区域聚落分析可以更加充分地利用考古学数据中模式研究的优势,评估错误解释的风险。这通常来自对替换方案或者替换解释的清楚认识。正如我们在第五章中讨论的那个案例,如果稀疏的遗物分布是由于施肥或者堆肥产生,而不是由原本分散居住的人口所造成,那么我们应该看到稀疏的遗物分布在空间上形成的特征。

我们期待从多种不同的证据链得出相同的结论，这样的努力在未来将会得到凸显，并尤其体现在与绝对人口估算相关的方面。我们借助多条证据链，可以保证进行估算的方法有更加坚实的基础，而且回溯分析中可以检验估算结果是否与其他证据链相一致，这有助于增强我们对这些结论可靠程度的信心。

数据的存储和共享

区域调查中所采集的遗物必须保存并且可以被未来研究者所使用，这一点是非常重要的。它们构成了一个非常重要的遗物样本，而且比其他任何类型的考古学数据更能代表一个区域。因此，它们是不可比拟的资源，可供未来的科技考古或者其他研究使用。

以数字形式（digital form）发表区域调查的完整、详细以及"原始"的数据，将有助于我们进行方法上的革新，并对未来的研究（特别是比较研究）提供帮助。研究者不仅可以在这些数据集上开展创新性的分析，而且可以进行更小尺度的研究（也就是那些可以精确告知我们一个更大的区域尺度背景下所有地点位置的研究）。长期以来，人们对考古学的认识是，发掘工作一旦开始就无法再重复，因为所有的堆积都已经被破坏掉了。尽管区域尺度上的地面调查本身不具有破坏性，但是它们也无法被重复，因为现代基建和其他活动将抹杀掉一些遗存，或者让其他的大范围调查变得无法进行。区域调查中有我们最想知道的古代人口分布区域的信息，但是这些都随着调查的结束而消失了。因此，不仅存储数据十分必要，让这些数据在未来仍然可用同样意义重大。

案例的数据来源

1. Chifeng International Collaborative Archaeological Research Project. *Settlement Patterns in the Chifeng Region*. Center for Comparative Archaeology, University of Pittsburgh, 2011.

2. Chifeng International Collaborative Archaeological Research Project. *Chifeng Settlement Dataset*. Center for Comparative Archaeology, University of Pittsburgh, 2011. URL: http: //www. cadb. pitt. edu.

3. Drager, Dwight L., and Arthur K. Ireland (eds.). *The Seedskadee Project: Remote Sensing in Non-Site Archaeology*. Albuquerque, NM: National Park Servince and Salt Lake City, UT: Bureau of Reclamation, 1986.

4. Drennan, Robert D. (ed.). *Prehispanic Chiefdoms in the Valle de la Plata, Volume 5: Regional Settlement Patterns*. Memoirs in Latin American Archaeology No. 16, University of Pittsburgh, 2006.

5. Drennan, Robert D. (ed.). *Valle de la Plata Settlement Dataset*. Comparative Archaeology Database, University of Pittsburgh. URL: http: //www. cadb. pitt. edu.

6. Kowalewski, Stephen A., Gary M. Feinman, Laura Finsten, Richard E. Blanton, and Linda M. Nicholas. *Monte Alban's Hinterland, Part II*. Memoirs of the Museum of Anthropology No. 23. University of Michigan, Ann Arbor, 1989.

7. Kruschek, Michael H. The Evolution of the Bogota Chiefdom: A Household View. Unpublished Ph. D. dissertation. Department of Anthropology, University of Pittsburgh, 2003.

8. Liu, Li. Settlement Patterns, Chiefdom Variability, and the Development of Early States in North China. *Journal of Anthropological Archaeology*, 1996, 15: 237-288.

9. Parsons, Jeffrey R., Charles M. Hastings, and Ramiro Matos M. *Prehispanic Settlement Patterns in the Upper Mantaro and Tarma Drainages, Junin, Peru, Volume 1: The Tarma-Chinachaycocha Region*, Part 2. Memoirs of the Museum of Anthropology No. 34, University of Michigan, Ann Arbor, 2000.

10. Peterson, Christian E. "Crafting" Hongshan Communities? Household Archaeology in the Chifeng Region of Eastern Inner Mongolia, PRC. Unpublished Ph. D. dissertation. Department of Anthropology, University of Pittsburgh, 2006.

11. Peterson, Christian E., Lu Xueming, Robert D. Drennan, and Zhu Da. *Hongshan Regional Organization in the Upper Daling Valley*. Center for Comparative Archaeology, University of Pittsburgh, 2014.

12. Peterson, Christian E., Lu Xueming, Robert D. Drennan, and Zhu Da. *Hongshan Upper Daling Regional Dataset*. Comparative Archaeology Database, University of Pittsburgh, 2014. URL: http://www.cadb.pitt.edu.

13. Schreiber, Katharine J., and Keith W. Kintigh. A test of the relationship between site size and population. *American Antiquity*, 1996, 61: 573-579.

14. Wilson, David J. *Prehispanic Settlement Patterns in the Lower Santa Valley, Peru: A Regional Perspective on the Origins and Development of Complex North Coast Society*. Washington, DC: Smithsonian Institution Press, 1988.